Lastige kinderen? Heb jij even geluk

Van dezelfde auteur

Ja-maar wat als alles lukt?
Huh?!
Ik ben oké, jij bent een sukkel
Omdenken
Omdenken in relaties
Omdenken, het kaartspel

Berthold Gunster

Lastige kinderen? Heb jij even geluk

Lev.

Ontwerp binnenwerk en omslag
Jan Gunster

ISBN 978 94 005 0211 6
NUR 770

MIX
Papier van verantwoorde herkomst
FSC® C004472
FSC www.fsc.org

Dit boek is gedrukt op papier dat het keurmerk van de Forest Stewardship Council (FSC) mag dragen. Bij dit papier is het zeker dat de productie niet tot bosvernietiging heeft geleid. Een flink deel van de grondstof is afkomstig uit bossen en plantages die worden beheerd volgens de regels van FSC. Van het andere deel van de grondstof is vastgesteld dat hiervoor geen houtkap in de laatste resten waardevol bos heeft plaatsgevonden. Daarom mag dit papier het FSC Mixed Sources label dragen. Voor dit boek is het FSC-gecertificeerde Munkenprint gebruikt. Dit papier is 100% chloor- en zwavelvrij gebleekt en wordt geleverd door Arctic Paper Munkedals AB, Zweden.

Inhoud

Deel I
Prelude

Geheim

Geheim

Een vrouw vertelt: 'Wij aten thuis altijd om vijf uur. Als ik ook maar vijf minuten te laat thuiskwam, kreeg ik ervan langs met de mattenklopper. Dat gebeurde regelmatig. De aanpak van mijn ouders had een averechts effect. Als ik zag dat ik te laat ging komen, dacht ik: ach, die klappen krijg ik toch wel, dus ik hoef me nu ook niet meer te haasten. Bij binnenkomst wachtte ik het pak slaag rustig af. Het deed me verder weinig en het motiveerde me niet om voortaan op tijd te zijn.'

Als kinderen precies zouden doen wat hun ouders en leerkrachten van hen verwachten, zou er niets aan de hand zijn. In die ideale wereld zouden volwassenen slechts uit hoeven te leggen wat de bedoeling is en kinderen zouden zich keurig, conform die bedoeling, gedragen: ze poetsten hun tanden, ruimden hun kamer op, maakten (tijdig) hun huiswerk en groeiden uit tot een volgende generatie beschaafde volwassenen.

Helaas bestaat die ideale wereld niet. Volwassenen zijn zelf niet altijd even volwassen en kinderen zijn onvoorspelbaar en wispelturig. Het hele project 'opvoeding' loopt daardoor nogal eens flink uit de rails. Kinderen vertonen regelmatig lastig tot zeer lastig gedrag en de welbedoelde ingrepen van volwassenen om dit gedrag te corrigeren, werken vaak niet. Het is nogal eens als water naar de zee dragen. Of erger, olie op het vuur gooien. In heel wat situaties escaleert lastig gedrag niet ondanks, maar *dankzij* de goede bedoelingen van volwassenen.

Zijn we dan machteloos? Moeten we ophouden met ingrijpen? Nee, natuurlijk niet. Dat zou niet werken. Kinderen hebben onze zorg en aandacht nodig. Al was het maar in de vorm van voeding en onderdak. We dragen de zorg over hen. En dus zullen we elke dag besluiten (moeten) nemen, die hun leven rechtstreeks beïnvloeden. De vraag is niet óf we in zullen grijpen in hun leven, de vraag is hóé. Wat moeten we doen en wat moeten we laten? Wanneer is een interventie productief en wanneer contraproductief?

Lastig gedrag is moeilijk om mee om te gaan, maar het kan leiden tot een vruchtbaardere situatie. Kinderen die lastig gedrag vertonen, bevinden zich in een (tijdelijke) crisis. Net zoals een crisis kan leiden tot een kans, kan lastig gedrag de opmaat vormen naar constructiever gedrag. Voor alle partijen. Wij als volwassenen kunnen kinderen daarbij helpen. Door aandacht voor hen te hebben, er voor hen te zijn, door vooral veel niet te doen (zoals je zult merken in de loop van dit boek) of soms – op specifieke momenten – door juist gericht en kordaat in te grijpen.

Bij de vrouw die te laat thuiskwam, werkte een pak voor de broek niet. Het maakte alleen maar dat ze nog later thuiskwam. 'Klappen krijg ik toch wel.' Haar oom had wat dat betreft een betere manier gevonden.

'Op mijn dertiende werd ik bij mijn oom in huis geplaatst. Op een dag kwam ik ook daar te laat voor het eten. Ik wist niet wat er komen zou en bleef wachten in de gang. Mijn oom riep mij binnen. Hij zat aan tafel met voor zich zijn bord met eten en keek mij verdrietig aan. "Ik heb de hele dag hard gewerkt en heb een reuzehonger," zei hij. "Nu is mijn eten koud omdat ik op jou heb gewacht. Schuif gauw aan en eet, meisje, en vertel me daarna maar waarom je later was." Ik kon wel door de grond zakken van schaamte. Nooit meer kwam ik daarna te laat. Zelfs nu, vele jaren later, doe ik er alles aan om op tijd op afspraken te komen. Mensen nemen de tijd voor je en wachten op je, dat leerde ik van mijn oom. Niet doordat hij me strafte, maar doordat hij me verantwoordelijkheid gaf.'

Het verhaal van de vrouw en haar oom is een van de letterlijk honderden verhalen over opvoeding en onderwijs die ik de afgelopen jaren heb ontvangen naar aanleiding van de boeken die ik over 'omdenken' heb geschreven. Al deze verhalen lieten zien hoe een bestaand probleem met een kind in een nieuwe mogelijkheid kon overgaan. Voor dit boek heb ik al die verhalen onderzocht, gecategoriseerd en geprobeerd ze te doorgronden. Wat maakt dat de ene ingreep wél werkt en de andere niet? Wat is het 'geheim' van een goede leraar of ouder? Hoe kan het dat kinderen zich bij de ene volwassene uiterst vervelend kunnen gedragen, terwijl ze zich bij een andere volwassene zeer coöperatief kunnen opstellen? Welke nieuwe mogelijkheid schuilt er achter het bestaande lastige gedrag? Kunnen we leren ons als de oom in het voorgaande voorbeeld te gedragen? Dit boek is een poging die vragen te beantwoorden.

Nog een laatste opmerking vooraf, met betrekking tot woordgebruik. Als ik 'kind' schrijf, bedoel ik alles vanaf de geboorte tot en met de puberteit. Onder 'leerkrachten' versta ik meesters en juffen op de basisschool, docenten in het voortgezet onderwijs, lectoren aan hogescholen én professoren aan universiteiten. Met 'volwassenen' bedoel ik meesters, juffen, vaders en moeders, badmeesters, opa's en oma's, kortom, allen die een zorgtaak vervullen bij het grootbrengen van kinderen. Ten slotte: ik zal 'hij' en 'zij' afwisselend gebruiken, in de meeste gevallen mag je dat interpreteren als 'hij en/of zij'.

Welaan.

Dan is het nu tijd te vertrekken.
Let's get this thing moving.

Lastig gedrag

Lastig gedrag

Ongewenst gedrag

Stel, je hebt een kind onder je hoede. Je mag zelf bepalen hoe oud dat kind is. Alles tussen baby en oudere jongere doet mee. Hij of zij is mentaal verder in orde – we hebben het dus niet over een kind met een psychiatrische aandoening of verstandelijke beperking – en het gedraagt zich op een manier die jij als lastig ervaart. Het is grof in de mond, pest z'n zusje, zeurt om snoep, eet z'n bord niet leeg, gaat naar school zonder de haren te kammen, wil niet slapen, zit urenlang te computeren, maakt schulden, spijbelt van school, gebruikt softdrugs, enzovoorts, enzovoorts. Je hebt zelf vast tientallen, zo niet honderden voorbeelden. Kortom, je kind vertoont gedrag dat in jouw ogen lastig is. Hoe zou je als volwassene met dit gedrag om kunnen gaan?

De meeste opvoedingsboeken gaan er op voorhand van uit dat lastig gedrag *ongewenst* is: het is een probleem dat moet worden opgelost. Het is uiteraard de taak van de ouders en verzorgers om het lastige gedrag aan te pakken en de meeste boeken leveren dan ook de benodigde pedagogische hulpmiddelen en technieken om dat voor elkaar te krijgen. De onderliggende visie van deze boeken is dat kinderen van nature 'nou eenmaal' lastig gedrag vertonen, dat is zeg maar een beetje de aard van het beestje – als je ze een vinger geeft, nemen ze de hele hand – en het is de taak van volwassenen om duidelijke grenzen te stellen en ervoor te zorgen dat het kind leert om zich netjes en fatsoenlijk te gedragen. Als je dat niet doet, worden het verwende kinderen en zullen ze voortdurend over jouw grenzen en die van anderen heen gaan.

Je zou kunnen zeggen dat deze boeken het kind zien als een huisdier dat gedresseerd moet worden. Opvoeden is vooral een kwestie van gedragstraining. Het heet niet voor niets dat kinderen moeten leren om zich netjes 'te gedragen'. Zo beschrijft de psycholoog Alfie Kohn dat er in Amerika jaarlijks honderden opvoedboeken verschijnen, waarbij alleen al de titel deze visie weerspiegelt: *Don't Be Afraid to Discipline, Parent in Control, Cause I'm the Mommy, That's Why, Disciplining Your Preschooler – and Feeling Good About it, The Answer Is No*, enzovoorts, enzovoorts.[1]

De middelen die deze boeken aanreiken zijn divers. Ze lopen uiteen van (zeer) streng, bijna autoritair aan het ene uiterste van het spectrum via democratisch en redelijk in het midden tot zeer tolerant en laissez faire aan het andere uiterste. Ik zal ze in die volgorde – van hard tot zacht – kernachtig doornemen. Bedenk voor jezelf naar welke aanpak jouw voorkeur zou uitgaan.

Verbieden

De eerste manier om met lastig gedrag om te gaan is simpel: zorgen dat het verdwijnt door het eenvoudigweg te *verbieden*. Je zou dit de 'doe-wat-ik-zeg-aanpak' kunnen noemen. Bij kleine kinderen kan je dat doen in de vorm van eenvoudige commando's: 'blijf af', 'leg neer', 'niet aankomen'. Als kinderen wat ouder zijn, werkt deze methode minder goed, maar dat is geen probleem; je verbiedt ze nog steeds bepaalde dingen, alleen leg je er nu een laagje van redelijkheid en dialoog overheen: 'Als jij je niet aan je afspraken houdt, jongedame, lijkt het me logisch dat je zaterdag niet uitgaat, vind je ook niet?'

Werkt verbieden? Ach, zolang je in de directe nabijheid van het kind bent en dus ook kan controleren of je kind zich aan de afspraken houdt, zal deze aanpak een zeker effect hebben. Helaas heeft verbieden een vervelende consequentie: het heeft natuurlijk alleen effect als je *controleert* of je kind zich wel aan het verbod houdt en – als het dat niet doet – je kind ook te *straffen*. Verbieden zonder controle én controle zonder straffen is natuurlijk deerniswekkend. Als je iets verbiedt, maar je verbindt er geen consequenties aan, tja, dan sta je als ouder behoorlijk in je hemd. Je doet alsof je de baas bent, maar in de praktijk ben je dat niet. Dat werkt natuurlijk niet. Waarom zou je kind nog naar je luisteren? Het komt ermee weg.

Er zijn in dit opzicht maar twee smaken. Het is óf verbieden en dus ook controleren en straffen. Of, als je niet kan of wil controleren en straffen, dan dus ook niet verbieden. En als het kind na straffen nóg niet luistert, tja, dan zit je als ouder natuurlijk helemaal gevangen in je eigen logica. Als je je kind er dan alsnog mee weg laat komen, sta je misschien nog wel meer in je hemd: je had iets verboden, het kind luisterde niet, het kreeg straf, maar van die straf trok je kind zich op de een of andere manier niets aan. Dat werkt natuurlijk niet. Wie a zegt, moet ook b zeggen. Verbieden werkt alleen als de opvoeder er niet voor terugdeinst om – als dat nodig is – op den duur steeds meer te controleren, te dreigen met steeds zwaardere straffen en daadwerkelijk bereid is die straffen consequent uit te voeren. Precies om deze reden heeft verbieden en straffen meestal een escalerend effect.

Straffen

De meeste volwassenen in westerse democratieën zullen verbieden en *straffen* bij voorkeur niet gebruiken. De tegenwoordig heersende opvoedingsstijl wordt ook wel omschreven als *autoritatief*: een combinatie van gezag en liefde. Autoritatieve ouders stellen redelijke grenzen en zullen die, bij voorkeur in samenspraak met hun kinderen, vaststellen.*

Toch is het zo dat ook in moderne democratieën verbieden en straffen tot zeer recentelijk als een noodzakelijk onderdeel van de opvoeding werden beschouwd. 'Wie zijn kinderen liefheeft spaart de roede niet.' 'Kinderen die willen, krijgen voor hun billen.' Tot ver na de Tweede Wereldoorlog gingen opvoedboeken ervan uit dat volwassenen hun kinderen moesten leren hun passies en driften te beheersen. Letterlijk adviseerden boeken om 'het willetje' van het kind 'te breken', zodat het zou leren zijn eigen behoeften ondergeschikt te maken aan wat sociaal gewenst was. Individuele ontplooiing was ondergeschikt aan sociale wijsheid. Straffen was een geoorloofd middel om kinderen te disciplineren. Op school hanteerde de meester de roede, de liniaal of de houten plank, waarmee kinderen op uitgestrekte handpalmen of knokkels geslagen werden. Ook thuis was een corrigerende tik geoorloofd. Kinderen kregen met de riem, 'billenkoek', 'muilperen' of 'van klitsklets-klanderen'. Ook hardere (lijf)straffen als stokslagen, een koude douche of zonder eten naar bed waren geoorloofd om kinderen te leren wie de baas was.

Alhoewel lijfstraffen nogal middeleeuws aandoen, is het goed te beseffen dat ze tot ver in de twintigste eeuw algemeen beschouwd werden als een passend en noodzakelijk opvoedkundig middel. Pas in 1979 werden lijfstraffen tegen kinderen in Zweden, als eerste land ter wereld, verboden. Daarna volgden Finland (1983), Noorwegen (1987) en Oostenrijk (1989) en vervolgens de meeste Europese landen. Buiten Europa ligt dat beduidend anders. Daar zijn – met uitzondering van Israël – lijfstraffen in het gezin officieel nog toegestaan. Bovendien is in bijna de helft van alle landen fysiek geweld ook op school nog toegestaan. Volgens een

---

* Naast autoritatief onderscheiden pedagogen ook nog twee andere stijlen: laissez faire en permissief (toegevend) aan de ene kant en autoritair aan de andere kant.

onderzoek van Unicef in 2006 neemt fysiek geweld op scholen in meer dan dertig landen zelfs zeer ernstige vormen aan: van zweepslagen tot amputatie.

Psychologisch straffen

Naast fysieke straffen konden – en kunnen – volwassenen kinderen ook psychologisch straffen door ze publiekelijk te vernederen: *naming and shaming*. Op school werd met dat oogmerk in vroeger tijden voor 'domme kinderen' de schandpaal of het ezelsbord gehanteerd, waarmee ze in de hoek van de klas moesten staan of over het schoolplein moesten lopen. Zo ken ik uit de eerste hand het verhaal van een school in Zeeland, waar tot in de jaren zestig van de vorige eeuw kleuters die in de klas in de broek hadden geplast, in het midden van de kring moesten plaatsnemen, waarop de kinderen in een cirkel om het kind heen moesten dansen, ondertussen zingend: 'Marietje plast nog in haar broe-hoek, Marietje plast nog in haar broe-hoek.' Niet echt bevorderlijk voor het welzijn van Marietje, lijkt me. En al helemaal niet voor haar vermogen de sluitspier te beheersen.

Is dit een overdreven voorbeeld uit vervlogen tijden? Helaas niet. Zo werd in de Verenigde Staten recentelijk een leraar in Florida geschorst omdat hij leerlingen die te laat kwamen voor straf een hondenhalsband liet dragen. En in Eindhoven trof een buurtbrigadier onlangs op een bankje in een park een jongetje van twaalf jaar aan, dat daar al twee dagen had gezeten. Hij durfde vanwege zijn uiterlijk niet naar school. Omdat hij te laat was thuisgekomen had zijn vader hem kaalgeschoren.

Dat *shaming* averechts werkt, zal iedere weldenkende ouder intuïtief wel aanvoelen. Uit onderzoek blijkt ook dat dergelijke straffen uiterst beschadigend zijn voor de relatie tussen het kind en zijn ouders of verzorgers. Logisch. Hoe traumatisch moet het wel niet zijn om in aanwezigheid van derden vernederd te worden door diegenen waar je je veilig bij zou moeten voelen? Kinderen die op deze manier aangepakt worden, lopen bovendien meer kans door leeftijdsgenoten gepest te zullen worden: de ouder of leraar reikt de middelen waarmee gepest kan worden als het ware op een presenteerblaadje aan. Onderzoek bewijst dan ook dat kinderen die regelmatig met shaming gestraft worden in de toekomst ernstige problemen ervaren, zoals verhoogde angst, depressie of agressie. 'Elke keer wanneer we een kind beschamen door een straf, betalen we een prijs en duwen we ze steeds verder van ons weg,' stelt Katharine Kersey, professor vroegschoolse educatie.[2]

Averechts effect

Nu zou je misschien kunnen betogen: 'Oké, dergelijke vormen van verbieden en straffen ondersteun ik niet en oké, er is het risico van escalatie, maar als je als ouder of leerkracht maar lang genoeg strijd voert, er dicht bovenop zit en bereid bent lik-op-stuk-beleid te voeren, dan win je op de lange duur wel.' Los van de vraag of je wel op die manier met je kinderen om *wilt* gaan – het is alsof ze in een vorm van permanente gevangenschap leven – is het maar de vraag of dat ook zo is. Het tegendeel is eerder het geval. Controle en straf hebben op den duur bijna altijd een *averechts effect*. Zo blijkt uit internationaal onderzoek dat op scholen waar poortjes geplaatst zijn om leerlingen te controleren, het drugsgebruik na de maatregel zelfs toeneemt.[3]

Een belangrijke reden waarom de trits van verbieden-controleren-straffen bijna altijd averechts werkt, is gelegen in het feit dat het kind deze aanpak (terecht) als een vorm van wantrouwen zal ervaren. Hoe meer je gebruikmaakt van deze aanpak, des te meer zal een kind het gevoel hebben voortdurend gecontroleerd en gecorrigeerd te worden. Het kind is bij voorbaat verdachte. Tja, als het voortdurend als een verdachte wordt behandeld, waarom zou het zich dan nog anders gedragen?

Helaas is straffen voor veel ouders een vast onderdeel van hun opvoedingsrepertoire, ook al is het bijna altijd met de beste bedoelingen. Het idee is oprecht het kind 'beter' te maken. Zo was ik jaren geleden als ouder aanwezig bij een voetbalpartijtje van de benjamins. Voor de niet-ingewijden, het gaat dan om kinderen van een jaar of vijf, zes. Van die jongetjes en meisjes waarbij de bal tot net iets boven de knie komt. Dat idee. Tijdens de wedstrijd zag ik dat de keeper van de tegenstander huilend in het doel stond. Bij elk doelpunt moest het jongetje harder huilen. Op een gegeven moment liep hij snikkend van het veld. Wat bleek er aan de hand te zijn? Voor elk doelpunt dat de jongen tegen kreeg, kreeg hij vijftig cent vermindering op zijn zakgeld. Is dat erg van vader? Natuurlijk is dat erg. Maar het is goed om te beseffen dat hij het ongetwijfeld deed in de oprechte veronderstelling zijn zoon te helpen.

Een andere reden waarom verbieden of straffen niet werkt, heeft te maken met het feit dat de straf door de ander niet altijd als straf beleefd wordt. Zo kan ik me herinneren dat ik in de zesde klas van de lagere school voor straf in de kerstvakantie een taak uit een rekenboekje moest maken. Nou is het goed om te weten dat wij nooit boekjes van school mee naar huis kregen. Daarvoor moest je op de middelbare school zitten. Dus voor mij was een boek mee naar huis nemen een teken van aankomende volwassenheid. Bovendien vond ik rekenen geweldig. Ik deed het met plezier. En dus zei ik: 'Is goed, wat mij betreft doe ik twee taken.' Klaarblijkelijk vatte de meester het op als een provocatie. 'Als je het dan zo leuk vindt, waarom maak je dan niet meteen het hele rekenboek?!' En zo geschiedde. Tot mijn grote blijdschap. Na twee dagen vakantie had ik het hele boekje gemaakt.

Op dezelfde manier vertelt striptekenaar Romano Molenaar, die van het Amerikaanse stripconcern DC Comics de eervolle opdracht heeft gekregen om Batman te tekenen, dat hij in de vijfde klas van de lagere school 'voor straf' een week alleen maar mocht tekenen. Zijn meester ergerde zich er zo aan dat hij bij elke les zat te tekenen, dat hij dacht dat deze straf hem dat misschien zou afleren. Romano moest tekenen tot het hem de keel uithing. Het tegendeel was het geval. Hij genoot van zijn taak. Die week maakte hij van iedere leraar een tekening. In zijn beleving was de tekenstraf een voorbode van zijn latere succes als striptekenaar.[4]

Een ander illustratief voorbeeld van dit 'tegendraads effect' van een straf is het verhaal van een Israëlische crèche. Men wilde ouders die hun kinderen later ophaalden dan de afgesproken tijd van 3 uur 's middags, sanctioneren. Hoe? Door elk kwartier dat ze later kwamen in rekening te brengen. Met deze financiële sanctie zouden ze het niet meer in hun hoofd halen hun kinderen niet op tijd op te halen. Dacht men. Wat was het gevolg van de maatregel? Precies het tegenovergestelde! Ouders zagen de 'boete' als een legitieme prijs voor extra opvang. Massaal kochten ze deze extra 'service' in zonder verder schuldgevoel. Ze hadden nu toch netjes betaald als ze te laat kwamen?!

Afzondering

Straffen leek als opvoedingsmethode meer en meer te verdwijnen, maar de laatste jaren is een opmerkelijke revival waarneembaar. In de opvoedprogramma's op televisie die zich richten op 'onhandelbare' kleine kinderen, die met hun onmogelijke gedrag in staat zijn hun ouders tot pure wanhoop te drijven, lijkt straffen weer geaccepteerd. Uitgeput en moegestreden roepen de ouders de hulp in van een televisieprogramma en niet veel later doet een kordate *nanny* haar intrede in het gezin. De ferme dame – op de een of andere manier zijn het altijd vrouwen – introduceert een aantal duidelijke opvoedregels en weet binnen de kortste keren de peutertiran te disciplineren tot een vredelievende, coöperatieve schattebout. Wat zijn de belangrijkste interventies van de nanny? Straffen en belonen. Met als een van de belangrijkste hulpmiddelen: straffen door *afzondering*. Het kind wordt afgescheiden van zijn ouders, wordt in de *naughty corner* geplaatst en mag pas weer terugkomen als de ouder daartoe een signaal geeft.

Werkt deze methode? Zeker. Tot op zekere hoogte kan je met deze aanpak prima resultaten behalen. Als je kinderen hard en stevig aanpakt, zullen ze best wel begrijpen wat wel en niet kan. Ben ik er voorstander van? Nee. Integendeel. Ten eerste omdat je kinderen naar mijn idee niet als dieren moet willen dresseren – ik kom hier later op terug – en ten tweede, omdat het instrument 'naughty corner' een hardvochtig middel is: als jij als kind iets stouts doet, zetten we je even apart (boodschap: houden we even niet meer van je), als je zoet en lief bent, mag je weer terugkomen (boodschap: nu houden we weer van je). De ingreep van de naughty corner werkt, omdat je je kind straft met een vorm van sociale uitsluiting; het (tijdelijk) intrekken van je liefde. Het is daarbij van belang om te beseffen dat je als ouder goed moet inzien hoe lang een kind afgezonderd kan blijven, maar een klein kind heeft geen besef van tijd. Een klein kind leeft volledig in het hier en nu en beleeft de isolatie dus als een totale afwijzing. Je kan je dan ook afvragen in hoeverre dit middel nog met liefde te maken heeft.

Spannender

Alhoewel verbieden en straffen op de korte termijn een zeker effect kan hebben, weten we uit onderzoek dat verbieden op de lange duur meestal averechts werkt. Zo ontdekte Esther Jansen in een onderzoek naar overgewicht bij kinderen, dat ouders die hun kinderen bepaald eten of snoep verbieden, hun kinderen daardoor stimuleren tot ongewenst eetgedrag. Zij concludeert dan ook dat te veel controle een negatief effect heeft op eetgewoontes. Overgewicht kan, naar haar overtuiging, beter worden teruggebracht als ouders juist minder streng met eten omgaan.[5]

Dat verbieden niet werkt, kunnen we op onze klompen wel aanvoelen: als iets niet mag, wordt het des te spannender. Stel, je vader zegt tegen je: 'Je mag vanavond niet naar RTL4 kijken, begrepen?' Je vraagt: 'Waarom niet?' En je vader antwoordt: 'Daarom niet, omdat we je ouders zijn. Je moeder en ik verbieden het je.' Wat is dan het effect? Natuurlijk! Je zal de hele avond lang alle programma's op RTL4 bekijken, om maar te weten te komen wat je niet mocht zien en vooral ook waaróm niet.

Het inzicht dat een verbod de aandacht op het verbodene versterkt staat ook wel bekend als het Blauwbaard-effect, de engerd die van huis gaat en zijn jonge vrouw achterlaat met een sleutelbos. 'Het kleine sleuteltje is van het torenkamertje. Daar mag je absoluut niet komen.' Zijn jonge vrouw kan haar nieuwsgierigheid uiteraard niet bedwingen, vindt in de verboden kamer de lijken van haar voorgangers en tekent daarmee haar lot. En voor wie er wel pap van lust: ook in de Bijbel vestigde de Heer de aandacht op het verbodene, door te stellen dat alles gegeten mocht worden, *behalve* de appel van goed en kwaad. De afloop is bekend.

Autonomie

Een laatste reden waarom verbieden niet werkt heeft te maken met het feit dat mensen een sterke behoefte hebben aan *autonomie*. Zelfbeschikking. We willen zelf bepalen wat goed voor ons is, onze eigen grenzen bepalen. Zelfs als je kind je ogenschijnlijk gehoorzaamt, is de kans groot dat het 'ondergronds' gaat. Zoals nogal wat *middle class*-kinderen in de Verenigde Staten aan de oppervlakte een keurig christelijk burgerlijk leven leiden – f*ck zeggen is echt heel erg stout, drank voor je 21e is *absolutely not done* en de naam van de Heer is heilig – maar onder elkaar voortdurend dreigen te ontsporen. Spannend. Samen foute dingen doen. De keurigste kinderen knijpen in het donker vaak de meeste katjes. Wéten hoe het hoort is nog wat anders dan doen hoe het hoort. Zaken als normen en waarden kan je er, hoe je ook je best doet, niet van buiten met een simpel commando inproppen. Een kind vormt zijn eigen geweten.

Naast het feit dat verbieden in de praktijk vaak averechts werkt – en het dus als opvoedingsinstrument nogal ineffectief is – kan het in psychologisch opzicht ook negatieve gevolgen hebben. Zo betogen de psychotherapeuten Kuczynski en Kochanska, dat ouders die voornamelijk gebruikmaken van dreigen en verbieden, kinderen creëren die een vorm van *compulsive compliance* ontwikkelen: gedwongen gehoorzaamheid. Aangezien ze klakkeloos doen wat hun ouders hen zeggen te doen, ontwikkelen ze onvoldoende het vermogen om zelfstandig en kritisch na te denken. Ze zijn later, als volwassene, niet of nauwelijks in staat op eigen kracht beslissingen te nemen.[6]

Barbara Coloroso, auteur op het gebied van opvoeding, beschrijft de tekortkomingen van de 'doe-wat-ik-zeg-aanpak' treffend, als ze vertelt over ouders die zich beklagen over hoe hun kinderen plotseling 'veranderen' als ze de puberteit bereiken. Ouders zeggen dan nogal eens dingen als: 'Toen hij klein was, was het zo'n aardige jongen, hij was netjes, beleefd en voorkomend, kijk eens hoe hij zich nou gedraagt, ik snap het niet.' Barbara Coloroso antwoordt in zo'n geval: 'Vanaf dat hij klein was, droeg hij de kleren waarvan jij wilde dat hij ze droeg, gedroeg hij zich zoals jij wilde dat hij zich zou gedragen en zei hij de dingen, waarvan jij wilde dat hij ze zou zeggen. Hij luisterde naar iemand anders, die hem vertelde wat hij moest doen. Je zoon is niet veranderd. Hij luistert nog steeds naar andere mensen die hem vertellen wat hij moet doen. Het probleem is alleen dat jij dat niet meer bent, maar het zijn nu zijn leeftijdsgenoten.'

De paradox is dat we als ouders bij voorkeur eigenwijze, kritische kinderen willen hebben, die in staat zijn in de omgang met andere mensen een rechte rug te houden en – als dat nodig is – een eigen koers te varen. We hopen dat ze opkomen tegen onrecht en zich verzetten als dat nodig is. Alleen niet tegen ons. Als wij ze iets verbieden, dienen ze te gehoorzamen.

Waarschuwen

Om lastig gedrag te bestrijden, hoef je natuurlijk niet altijd gebruik te maken van straf. Je kan ook gebruikmaken van het denkend vermogen van een kind, door het te *waarschuwen* voor de consequenties van zijn gedrag. Dat lijkt een verstandige en logische aanpak te zijn: als je ze vertelt wat de consequenties van hun lastige gedrag zijn, als je ze in voldoende mate informeert, kunnen ze zelf besluiten met dat gedrag te stoppen. Dat idee. Zo is er de welbekende aanpak van jonge potentiële criminelen, waarbij ze in contact worden gebracht met zwaar en langdurig gestrafte gevangenen, die hen op zeer heftige wijze 'confronteren' met de verschrikkelijke consequenties van hun gedrag. Deze aanpak staat ook wel bekend als de *scared-straight* aanpak. De logica erachter is simpel. De veroordeelde gevangene functioneert als negatief rolmodel. 'Kijk, toen ik vijftien, zestien jaar oud was, was ik net als jij. Een boeffie. Ik maakte grapjes en nam het allemaal niet zo serieus. Ik jatte een sixpack in de supermarkt en van het een kwam het ander. Ik ontspoorde. Nu zit ik in de gevangenis. Het is hier verschrikkelijk. Wat ik heb gedaan kan ik niet meer terugdraaien. Ik zie mijn geliefden bijna nooit meer, heb andere mensen verschrikkelijke dingen aangedaan. Ik heb mijn leven verknald, ben mijn toekomst kwijt, jij hebt nu nog een kans, pak die kans, alsjeblieft.'

Gezien de vaak zeer heftige emotionele reacties van de jongeren die dit alles over zich heen krijgen, lijkt de aanpak te werken: na afloop van zo'n sessie zitten ze meestal bibberend en met tranen in de ogen naar hun voorland te kijken. Dit nooit, lijken ze te denken. De aanpak ziet er op het oog dan ook zeer succesvol uit. Maar wat blijkt uit onderzoek? Jongeren die dergelijke 'preventieve' programma's volgen, belanden juist vaker in de criminaliteit dan jongeren die dergelijke programma's niet gevolgd hebben. Het heeft er alle schijn van dat ze getraind, *gehard* worden om een dergelijke toekomst te kunnen verdragen.[7]

Overigens, over waarschuwen gesproken. Toen ik een jaar of vijf, zes was, vond mijn moeder blijkbaar dat ik nogal veel praatte. En dus zei ze tegen mij: 'Begt,' (mijn moeder kon de 'r' niet zo goed uitspreken), 'Begt, iedereen krijgt in zijn leven een bepaalde hoeveelheid woorden uitgedeeld. Je moet oppassen met hoeveel je praat, op een gegeven moment zijn ze op.' Stomverbaasd keek ik mijn moeder aan. Wat een ramp! Als ik zo doorging zou ik binnenkort door mijn hele voorraad woorden heen zijn. In vertwijfelde onzekerheid heb ik zeker een dag bijna niet gesproken.

Emotionele chantage

Naast verbieden en waarschuwen kan je ook proberen je kind met je gevoelens – 'kijk eens wat je ons aandoet' – in de gewenste richting te krijgen. Iedereen kent ze wel, deze gevoelens. 'Als je opnieuw zakt voor je examen is dat het ergste wat je je vader aan kan doen.' 'Je vader en je moeder, opa en oma worden heel verdrietig als je volhoudt homoseksueel te zijn.' 'Als je zo laat thuiskomt lig ik de hele nacht ongerust in bed.' Hoe oprecht en ogenschijnlijk kwetsbaar je als ouder ook je 'gevoelens' (gevoelens in dit geval tussen haakjes, want vaak zijn het vooral gedachten) onder woorden brengt, het effect is meestal een vermoeid gezicht, een blik de andere kant op en (vooral) een heel diepe zucht. 'Pfff. Jahaaaa. Okéééhééé. Ik heb het begrepen. Mag ik nu weg?!'

Deze aanpak bestaat natuurlijk ook in de ogenschijnlijk tegenovergestelde variant, de chantage met 'goede' gevoelens. Trots, blijheid en tevredenheid. 'Als jij je groente opeet worden papa en mama heel blij, dan word je later heel groot en sterk en dan zijn we heel trots op je.' 'Als je je examen haalt, springen wij een gat in de lucht.' 'Dat je helemaal alleen je tanden kan poetsen, wat geweldig.' 'Ogenschijnlijk tegenovergesteld', omdat de onderliggende intentie onveranderd blijft: het kind manipuleren met jouw gevoelens. Ik kom hier later in het vraagstuk 'complimenten' op terug.

Belonen

Gelukkig beschikken wij ouders over meer instrumenten om het gedrag van ons kind te manipuleren. Iedere wat intelligentere ouder gaat ervan uit dat *belonen* beter werkt dan straffen. Klinkt ook opvoedkundig verantwoord, nietwaar? Belonen. Als het gaat om onze kinderen opvoeden, lijkt belonen een van de meest zinvolle interventies te zijn.

Van dat belonen zijn er vele vormen. We kunnen simpelweg geld geven voor gewenst gedrag. Een euro voor een opgeruimde kamer. Vijftig cent voor de afwas. Of tweeduizend euro voor niet roken tot je achttiende. Zo'n beloning voor niet roken tot je achttiende heeft mijn vader mij, met de beste bedoelingen van de wereld, terwijl hijzelf op dat moment al veertig jaar stevig rookte, op mijn zestiende daadwerkelijk aangeboden. Ik zou tweeduizend gulden of een tweedehandsauto (ik mocht kiezen) krijgen als ik tot mijn achttiende niet zou roken. Wat was het effect? Ik schoot in de lach. Ik zou het van mezelf zó zielig gevonden hebben om niet te roken voor geld of een auto, dat ik uit recalcitrantie geneigd was ter plekke te gaan roken. Al was het maar om mijn autonomie te bewijzen.

Niet veel later begon ik, door mijn vader eerder gestimuleerd dan gedemotiveerd, daadwerkelijk te roken. Mijn vaders verzet was snel gebroken en hij heeft me zelfs liefdevol en vakkundig geholpen mijn eerste shagje te draaien. Drum met Rizla rood. Wat een avontuur. Dat geluid van een knisperend nieuw pakje shag. De geur van de verse, nog enigszins vochtige tabak. Het gevoel van het losplukken van het eerste plukje tabak uit die vierkante plak shag, het was een feest. Een inwijding in een nieuwe wereld. Het was natuurlijk verschrikkelijk ongezond (mijn vader had natuurlijk goede redenen me ervan te weerhouden) en jaren later heeft het me enorm veel moeite gekost er weer van af te komen, maar op dat moment was ik trotser op een vader die met mij meerookte, dan een vader die mij, zielig, zielig, geld aanbood om iets niet te doen, wat hij zelf niet kon laten. Wat een treurigheid.

De positieve effecten van belonen en de negatieve van straffen zijn zo algemeen aanvaard, dat inmiddels bijna iedere moderne opvoeder in dat opzicht een tamelijk zwart-witbeeld hanteert: straffen is iets wat (slechte) ouders vroeger deden, moderne ouders werken vooral met belonen. Straffen is fout, belonen is goed.*

Negatieve bijeffecten

Toch is het verstandig dit wat ongenuanceerde goed-fout-sjabloon tegen het licht te houden. In tegenstelling tot wat wij denken, heeft belonen een groot aantal *negatieve bijeffecten*. Zo ontdekte Harry F. Harlow al in 1949 bij proeven met apen, dat als zij beloond werden voor een taak die ze leuk vonden – waar ze uit zichzelf met plezier aan werkten – de beloning van diezelfde taak ertoe leidde dat hun motivatie afnam. Harlow en onderzoekers na hem concludeerden dat er zoiets bestaat als intrinsieke motivatie (van binnenuit, puur vanwege het plezier van het doen van de taak op zichzelf) en extrinsieke motivatie (van buitenaf, van-

---

* Het is interessant om te constateren dat ook het godsbeeld van de moderne mens de afgelopen decennia op een vergelijkbare manier is verschoven: eerst was er een wrakende, straffende, strenge God, de moderne mens gaat echter liever uit van een liefhebbende God. En in lijn met God is ook Sinterklaas van toon veranderd. Kregen stoute kinderen vroeger met de roe, belandden ze in de zak en werden ze naar Spanje verscheept, tegenwoordig complimenteert Sinterklaas hen als ze lief geweest zijn en krijgen ze als beloning voor goed gedrag marsepein, pepernoten, speculaas en (vooral) bergen speelgoed.

wege een beloning). Tientallen onderzoeken die sindsdien verricht zijn, onderbouwen steeds dezelfde stelling: als het gaat om simpele, eenvoudige en makkelijk herhaalbare taken (waar mensen intrinsiek niet echt gemotiveerd voor zijn) werkt belonen prima – kinderen betalen voor de afwas, het gras maaien of de vuilnis buitenzetten zou dus prima kunnen werken – maar als het gaat om taken waar mensen intrinsiek voor gemotiveerd zijn, heeft belonen een averechts effect. Onderzoek dat gedaan is bij topsporters leidde tot dezelfde conclusie: topsporters die vanuit zichzelf uiterst gemotiveerd waren het hoogste te bereiken, bleken bij het vooruitzicht van een financiële beloning tekenen van een afnemende intrinsieke motivatie te vertonen. Ten slotte, zo beschrijft Daniel Pink, kan belonen leiden tot minder creativiteit, levert het onethisch gedrag op, draagt het bij tot de vorming van verslavingen en leidt het in nogal wat gevallen tot kortetermijndenken.[8]

Als het gaat om onze kinderen moeten we dus in ons achterhoofd houden dat de kans groot is, dat we met belonen het tegenovergestelde bereiken van wat we beogen. Als het gaat om eenvoudige taken zal belonen wel een bepaald effect hebben, maar als het gaat om zaken waar ze vanuit zichzelf al gemotiveerd voor waren, zal een beloning zeer waarschijnlijk een averechts effect hebben. Hun motivatie zal erdoor afnemen.

Ethiek

Een tweede reden om voorzichtig te zijn met de aanname 'straffen is fout, belonen is goed' heeft te maken met de achterliggende filosofie. Het is van belang om te beseffen dat het idee van straffen en belonen sterk verweven is met een psychologische stroming, het 'behaviorisme'. In tegenstelling tot de psychologen van hun tijd, die vooral geïnteresseerd waren in de binnenkant van de mens, waren behavioristen vooral geïnteresseerd in de buitenkant van de mens, oftewel zijn gedrag (behavior). Gedrag van organismen is, in de optiek van behavioristen, te verklaren door te beseffen dat elk organisme geneigd is pijn te vermijden en plezier na te streven. Vanuit die optiek is straffen en belonen dan ook een effectief middel om gedrag te sturen: als bepaald gedrag wordt beloond, zal een organisme het herhalen; wordt het bestraft, dan zal het dat vermijden. Als je op een consequente manier straft en beloont, ontstaat er een gedragspatroon. Dit proces heet conditionering. Het is gebaseerd op de gedachte dat het nieuwe gedrag een gewoonte wordt. Zelfs als het belonen en straffen wordt gestopt, blijft het organisme zich op dezelfde manier gedragen.

Alhoewel het behaviorisme uitstekende successen behaalde bij het trainen van gedrag bij dieren, kwam er met betrekking tot menselijk gedrag al vrij snel *ethische* kritiek op het behaviorisme. Zelfs als wij met conditionering in staat zouden zijn mensen tot bepaald gedrag te verleiden, zouden we dat dan wel moeten *willen*? Zouden we niet veel liever willen dat onze kinderen doen wat ze doen omdat ze zélf voor dat gedrag kiezen? Als je moet kiezen voor een kind dat keurig gedrild, maar zonder daar verder zelf over na te denken, op tijd zijn pyjama aandoet, zijn tanden poetst, de visite een hand geeft, met twee woorden spreekt, het wc-papier bij het afvegen dubbelvouwt (niet te veel velletjes, vier volstaat) en een studie volgt die onze waardering kan wegdragen, of een kind dat op eigen kracht probeert te leren hoe het er in het leven aan toegaat, dan lijkt me de keus niet zo moeilijk. Liever een eigenwijs, soms wat lastig kind dat met vallen en opstaan zijn weg in het leven probeert te vinden, dan een keurig gedresseerd kind, dat zich gedraagt als een kopie van vader en moeder, maar dat niet beseft waarom het doet wat het doet, anders dan het ontvangen van een beloning of het vermijden van straf. Hoe moet het met zo'n kind als het groter is, op eigen benen moet staan en de straffen en beloningen zijn weggevallen? Uiteindelijk kan het doel van het ouderschap niets anders zijn dan het kind te leren zelfstandig na te denken en beslissingen te nemen.

Complimenten

Misschien zal je denken: oké, belonen met geld, daar geloof ik sowieso al niet in als opvoedingsmiddel, maar er bestaat toch ook een niet-stoffelijke vorm van belonen. Je kan toch ook je waardering laten blijken in de vorm van een *compliment*. Het is toch goed om te laten merken dat je blij, tevreden of trots bént als je kind iets doet wat je bevalt? Bovendien zal je misschien denken: we kunnen niet alleen gewenst gedrag met complimenten belonen, maar we kunnen toch ook behaalde resultaten van een kind benoemen? Als een kind ergens hard voor gewerkt heeft, echt zijn best gedaan heeft, dan is het toch zinvol, stimulerend en bekrachtigend om je waardering uit te spreken? 'Een negen voor aardrijkskunde Gelderland, jeetje, wat knaaaappppp. Een negen! Dan heb je bijna alle plaatsen en rivieren goed, goed hoor!' 'Cum laude afgestudeerd, mieters, nou ben je een Echte Jansen-Tilanus van Zevenbergen.' Waarom zou dat fout of verkeerd zijn?

Hoezeer het waarderen van gewenst gedrag ook een positieve bijklank heeft, in principe zit er een (uiterst) negatieve kant aan. Door goed gedrag te belonen, wordt 'fout' gedrag impliciet bestraft. Wie tegen zijn kind zegt: 'Wat goed, een 9 voor topografie,' zegt daarmee op hetzelfde moment (impliciet) dat een 6 minder goed is en een onvoldoende niet goed. Als je kind hard gewerkt heeft voor zijn topografie en laat zien dat het een 9 gehaald heeft, zou het natuurlijk raar zijn om dan niet blij te mogen reageren. Dat begrijp ik ook wel. Het grote gevaar schuilt erin dat kinderen geneigd zijn uit onze complimenten conclusies te trekken over wie ze zijn. 'Als ik goede cijfers haal voldoe ik aan de wensen van mijn ouders, als ik slechte cijfers haal niet.' Elke keer als we een kind een compliment geven over iets wat het goed heeft gedaan, geven we in de beleving van het kind tussen de regels door informatie prijs over wat we niet waarderen. Om die reden betoogde de psycholoog Carl Rogers al, dat kinderen die eigenschappen van hen die niet gecomplimenteerd worden op den duur zullen afwijzen.

Als lastig gedrag de aanleiding is – en daar hebben we het hier over: hoe ga je om met lastig gedrag – is het geven van een compliment vaak niet meer dan een uiterst geraffineerde vorm van manipulatie. Het middel is op zichzelf niet fout of verkeerd – complimenten kunnen een geweldig positief effect hebben, daar kom ik in het tweede deel van dit boek op terug – het motief wél. Je wilt ergens van af. En dus werkt het vaak averechts: het kind zal intuïtief aanvoelen dat jouw compliment meer met jouw behoeften als ouder ('je hebt ergens last van') dan met de behoeften van het kind zelf te maken heeft.

Stel je maar voor dat je vrouw je complimenteert als je de vuilnis buitengezet hebt. Of dat je man zegt: 'Wat kan jij goed afwassen.' Brr. Daar moet je toch niet aan denken? En toch doen we precies hetzelfde met ogenschijnlijk onschuldige zinnen als: 'Mama vindt het zooo fijn dat je je jas ophangt, mama vindt jou al een heel grote meid.' 'Wat goed dat je bij het afscheid tante Annie een hand gaf en even netjes oogcontact maakte, op die momenten is papa echt trots op zijn Freek.' We wekken op zo'n moment de indruk dat we het beste met het kind voorhebben. Het tegendeel is het geval. We hebben vooral het beste met onszelf voor.

Als het gaat om het bestrijden van lastig gedrag, zou je het geven van complimenten dan ook kunnen omschrijven als een vorm van *sugar coated control.* Het is iets waar we uiterst voorzichtig mee moeten zijn. Waarover geven we een compliment? Vanuit welke overtuiging en met welk doel?

Negeren

Misschien denk je bij het lezen: ha, maar ik ken nog een andere manier om met ongewenst gedrag om te gaan: gewoon *negeren.* Klinkt logisch. Gewoon negeren dus, dan dooft het vanzelf wel uit. Net als een brandje. Als vuur geen zuurstof meer krijgt, zal het vanzelf uitdoven. Als je ongewenst gedrag negeert, zal het vanzelf verdwijnen. Dat idee.

Toch zal ook deze aanpak in veel gevallen niet werken. Waarom niet? Omdat kinderen in sommige situaties nogal eens volhardend kunnen zijn. Hoe consequent we ook negeren, soms gaan ze net zolang door totdat we ontploffen. We kennen ze allemaal, van die taferelen waarbij moeder met een vriendin aan een tafeltje gezellig koffie zit te drinken, gebakje d'rbij – mjammie, mjammie, gezellie – en haar zoontje van vijf, op zijn knieën op zijn stoel zittend, de mondhoeken vol chocola, ondertussen aan de mouw van moeder trekkend, zeurt dat hij nú naar huis wil. 'Nu. Nu. Nu.' Moeder negeert het gedrag van haar zoon, in de hoop dat het gezeur zal ophouden. Maar zoon kent zijn pappenheimers – in dit geval zijn moeder – dus zoon zet nog een tandje bij. 'Mama, ik wil nu naar huis, ik ben moe-oe. Ik ben moe-hoe-oe.' Moeder houdt haar adem in, kijkt stoïcijns voor zich uit, probeert het gesprek met haar vriendin gaande te houden. Vriendin neemt het escalerende tafereel uiteraard ook waar, maar sluit zich aan bij de strategie van moeder en probeert, net als moeder, zo goed en kwaad als het gaat het gedrag van het jongetje te negeren. Deze laatste beschikt echter over een extra troef: stampij veroorzaken. Een scène maken. En dus zet hij het op een schreeuwen, met als gevolg dat het halve restaurant nu betrokken wordt in het onopgeloste conflict tussen moeder en zoon. Moeder komt er nu niet meer onderuit haar zoon aandacht te geven, knijpt hem in zijn bovenarm, kijkt hem strak in de ogen en sist zachtjes, maar uiterst dreigend: 'We gaan straks, begrepen?' In plaats van in te binden, laat zoon zich nu theatraal van de stoel vallen, overdreven 'au-au-au' roepend, 'je doet me pij-hijnnn.' Moeder staat vervolgens woedend op, trekt haar jas aan, trekt haar zoon aan één arm van de grond en sleurt hem, als een zak aardappelen, mee naar buiten om hem daar vervolgens de huid vol te schelden. Moeder boos, zoon overstuur. Maar wel zijn zin gekregen. Tada!

Lastig gedrag negeren is een gevaarlijke strategie. Om twee redenen. Ten eerste is het zo dat we daardoor het risico lopen belangrijke informatie te missen. Misschien is er gewoon iets ernstigs aan de hand. Nog niet zo lang geleden werd ouders geadviseerd om een huilende baby te negeren. Huilende baby's probeerden vooral aandacht te trekken en door ze te negeren, 'leerden' ze al op jonge leeftijd dat ze niet zomaar hun zin kunnen krijgen. Tegenwoordig zal eerder geadviseerd worden dat het goed is het huilen serieus te nemen. Het kan immers betekenen dat de baby honger of pijn heeft of zich alleen voelt. Lastig gedrag negeren draagt dan ook het risico met zich mee dat we de reden waarom kinderen zich lastig gedragen niet waarnemen. Op een positieve manier aandacht aan het lastige gedrag schenken, zal in die gevallen effectiever zijn.

Een tweede reden om als ouder een kind niet te negeren heeft te maken met het feit dat het een teken is van een ongezonde machtsstrijd. Door een kind te negeren, geeft de volwassene te kennen. 'Ik zeg niks, ik negeer jou, ik hou niet van jou, je bestaat niet voor mij, net zolang tot je weer normaal doet.' Voor een kind zijn er op dat moment nog maar twee mogelijkheden: of het gaat zich nog lastiger gedragen of het zal het opgeven om contact te maken en zich apathisch gaan gedragen. Beide uitkomsten zijn, als het gaat om het welzijn van het kind, onwenselijk.

Afleiden

Misschien denk je: ja, maar je kan het negeren van lastig gedrag combineren met een andere strategie, die van het *afleiden*: negeer wat het kind wil, en bied het kind op hetzelfde moment iets anders aan, wat hij *liever* wil. Op zich klopt deze redenering. En met name jonge ouders zie je deze tactiek met grote regelmaat toepassen. Tom van vier en zijn zusje Babette van anderhalf zitten achter in de auto; Babette vastgesnoerd in een kinderzitje, Tom in een driepuntsgordel. Tom staat op het punt zijn zusje Babette met zijn kinderknuisten toe te takelen en moeder – in plaats van Tom bestraffend toe te spreken – roept blijmoedig uit: 'Ooo, wat zie ik daar?! Kijk daar eens, Tom, een reiger. Een echte reiger?! Wat een grote vogel is dat! Heb je die weleens gezien, Tommie, een reiger?! Wat is dat een grote vogel!'

Afleiden kan op meerdere manieren. Met humor, bijvoorbeeld. Humor ontregelt, leidt af, maakt een vervelend moment luchtig. En als je als ouder beschikt over een gezonde dosis humor – erg handig als opvoeder, als je het niet hebt, heb je een groot probleem – is dat een geweldig hulpmiddel. Het maakt moeizame momenten aangenaam en een klein conflict irrelevant. Humor verzacht. Door samen te lachen creëer je een band. Als een kind zich lastig gedraagt, zal je het in een goed humeur kunnen brengen door het aan het lachen te maken.

Op zich zal deze strategie een tijdje werken – mits je genoeg grappen voorradig hebt en er genoeg afleidingen in de vorm van reigers, brandweerauto's, hardwerkende clowns, snoepgoed en kermistoestellen voorhanden zijn. Toch kleven er een aantal bezwaren aan. Ten eerste heb je er simpelweg niet altijd zin in om iets 'leuks' te moeten verzinnen, soms ben je het lastige gedrag gewoon zat. En als je het ergens mee gehad hebt, boos of opgefokt bent, is het moeilijk om op dat specifieke moment ook nog eens iets leuks te moeten bedenken. En ook humor heeft zijn beperkingen. Als er een serieuze reden is waarom je kind lastig gedrag vertoont, zal humor niet werken. Sterker nog, het kind zal zich onbegrepen voelen. Wie kent ze niet, van die ouders die bij alles, ook bij een serieus conflict, grappig doen. Irritant.

De belangrijkste reden waarom afleiden niet altijd werkt, is omdat het kind op het moment dat het lastig gedrag vertoont, al verleid is. Het wil al iets: precies datgene waarom het lastig gedrag vertoont. Waarom trekt het zoontje van vijf in de lunchroom zijn moeder, die met de vriendin zit te kletsen, aan de arm? Hij wil daar weg. Hij wil ergens anders heen. Waarom wil Tom van vier zijn zusje van anderhalf met de knuisten bewerken? Omdat hij een speelgoedje terug wil hebben.

Waarom kinderen doen wat ze doen, waarom ze lastig gedrag vertonen, is niet altijd meteen duidelijk. Gedrag is direct waarneembaar, diepere drijfveren niet. Maar achter elke vorm van lastig gedrag gaat een reden schuil; een motief, verlangen of drijfveer. Waarom afleiden vaak niet werkt, is omdat daarmee deze drijfveer niet is weggenomen. Als we er al in slagen er een ander, groter verlangen, voor in de plaats te zetten, zal dat hoogstens een tijdelijk effect hebben. Het oorspronkelijke verlangen is er immers niet mee weggenomen.

Dialoog

Naast het hele scala aan afleidings-, negeer-, straf- en beloningsmaatregelen is er natuurlijk een intelligentere aanpak: die van de *dialoog*. Van alle mogelijke aanpakken om ongewenst gedrag van kinderen te beïnvloeden, is dit waarschijnlijk de meest redelijke, verstandige en ook effectieve. Niet voor niets kiezen bijna alle opvoedkundige filosofieën van de moderne tijd de dialoog als vertrekpunt. Het kind wordt (gelukkig) niet meer gezien als een huisdier dat getraind moet worden, maar als een zelfstandig individu met eigen, authentieke wensen, verlangens, normen en waarden, met wie je al op een zeer jonge leeftijd een verstandig en gelijkwaardig gesprek kan voeren. Wat democratie is voor de samenleving, is de dialoog voor de opvoeding.

Maar hoe goed, logisch en verstandig het gesprek ook lijkt, als het doel van het gesprek van tevoren al vastligt – jij wilt iets niet: het lastige gedrag – is de kans groot dat je kind de hakken in het zand zal zetten. Wie vindt het leuk om als probleem te worden gezien en iets niet (meer) te mogen doen? En dan heb je ook nog eens een ouder tegenover je die welbespraakt en communicatief zeer vaardig is.

Als het gesprek gebaseerd is op de veronderstelling dat lastig gedrag bestreden moet worden, is er natuurlijk helemaal geen sprake van een echte dialoog, maar van een dictaat. Hoe democratisch je je ook gedraagt, je agenda ligt al vast. Als er sprake zou zijn van een échte dialoog, zou de uitkomst immers kunnen zijn dat het lastige gedrag zou mogen blijven bestaan.

Positief rolmodel

Nu bestaat er naast alle hiervoor genoemde strategieën om een kind te manipuleren ongewenst gedrag te beëindigen en gewenst gedrag te vertonen, nog een laatste en ogenschijnlijk neutrale aanpak: die van het *positieve rolmodel.* De achterliggende gedachte is eenvoudig: als ik als ouder nou maar het goede voorbeeld geef, dan zal mijn kind dat voorbeeld vanzelf wel volgen.

Deze filosofie is op zichzelf natuurlijk helemaal zo slecht nog niet. Zeker als je bedenkt dat ouders in hun eigen gedrag nogal eens afwijken van hetgeen ze van hun kinderen eisen: zoals een vader die schreeuwt dat er in huis niet geschreeuwd mag worden, of ouders die eerlijkheid van hun kinderen eisen, maar er zelf een geheime, buitenechtelijke relatie op nahouden, of zoals in het geval van mijn vader rokend betogen hoe slecht roken is. In dergelijke gevallen is het goed om te beseffen dat je eigen gedrag als ouder van groot belang is. Voor kinderen is gedrag stukken overtuigender dan woorden.

Toch is het de vraag hoe effectief je als ouder als positief rolmodel kan zijn. Zo kan je zelf hard gestudeerd hebben en met veel zelfdiscipline en volharding je doctoraal biologie gehaald hebben, maar het is maar de vraag of je kind over dezelfde talenten en hetzelfde doorzettingsvermogen beschikt als jij. Wie weet maakt jouw succes je kind alleen maar onzeker. Verstandige ouders beseffen dat hun eigen prestaties voor hun kinderen helemaal niet stimulerend hoeven te zijn. Zo betrapte Marco Borsato zich erop dat al zijn gouden en platina platen voor hemzelf wel leuk waren, maar op zijn kinderen mogelijk een ander effect zouden hebben. En dus verwijderde hij ze uit de huiskamer.

Maar, denk je misschien, er zijn toch andere vormen van voorbeeldgedrag die wél een positief effect op kinderen kunnen hebben? Als je als ouder laat zien dat je fouten kan maken, soms een slechte bui hebt, ook met vallen en opstaan moet leren, dan is dat voor je kind toch prettig? Ook hier is het maar de vraag hoe effectief 'positief voorbeeldgedrag' zal zijn. Als je je eigen gedrag aanpast met als doel het kind te laten zien hoe het moet, dan zal het kind vrij snel in de gaten hebben dat je toneelspeelt. Als jij thuis snel geïrriteerd bent, regelmatig snauwt en kortaf bent, maar als mensen op bezoek komen ben je opeens zeer voorkomend en beleefd, dan zal je kind concluderen dat je in de kern licht geïrriteerd bent, maar tegenover andere mensen doet alsof dat niet zo is. Het zal intuïtief aanvoelen wat je intentie van je 'brave' gedrag is: laten zien hoe het hoort. Voorbeeldgedrag kan je niet bewust acteren; dat vertoon je of vertoon je niet.

En zelfs als je voorbeeldgedrag echt en authentiek is, als je er geen toneel voor hoeft te spelen, is het maar de vraag of je kind je in dit gedrag zal volgen. Het tegenovergestelde kan net zo goed het geval zijn. Als je ouders hebt die braaf, aardig, voorkomend, hardwerkend, gestructureerd en beleefd zijn, dan kan het zeer spannend zijn om zelf af en toe de handrem ervan af te halen. De keerzijde van het menselijk spectrum te verkennen. Zoals andersom ook geldt dat chaotische ouders keurige kinderen kunnen produceren, omdat die van jongs af aan geleerd hebben dingen zelf te regelen, omdat het anders een puinhoop wordt.

Of we nou straffen of belonen en of we nou een negatief of positief rolmodel zijn, onze kinderen kunnen er altijd voor kiezen om lastig gedrag te vertonen. Onze kinderen zitten niet aan een touwtje. We kunnen ze niet als een hond, aap of dolfijn dresseren of als een kleurplaat naar onze eigen smaak inkleuren. Ze kunnen zelf nadenken en zijn dus ook in staat hun eigen keuzes te maken.

Misschien denk je nu dat dit boek een pleidooi is om lastig gedrag dan maar te accepteren en dat het uitgaat van een laissez fairehouding, waarbij alles wat het kind wil goed is. Mogelijk ben je in de veronderstelling dat ik toewerk naar een soort jaren-zeventig-demokratiese-raden-kommune-kresj-opvoeding, waarbij kinderen om halfdrie 's nachts halfnaakt en hongerig in een vieze keuken tussen halfvolle flessen wijn naar wat restjes eten zoeken, terwijl de ouders buiten rond een kampvuur hasj roken en in wisselende samenstellingen de liefde bedrijven. Hoera. Alles mag. Vrijheid.

Dat is natuurlijk niet wat ik beoog. Kinderen altijd hun zin geven is een van de slechtste dingen die je kan doen. Zo heb ik, klein voorbeeld, bij wijze van experiment tegen mijn destijds tienjarige zoon op een vakantie in Drenthe gezegd: 'Je mag vanavond zo lang opblijven als je wilt.' Dat leek leuk. En het was ook leuk. Tot een uur of één, twee. Maar als alle openbare gelegenheden gesloten zijn en je zoon zich om halfvijf 's nachts nog vrolijk keuvelend afvraagt of Pluto een echte planeet is of een planetoïde die deel uitmaakt van de Kuipergordel, dan is de lol er wel vanaf. Ik was uitgeput en gaf me gewonnen. Vader ging naar bed. En zoon dus ook. Experiment beëindigd. En als mijn zoon me later voorstelde om dat 'leuke' experiment van lang opblijven nog eens te herhalen, zei ik uiteraard 'nee'. Nog eens vijf uur gesprekken over de sterren of de oorsprong van het leven; een normaal mens trekt dat niet.

Kortom, ook laissez faire is niet waar dit boek over gaat. En het is ook niet zo dat ik er principieel tegen zou zijn om complimenten te geven of dat ik zou beweren dat je bepaalde gedragingen niet zou mogen verbieden of dat het verkeerd is een positief rolmodel te zijn. Integendeel. Al deze strategieën kunnen zeer effectief en positief zijn. Waar het me wél om gaat is dat er naast alle voorgaande manieren om met lastig gedrag om te gaan, nog een radicaal andere benadering mogelijk is. Alle strategieën die ik tot dusver heb behandeld, hebben – hoe verschillend ze ook zijn – in de manier waarop ze tot dusver gebruikt zijn één ding met elkaar gemeen: ze kiezen het probleem als vertrekpunt. Lastig gedrag mag er niet zijn. Het moet verdwijnen. En alle strategieën die we tot onze beschikking hebben, zetten we vervolgens in om dat doel te bereiken. Maar hoe zou het zijn als we het om zouden draaien: als we lastig gedrag niet zouden benaderen als iets wat zou moeten verdwijnen, maar wat zou mogen bestaan? Wat als we lastig gedrag niet als onwenselijk, maar als wenselijk zouden zien?

Omdenken

Omdenken

Probleem

Met je kinderen een museum bezoeken kan tot een nogal stressvolle situatie leiden. Kinderen zijn nou eenmaal geneigd om, nieuwsgierig als ze zijn, alles te willen voelen, aanraken en vasthouden. Voor een museum is dat natuurlijk een ramp. Dure kunststukken mogen nou eenmaal per definitie niet aangeraakt worden. Vandaar dat ze in vitrines en achter touwen zo goed mogelijk opgeborgen worden. Als je als ouder of leerkracht met kinderen een museum gaat bezoeken, moet je dan ook voortdurend op je hoede zijn of ze wel overal afblijven. Voor je het weet ben je gedwongen alle strategieën die je tot je beschikking hebt om met dit lastige gedrag om te gaan uit de kast te halen: verbieden, belonen, zo goed en kwaad mogelijk negeren, afleiden, noem maar op.

De neiging van kinderen om in een museum overal aan te zitten zou je, zo op het eerste gezicht, als lastig gedrag kunnen beschouwen. Dit lastige gedrag zou je vervolgens met alle strategieën die ik in het vorige hoofdstuk beschreven heb, kunnen proberen te bestrijden: ze belonen als ze nergens aanzitten, ze afleiden door te vertellen over wat ze kunnen zien, ze op schoot nemen of in de buggy vastsnoeren. Per kind en per situatie zal de ene strategie beter werken dan de andere. Maar wat je aanpak ook is: het doel is het lastige gedrag te onderdrukken. Alle strategieën getuigen van, wat ik noem, een 'ja-maar'-manier van denken: *ja,* kinderen willen ergens aanzitten, *maar* dat is niet de bedoeling.

Zodra je op een 'ja-maar'-manier naar een probleem kijkt (als iets wat er niet mag zijn), dwing je jezelf om allerlei strategieën te bedenken die het probleem wegwerken. Je zou ook kunnen zeggen dat je met een 'ja-maar'-manier van kijken een tunnelvisie creëert: de enige optie die overblijft is met het probleem in gevecht te gaan. Je denkt jezelf als het ware 'vast' in de aanname dat kinderen nergens aan mogen zitten.

Feit

Wat nu als je eens op een andere manier zou kijken? Als je er niet op een 'ja-maar'-manier naar zou kijken, maar er 'ja' tegen zou zeggen: als je het gedrag van kinderen om overal aan te zitten niet als een probleem benadert, dat weggewerkt moet worden, maar als een gegeven. Een feit. Het is geen 'neiging' die fout is, maar een 'behoefte' die er simpelweg is. En zo vreemd is dat niet. Kinderen willen nou eenmaal overal aanzitten. Wij deden het zelf toen we kind waren, onze kinderen doen het en ook onze kleinkinderen zullen het doen. Kortom, je maakt van het probleem een *feit*. Van een mening een waarneming.

Dat klinkt natuurlijk mooi, maar op zich schiet je daar niet veel mee op. Kinderen die overal aan willen zitten in een museum waar dat niet mag, dat is en blijft natuurlijk irritant. Maar daarna zou je een volgende stap kunnen zetten, je zou 'ja-en' kunnen zeggen tegen het feit dat kinderen overal aan willen zitten. Wat als dat 'de bedoeling' zou zijn?

Door je hersenen de paradoxale opdracht te geven dat de neiging van kinderen om overal aan te zitten 'de bedoeling' is, creëer je voor jezelf een vorm van creatieve spanning. Hoe kan je deze twee ogenschijnlijke tegenstellingen – 'kind wil overal aanzitten' versus 'dat is de bedoeling' – nou met elkaar verenigen? Dat is toch als olie en water? Die passen toch per definitie niet bij elkaar?

Mogelijkheid

Het mooie van deze paradoxale opdracht is dat je je hersenen daarmee forceert de tunnelvisie 'aanraken moet onderdrukt worden' los te laten, om op hoger niveau een nieuwe *mogelijkheid* te creëren waar die tegenstelling is opgelost.

Welnu, als je de moed hebt om het gedachte-experiment 'kinderen zitten overal aan en dat is de bedoeling' enige aandacht en tijd te schenken, zou je op een vondst kunnen komen die men in de Verenigde Staten, om precies te zijn in Philadelphia, tot werkelijkheid wist te maken. Wat deed men? Men accepteerde de neiging van kinderen om dingen aan te willen raken. Sterker nog, die neiging werd het wezenskenmerk van een nieuw museum. Onder de naam Please Touch Museum richtte men in 1976 een museum op waarbij het niet alleen geoorloofd, maar – sterker nog – de bedoeling is dat kinderen dingen aanraken. Een waarachtige omkering der dingen: hoe meer ze overal aanzitten, des te geslaagder is het museumbezoek. Niet alleen voor de kinderen, maar ook voor de ouders.

Omdenken

Deze manier van denken, waarbij je gedrag van kinderen niet ziet als een probleem dat weggewerkt moet worden, maar als een feit waarmee je een nieuwe mogelijkheid kan creëren, noem ik *omdenken*. Door om te denken los je een probleem niet op, maar accepteer je het en transformeer je het tot een nieuwe mogelijkheid.

Om een probleem om te denken, zijn er steeds twee stappen nodig. De eerste stap is die waarbij je van een 'probleem' een 'feit' maakt. Je verandert een 'ja-maar' in een 'ja'. Deze fase noem ik de 'deconstructiefase'. Je breekt het probleem als het ware open, legt vervolgens alle feiten, wensen, verwachtingen en verbanden tussen die onderdelen voor je op tafel en brengt daarmee voor jezelf in beeld hoe het probleem in elkaar zit. Uit welke verschillende elementen het bestaat. De deconstructiefase zou je ook als het analytische deel van het omdenkproces kunnen beschouwen.

De tweede stap is die waarbij je van het 'feit' een nieuwe 'mogelijkheid' maakt. Je verandert een 'ja' in een 'ja-en'. Deze fase noem ik de 'constructiefase'. Deze fase is het creatieve deel van het omdenkproces. Je kijkt als het ware naar de tafel voor je, waarop alle elementen van het probleem zijn uitgestald, en onderzoekt of je op basis van al deze feiten een nieuwe mogelijkheid zou kunnen creëren.*

Het tegenovergestelde van omdenken noem ik 'vastdenken'. Vastdenken is een manier van denken waarbij je jezelf steeds verder in het probleem wegdenkt. Pogingen om lastig gedrag te bestrijden, getuigen bijna per definitie van deze manier van denken. Een kind dat genegeerd wordt, gaat daardoor *meer* aandacht vragen. Gedrag dat wij belonen, kan daardoor *minder* aantrekkelijk worden. Als we een kind iets verbieden, zal zijn behoefte het te doen alleen maar *aangewakkerd* worden. Ook de escalatie die optreedt bij de trits verbieden-controleren-straffen is een vorm van vastdenken: hoe meer het kind verboden wordt, des te sterker zal het de neiging hebben het stiekem te doen, des te meer controle is nodig om het kind te betrappen, et cetera. Vastdenken is vergelijkbaar met jezelf uit een moeras omhoogwerken: hoe meer je beweegt om eruit te komen, des te dieper zak je juist in het moeras weg.

---

* Voor een gedetailleerde beschrijving van het principe omdenken en verschillende strategieën: zie *Huh?! De techniek van het omdenken*, en *Ik ben oké, jij bent een sukkel*. Achterin, in de bijlage, is een overzicht opgenomen met de vijftien omdenkstrategieën.

Acceptatie

De twee stappen van omdenken – deconstrueren en construeren – lijken een vrij technische aangelegenheid, maar dat zijn het zeker niet. Om op die manier te kunnen denken, is een levenshouding van onvoorwaardelijke *acceptatie* nodig. Zolang je er, om nog maar even het voorbeeld van hiervoor te gebruiken, van uitgaat dat kinderen in een museum nergens aan zouden mogen komen, kan je nooit de creatieve sprong voorwaarts maken waarmee je van dit 'lastige' gedrag een nieuwe mogelijkheid kunt creeren. Zodra je vindt dat kinderen zich op een bepaalde manier 'horen' te gedragen, heb je jezelf per definitie vastgedacht.

Nou is het met dingen aanraken in een museum misschien makkelijk om dit te accepteren, maar hoe zit het met ander gedrag van kinderen? Wat als ze wiet willen roken, spijbelen van school, niet gezond eten? Dan wordt het al een stuk moeilijker om jezelf te bevrijden uit de tunnelvisie van het vastdenken, om je kind te accepteren zoals het zich gedraagt en te onderzoeken hoe je dit probleem zou kunnen omdenken.

Om lastig gedrag te kunnen omdenken, moeten we dus een beroep doen op ons vermogen om een kind te accepteren, om van een kind te houden, *terwijl* het lastig gedrag vertoont. Het lastige gedrag is immers onderdeel van ons kind, het maakt deel uit van hem of haar. Zolang we dit lastige gedrag verwerpen of er de strijd mee aangaan, gaan we de strijd aan met een deel van ons kind. We accepteren ons kind wel, maar… Liefde, de basishouding om lastig gedrag om te kunnen denken, kent geen 'maar'. Als liefde een voorwaarde heeft, is het geen liefde. Liefde is onvoorwaardelijk. Net zoals je ook niet een beetje zwanger kan zijn, kan je ook niet gedeeltelijk van een kind houden.

Nou roept dit nogal radicale uitgangspunt mogelijk wat weerstand of vragen op. Moet je dan alles wat je kind doet maar goedvinden?! Maar dat is natuurlijk niet wat ik bedoel. Met 'onvoorwaardelijke acceptatie' bedoel ik niet 'berusting'. Integendeel. Met onvoorwaardelijke acceptatie bedoel ik dat je van het kind houdt zoals het is, het accepteert met al zijn tekortkomingen en gebreken, onhandigheden en onmogelijkheden en dat je zoekt naar manieren om deze 'gebreken' om te denken in 'mogelijkheden'. Paradoxaal genoeg werkt het zo dat je in de meeste gevallen lastig gedrag *versterkt* door het te bestrijden en het pas kan omdenken door het te accepteren.

Ter illustratie. Hebben je kinderen de neiging te klagen over school? Laat ze! Hoe meer je tegen ze zegt dat ze niet moeten zeuren, des te minder zullen ze zich begrepen voelen en des te meer zullen ze mopperen. Je tegen deze neiging verzetten is dan ook een voorbeeld van vastdenken. Het probleem blijft doorsudderen en wordt mogelijk alleen maar groter. Zeg er gewoon 'ja' tegen. Zo vertelt een vrouw over haar kindertijd: 'Vroeger gebeurde het nog weleens dat mijn broertje en ik chagrijnig thuiskwamen uit school. Mijn moeder werd dan niet boos, hoe hard we ook liepen te mopperen. In plaats daarvan gaf ze ons de "zeikvijfminuten". We mochten dan vijf minuten lang zoveel klagen en zeuren als we wilden. Over de strenge leraren, het mislukte proefwerk, het vele huiswerk, alles mochten we eruit gooien zonder dat er commentaar op werd geleverd. Na die vijf minuten moest het afgelopen zijn. En omdat we ons dan heel erg opgelucht voelden, was het daarna ook altijd weer goed en konden we zelfs weer om alle "ellende" lachen. Nu ik volwassen ben werk ik zelf met kinderen en gebruik ik de zeikvijfminuten ook regelmatig. Jongeren vinden het heerlijk om gewoon even te mogen spuien. Daarna zien ze de dingen weer van de zonnige kant.'

'Alles wat je aandacht geeft, groeit' is een bekende uitspraak. En in sommige situaties is dat ook het geval. Maar het omgekeerde kan ook waar zijn. Door ergens positieve aandacht aan te geven, zoals in het bovenstaande voorbeeld, kan het verdwijnen. Doordat het er mocht zijn. Je zou dan ook kunnen zeggen dat in die gevallen geldt dat acceptatie de hoogste vorm van verandering is.

Liefde heeft eenzelfde transformerende kracht. Doordat we van kinderen houden zoals ze zijn, doordat we hen volledig accepteren, helpen we hen te worden wie ze zouden *kunnen* zijn.

Onvoorwaardelijke liefde en acceptatie vormen dan ook de hoekstenen, het basismateriaal van het omdenken. Het is niet makkelijk. Kinderen kunnen vermoeiend, irritant, onredelijk, veeleisend (vul zelf maar aan) zijn. Toch is het, als we lastig gedrag willen omdenken, absoluut noodzakelijk om ons bij elk conflict af te vragen of wij ons *verzetten* tegen hoe onze kinderen zich gedragen, of dat we er met minzaamheid en soms zelfs humor naar kunnen kijken. De mooiste ouders zijn als de vader van Pietje Bell of Pippi Langkous. Ze houden wat lichte afstand tot hun kind, zien dat het regelmatig op de grens van wat hoort en niet hoort balanceert en elke keer als het kind dreigt te ontsporen, glimlacht de vader en geeft hij, door zijn ontspannen reactie, het kind de boodschap dat het wel goed komt.

En, laten we eerlijk zijn, wilden wij als kind niet allemaal, op zijn minst een beetje, als Pietje Bell of Pippi Langkous zijn? Of identificeerde jij je liever met Pippi's brave buurjongetje en -meisje, Tommy en Annika? Nee toch. Dat waren toch saaie bijfiguren, daar ging toch niks van uit? Terwijl Tommy en Annika wél heel lieve, welopgevoede kinderen waren.

Dus als je kind lastig gedrag vertoont, zie het als *part of the package*. Hoe leuk is een kind dat altijd doet wat je zegt, alle adviezen die je geeft zonder tegensputteren opvolgt en zich altijd netjes en keurig zal gedragen? Een groot deel van de lol van kinderen grootbrengen is toch het avontuur? Wij willen toch kinderen die soms buiten de lijntjes kleuren? Of, zoals een bevriend pedagoge het uitdrukt: '*Discover wildlife, have kids.*'

Verlangen

Wat helpt om op een 'ja-en'-manier naar lastig gedrag te kijken, is je niet zozeer op het gedrag te focussen, maar op het achterliggende motief. Waarom doen kinderen wat ze doen? Als kinderen in een museum overal aan willen zitten, dan doen ze dat niet om jou het bloed onder de nagels vandaan te halen. Zo voelt dat misschien wel, maar dat is natuurlijk niet hun motief. Ze willen gewoon met hun vingers overal aanzitten. Meer niet. Simpel.

Kinderen doen wat ze doen en ze hebben er hun redenen voor, hun motieven. Kinderen doen dingen op een bepaalde manier, omdat die manier in hun beleving – of dat nou bewust of onbewust is – de meest effectieve manier is om hun *verlangens* te bevredigen. Dat achterliggende verlangen, de redenen waarom kinderen doen wat ze doen, zie ik als een gegeven. Een feit. Ze zijn er. Net als de regen, je eigenwijze buurman, het humeur van je baas of een plotselinge lekke band. Wat is, is. Je kan willen dat de werkelijkheid niet is wat ie is, maar je wil zal het altijd afleggen tegen de feitelijkheid van het moment. Verlangen is zo'n feitelijkheid. Het laat zich niet sturen. Het is oorspronkelijk, authentiek en vaak uiterst onberedeneerbaar. Waarom willen wij wat wij willen? Waarom willen kinderen wat ze willen?

De wil, de aandrijving waarom mensen doen wat ze doen, het verlangen, is een wezenskenmerk van het leven. Alles is veranderbaar, plooibaar, beredeneerbaar, maar het kenmerk van het verlangen is dat het er is. Net zoals een boom 'wil' groeien, 'wil' een kind dingen. Simpelweg omdat het leeft en op aarde is. Zich wil manifesteren, uiten, ontwikkelen, groeien. Verlangen is op zichzelf niet goed of fout. Het 'is'. Hoe je ook als ouder je best doet het verlangen van een kind te manipuleren, het zal je niet lukken. Verlangen is als een rivier die naar beneden stroomt. Je kan een dam bouwen, de rivier kanaliseren, een stuwmeer aanleggen, maar hoe je het water ook probeert tegen te houden, het zal op de een of andere manier en op enig tijdstip zijn weg naar beneden vinden. Per definitie. Omdat het kenmerk van water is dat het nou eenmaal naar beneden stroomt, de wet van de zwaartekracht volgt. Zo is het 't kenmerk van verlangen dat het zich wil *manifesteren.* Als we met dat inzicht naar gedrag van kinderen kijken, dan wordt onlogisch gedrag al snel logisch.

Waarom gooit een kind zijn jas op de grond als het thuiskomt?
Niet omdat het zich onfatsoenlijk wil gedragen, geen respect heeft voor jou of slordig van aard is, maar omdat het zo snel mogelijk wil spelen. Hoera! Vrij van school! Spelen!

Waarom pest een kind een ander kind?
Niet omdat het een geboren sadist is, een slecht karakter heeft of per definitie geniet van het vernederen van anderen, maar omdat het daarmee zichzelf (mogelijk) status geeft, zich sterk en machtig voelt. Of omdat het zichzelf door anderen te pesten veilig kan voelen. 'Kijk, niemand doet mij wat, ik ben iemand om rekening mee te houden.'

Waarom gaat een kind laat uit?
Niet omdat het de strijd met jou opzoekt, het huis ontvlucht of jou niet serieus neemt, maar omdat het spannende dingen mee wil maken en niets wil missen. De stad in. Vrienden. Avontuur!

Lastig gedrag omdenken wordt een stuk makkelijker als we onze aandacht verleggen van het lastige gedrag naar de achterliggende drijfveer. Waarom doet een kind wat het doet? Wat is er mis met zo snel mogelijk willen spelen? Dat is toch heerlijk? Wat is er in principe mis met jezelf sterk willen voelen? Zo wil iedereen zich toch regelmatig kunnen voelen? Wat is er mis met spannende dingen willen ervaren? Die verlangens zijn op zichzelf niet slecht, fout of verkeerd. Het is de vaak onhandige, klungelige, onbeholpen manier waarop het kind vormgeeft aan die verlangens, waardoor lastig gedrag ontstaat. Maar het verlangen op zich betekent niets. Het is er. Zoals de wind waait. Het is aan ons om te bepalen wat we met die natuurkracht doen. Wij bepalen niet de wind, we bepalen ook niet de windrichting, maar we bepalen wel hoe we ermee omgaan. Als het stormt kan je windschermen plaatsen, maar je kan ook windmolens bouwen.

In essentie is het omdenken van lastig gedrag gebaseerd op een eenvoudige verschuiving van aandacht: van wat jij niet wilt, naar wat een kind wél wil. Van lastig gedrag naar verlangen.

Verlangen achter het verlangen

Ik kan me voorstellen dat je nu denkt: maar ik heb niks met een kind dat zich superieur wil voelen, voor zo'n kind heb ik geen enkel begrip en sympathie, hoe moet ik me dan met zo'n kind verbinden? Wat een kind 'wil' is toch niet altijd goed? Kinderen kunnen toch foute dingen willen? Is het dan niet mijn taak als volwassene ze daarvoor te behoeden of op zijn minst andere kinderen voor hen te beschermen? Die vraag is logisch en terecht. Daarom wil ik je vragen je aandacht niet alleen te richten op het verlangen dat in eerste instantie zichtbaar is, maar verder te kijken dan het direct waarneembare.

Ieder kind heeft drijfveren en verlangens, die ervoor zorgen dat het doet wat het doet, maar daarnaast heeft het ook nog hogere drijfveren. En juist die hogere drijfveren blijven in eerste instantie buiten beeld. Het 'verlangen achter het verlangen' zou je dat kunnen noemen. Iets wat het nóg liever wil dan hetgeen het lijkt te willen. Een verlangen dat ook sterker kan zijn dan het kind zélf denkt dat het wil. Om een voorbeeld te geven: iemand kan zich agressief of afwerend gedragen om zich veilig te voelen. 'Veilig voelen' zou je dus als een verlangen kunnen definiëren. En allerlei gedragingen, zoals verbaal geweld, afsluiten voor anderen, kortaf reageren, cynische opmerkingen maken, zou je kunnen zien als manieren om dat verlangen te realiseren. Een kind dat zich onveilig voelt, zal indien nodig alles uit de kast halen om zijn gevoel van onveiligheid op te heffen. Maar achter het verlangen zich veilig te voelen, zou weleens een groter verlangen schuil kunnen gaan. Het hogere verlangen zich geliefd te weten, bijvoorbeeld. Een kwetsbaar verlangen, dat makkelijk beschadigd kan worden als anderen hun liefde plotseling terugtrekken. En wie weet is dat bij een kind dat zich afwerend gedraagt ook (vaak) gebeurd.

Een mooie illustratie van het begrip 'verlangen achter het verlangen' is het verhaal van Petra. Petra is een meisje dat aan het begin van het schooljaar in groep acht van een nieuwe basisschool komt. Nou is het sowieso al moeilijk om als nieuweling in een klas te komen met kinderen die elkaar al jarenlang kennen, maar wat het extra moeilijk maakt is het feit dat Petra ook nog eens erg dik en wat verlegen is. Binnen de kortste keren wordt ze dan ook gepest en vooral Monique, het populairste meisje, de *queen bee* van de klas, maakt het erg bont. Ze noemt Petra een 'vetzak' en een 'kliko'. Als er op het schoolplein gespeeld wordt, zorgt Monique dat Petra nergens aan mee kan doen. De juf van groep acht, mevrouw G., is woedend. Het liefst zou ze Monique door elkaar schudden om haar duidelijk te maken hoe gemeen ze wel niet is. Een brief schrijven lijkt haar een beter plan, maar ook daarin komt ze niet verder dan Monique met verwijten om de oren te slaan. En dus gooit ze alle oude versies weg. Uiteindelijk schrijft ze Monique een brief met een totaal andere invalshoek.

Beste Monique, ik heb je hulp nodig. Zoals je vast wel hebt gemerkt, wordt Petra sinds ze bij ons in de klas zit elke dag gepest en belachelijk gemaakt. School moet erg moeilijk voor haar zijn. Je vraagt je vast af waarom ik jou daarover schrijf. Ik weet dat jij leiderschapskwaliteiten hebt en dat je vrienden veel respect voor je hebben. Als jij hun duidelijk maakt dat iemands gewicht niks zegt over hoe leuk of aardig iemand is, zullen het plagen en de nare grappen misschien wel stoppen. Ik weet dat deze brief veel van je vraagt, maar ik heb er vertrouwen in dat jij een manier zal vinden om Petra's schooldagen gelukkiger te maken. Vriendelijke groet, Juf G.

Wat is het effect? Monique reageert niet op de brief, maar na een paar dagen houden het pesten en de grappen op. Petra wordt niet veel later gevraagd om mee te helpen bij het decor voor het schooltoneel en Monique kiest haar zelfs in het volleybalteam. En zo heeft Petra alsnog een fantastisch laatste jaar op de basisschool.[9]

Waarom was de interventie van de juf succesvol? Het kan niet anders zijn of Monique, het populaire meisje, voelde zich door de juf uitgedaagd om zichzelf op een *hoger* niveau van verlangen te verwezenlijken: van het niveau 'populair meisje zijn' naar het niveau 'iets betekenen voor een ander kind'.

Lastig gedrag is niets anders dan ruwe energie. Ongestold verlangen. Een behoefte die zich op een ongelukkige en stuntelige manier uitdrukt. Een kind dat iets wil, maar niet precies weet hoe of wat. Het ervaart allerlei verlangens, maar is (nog) niet in staat die te verwezenlijken. Maar het goede nieuws is: ze borrelen, ze willen, ze zoeken en proberen. Ze zijn (nog) in contact met hun verlangen. Als we kinderen in hun hart raken, hun diepste verlangens aanboren, kunnen we 'lastige' kinderen helpen zichzelf te transformeren tot de meest bijzondere kinderen.

'Ja-en'-zeggen tegen de diepste verlangens van onze kinderen is dan ook de krachtigste interventie die wij als ouders en verzorgers tot onze beschikking hebben. Door kinderen op die manier uit te dagen en te ondersteunen, stellen wij onszelf beschikbaar om het kind te helpen zichzelf, zijn diepste verlangens, te verwezenlijken. 'Lastige kinderen' zijn op zich dan ook niet zorgwekkend. Als er al iets is waar we ons zorgen over moeten maken, dan zijn het eerder apathische kinderen; kinderen die het contact met hun (diepere) verlangens zijn kwijtgeraakt.

Vier vragen

Omdenken met kinderen is niet makkelijk. En het zal ook niet altijd lukken. Kinderen grootbrengen gaat helaas niet volgens een kookboek. Handboeken voor de opvoeding kunnen je helpen met allerlei praktische vragen (zoals: 'Tot wanneer mag ik mijn kind een speen geven?', 'Wat moet ik doen als mijn kind tegen me liegt?', 'Op welke leeftijd kan een gemiddeld kind kruipen?'), en er zijn allerlei meneren als dr. Spock en meneer Gordon die je van waardevolle informatie kunnen voorzien, maar voor de praktijk van alledag bestaan er geen recepten. Ook omdenken van dr. Bert is geen recept. In de praktijk moet jij, in het hier en nu, met al je beperkingen en tekortkomingen reageren op een situatie die zich op dat moment voordoet. En nietsdoen is ook niet echt een optie. Als je kind van drie op het punt staat op de derde verdieping uit het raam te stappen om te verkennen in hoeverre het in staat is een stukje over de dakgoot te wandelen, is onmiddellijk ingrijpen wel zo handig.

En was het nou maar zo dat je het leven af en toe op 'pauze' kon zetten. Dan zou je met wat deskundigen, vrienden en geliefden in alle rust kunnen overleggen over de vraag hoe je het beste kan reageren om vervolgens op 'play' te drukken om de beste reactie te geven. Er bestaat geen pauzeknop en (erger nog) er bestaat al helemaal geen beste reactie. En zeker geen garantie op succes. Hoe briljant jij je als opvoeder ook opstelt, je kind heeft altijd de vrijheid daar op een manier op te reageren die het probleem alleen maar groter maakt. Sterker nog, juist als je je briljant opstelt, zou dat voor je kind weleens ongelooflijk frustrerend kunnen zijn. Is de situatie al zo complex, verwarrend en emotioneel, ga jij je als opvoeder ook nog eens briljant opstellen! Hoe irritant is dat? Daar moet je toch niet aan denken, een perfecte ouder? Brrr.

Alhoewel het principe van omdenken vrij eenvoudig uit te leggen is – maak van een probleem een mogelijkheid – is het in de praktijk heel wat weerbarstiger om het toe te passen. Wat is precies het probleem? Wie is het probleem? Zijn meerdere mensen het probleem? Is er wel een probleem? Gaat het probleem niet vanzelf over? Is het probleem wel in een mogelijkheid om te denken?

In het volgende deel van dit boek wil ik je met vier eenvoudige vragen op weg helpen om op een creatieve, ontregelende manier met lastig gedrag om te gaan. Die vragen luiden achtereenvolgens:

1. Wat is het probleem?
2. Is het een echt probleem?
3. Ben jij het probleem?
4. Is het probleem de bedoeling?

Elke keer als je vanaf nu met lastig gedrag te maken hebt, kan je deze vier vragen in deze volgorde afwerken. Ten eerste, wat is het probleem? Je zal merken dat door goed over die vraag na te denken, in pak 'm beet de helft van de gevallen het probleem eigenlijk al verdwenen is. Misschien is er wel helemaal geen probleem. Of is het probleem iets heel anders dan wat jij aanvankelijk dacht.

Dankzij de tweede vraag – is het probleem wel echt een probleem? – zal van 50 procent van de problemen die overblijven opnieuw ongeveer de helft verdwijnen. Veel problemen zijn, als we er nog eens over nadenken, niet écht een probleem. Niet dat ze geen probleem zijn. Ze zijn alleen niet een érnstig probleem. Niet iets om je echt zorgen over te maken. Blijft over: zo'n 25 procent van de problemen waar we mee begonnen waren.

De derde vraag – ben jij het probleem? – is misschien wel de leukste van de vier vragen. De grap is dat vaak niet het kind, maar wijzelf het probleem zijn. Als een kind jengelt en dreint op de achterbank van de auto, is dat natuurlijk een vorm van lastig gedrag. Maar als wij midden in de zomer zonder pauze in een auto zonder airco in één dag van Nederland naar de Middellandse Zee willen rijden, dan lijkt het me dat niet het kind, maar wij het probleem zijn. Je zal merken: met deze derde vraag is opnieuw zo'n beetje de helft van de overgebleven problemen is verdwenen. De teller staat inmiddels op 12,5 procent van de oorspronkelijke problemen.

Deze laatste 12,5 procent kunnen we ten slotte onderzoeken met de vierde en laatste vraag: is het probleem de bedoeling? Hoe zouden we het probleem kunnen omdenken?

Lastig gedrag omdenken hoeven we niet alleen te doen. We hebben uiterst creatieve bondgenoten in onze directe omgeving, die ons daar prima bij kunnen helpen: onze eigen kinderen. Aangezien ze nog onbevangen in het leven staan – en gelukkig nog niet al te zeer beperkt zijn in hun denken – beschikken zij nog over een open geest en dat is een belangrijke eigenschap om de werkelijkheid mee om te kunnen denken. Zo beschrijft John Lennon dat, toen hij vijf jaar oud was, zijn moeder hem altijd vertelde dat het in het leven maar om één ding ging. Ze zei: '*The key of life is happiness.*' Toen John naar school ging en de juf hem vroeg wat hij later wilde worden, antwoordde hij dan ook: '*Happy.*' De juf zei: '*You don't understand the assignment.*' Waarop John antwoordde: '*You don't understand life.*'

Deel II

De vier vragen

1. Wat is het probleem?

1. Wat is het probleem?

Probleem? Ingrijpen!

Hans en Grietje – ze komen in meerdere verhalen voor – zitten lief te kleuren. Opeens, zonder ogenschijnlijke aanleiding, grist Hans de tekening van Grietje weg en verscheurt die. Simpele situatie, nietwaar? De vraag is, wat is in dit geval het probleem en hoe zou je reageren?

Het meest voor de hand liggende antwoord is natuurlijk dat je elkaars tekeningen niet hoort te verscheuren. Het is zielig voor het kind dat aan het tekenen is. Zo ga je niet met elkaar om. Als je als ouder getuige bent van zo'n situatie, lijkt het dan ook een logische interventie om het kind dat de tekening verscheurde bij de arm te nemen, diep in de ogen te kijken, streng toe te spreken – 'Ben je nou helemaal betoeterd?' – en het vervolgens zijn excuses aan te laten bieden aan het andere kind. 'Zeg tegen Grietje dat het je spijt.' Om te voorkomen dat het probleem zich nog een keer voor zal doen, zou je vervolgens Hans en Grietje uit elkaar kunnen halen en met die twee interventies heb je het probleem, zo goed en kwaad als het gaat (want de tekening komt helaas niet meer terug, die is onomkeerbaar vernield) opgelost. Als beginnend ouder is dit dan ook het handelingsrepertoire dat je in eerste instantie geneigd bent in te zetten: je ziet een probleem, maakt een snelle analyse, grijpt in om erger te voorkomen, probeert de schade zo goed en kwaad als mogelijk te herstellen en voorkomt dat het probleem zich nogmaals voordoet. *Probleem? Ingrijpen!*

Als je als ouder wat verder gevorderd bent, merk je dat dit model zo zijn tekortkomingen heeft. Het werkt vaak niet. En waarom niet? Omdat er van alles aan de hand kan zijn wat zich aan je oog onttrekt. Meestal is een probleem alleen een topje van de ijsberg en heeft zich voordat het probleem zichtbaar werd, al van alles afgespeeld wat tot het uiteindelijke probleem geleid heeft. De meeste problemen zijn veel ingewikkelder dan ze in eerste instantie lijken. Als je impulsief reageert op een gebeurtenis, doe je in het beste geval alleen aan symptoombestrijding. Als datgene wat tot het probleem geleid heeft hetzelfde is gebleven, dan zal het probleem zich binnen de kortste keren opnieuw voordoen. Je kan in bovenstaand voorbeeld de kinderen zo ver uit elkaar zetten als je maar wilt, maar de kans is groot dat het op een later moment, als je even niet oplet, tot een nieuwe uitbarsting komt en dat Hans Grietje aan d'r haren trekt, onder tafel een stiekeme schop geeft of een kras zet op de mooiste tekening in haar poëziealbum. Je weet het niet.

Om op een goede manier op een probleem te kunnen reageren, is het raadzaam eerst een aantal vragen te stellen over de situatie. Om te beginnen de meest fundamentele vraag, de vraag die aan alle andere vragen voorafgaat: is er eigenlijk wel een probleem?

Is er wel een probleem?

Jonge ouders hebben een onzekere toekomst voor zich liggen. Naast hoop en plezier zijn er, eigenlijk al ver voor de geboorte, allerlei vragen en onzekerheden. De meeste opvoedboeken zien het dan ook als hun primaire taak om tips en adviezen te geven, over hoe je met de meest voorkomende problemen om kan gaan. Aan de hoofdstukindeling herken je een dergelijke invalshoek ogenblikkelijk. De meest voorkomende vraagstukken staan in de inhoudsopgave, keurig en overzichtelijk gerangschikt naar leeftijd. *De baby.* Wat doe je als de baby huilt? Separatieangst. Hoe lang mag een kind in de box? Wat als de baby niet genoeg eet? *De peuter.* Hoe ga je om met peuters die bijten? Wat als je kind te laat gaat praten? Hoe ga je om met slaapproblemen? Wanneer moet een peuter zindelijk zijn? Mijn kind snoept te veel. *Het kind in de lagereschoolleeftijd.* Hoe ga je om met vloeken en schelden? Wat als je kind jokt of pikt? Omgaan met pestgedrag. Mijn kind heeft heimwee. *De puber.* Faalangst op school. Problemen op seksueel gebied. Heeft mijn kind ADHD?

Hoe goedbedoeld al deze boeken ook zijn, het effect van de meeste goede bedoelingen is dat het ouders nog onzekerder maakt. Je was al onzeker over van alles, maar blijkbaar kan er ook van alles misgaan waarvan je niet eens wíst dat het mis zou kunnen gaan. Straks is je kind volwassen en wie weet heb je iets over het hoofd gezien. Komt dochterlief er bij de psychiater opeens achter dat jij bepaald 'signaalgedrag' als nagelbijten, stotteren, duimzuigen, broekdrukken of neuspeuteren niet tijdig hebt waargenomen en heeft ze al die jaren aan een 'traumatische herinnering aan een ziekenhuisopname' of een 'machtsstrijd met één of beide ouders' geleden. Ook al wijden bijna al deze boeken één of meerdere paragrafen aan het feit dat je je als ouder niet te veel zorgen moet maken en vooral op je eigen intuïtie moet vertrouwen, toch is het effect van al deze goedbedoelde adviezen meestal het tegenovergestelde. Het hele vraagstuk van het ouderschap wordt er ten onrechte door *geproblematiseerd.* Er zijn namelijk drie redenen om lastig gedrag niet te snel als een probleem te benoemen.

De-problematiseren

De eerste reden heeft te maken met het feit dat nogal wat ogenschijnlijke problemen bij nadere beschouwing helemaal geen probleem zijn. In een bepaalde fase bijten kinderen elkaar. Is dat erg? Ach, het is wat gedoe, je moet er als ouder natuurlijk voor zorgen dat je kinderen een beetje heel blijven, maar het bijten is op zichzelf niet problematisch. Kinderen hebben op een bepaalde leeftijd nou eenmaal de neiging dat te doen. Het hoort er een beetje bij. Pesten? Is natuurlijk een serieus vraagstuk, maar zolang het op het gebied van plagen en je eigen grenzen verkennen blijft, is het een gezond onderdeel van het ouder worden. Als ouder moet je het uiteraard goed in de gaten houden en als het erger wordt is het echt een serieus probleem, maar is het zorgwekkend als je kind een keer pest of gepest wordt? Niet meteen. Het hoort er een beetje bij. Als kinderen in de puberteit komen en hun autonomie verkennen, kan het voorkomen dat ze afspraken niet nakomen of zelfs tegen je liegen. Dat kan heel pijnlijk zijn en het kan een teken zijn van dieper liggende problemen, maar als het een keer gebeurt, maak je niet meteen zorgen of je een 'slecht' kind hebt dat grondig moet worden 'heropgevoed'. Het hoort er een beetje bij. Hoe vervelend het ook is.

Om nog even terug te komen op het voorbeeld waarmee ik begonnen ben, Hans die de tekening van Grietje verscheurt. Is dat een probleem? Ook dat hangt er maar van af. Wie weet heeft Grietje tegen Hans gezegd: 'Ik vind mijn tekening echt lelijk, ik wil een nieuw blaadje, zal ik 'm verscheuren?' En wie weet heeft Hans geantwoord: 'Maar dat mag niet van de juf, als je 'm verscheurt krijg je straf.' En wie weet heeft Grietje daarop geantwoord: 'Maar als jij hem nou doorscheurt, dan krijg jij de schuld en niet ik, zullen we eens kijken wat er dan gebeurt?' Waarop Hans antwoordde: 'Is goed, maar dan moet jij de volgende keer iets voor mij doen, oké?' Waarop Grietje afrondde met: 'Super, bedankt. Lachen, Hans, wedden dat ze boos op je wordt en ons apart zet?'

Ik geef toe, het is een wat onwaarschijnlijk scenario, maar met betrekking tot Hans en Grietje zijn wel meer onwaarschijnlijke scenario's bedacht. Welke heks weet nou niet het verschil tussen een vinger en een stokje? Ik bedoel maar. Bovendien, en daar gaat het natuurlijk om, wat ik er vooral mee wil zeggen is dit: als je niet weet wát er precies aan de hand is, wees dan voorzichtig met conclusies trekken en ingrijpen. Wie weet is er helemaal geen probleem. Om die reden wil ik een oproep doen om het hele vraagstuk van het grootbrengen van kinderen te *de-problematiseren.* Ik zal hier later – in het hoofdstuk 'Is het een echt probleem?' – op terugkomen.

Feit versus verwachting

Een tweede reden om lastig gedrag niet meteen als probleem te definiëren heeft te maken met het feit dat een probleem, bij nadere beschouwing, niet één ding is, maar altijd uit twee elementen bestaat: enerzijds de *feiten* en anderzijds een *verwachting.* In eerste instantie denken we dat een probleem – in dit geval gaat het steeds over lastig gedrag – iets is wat zich buiten ons afspeelt: het kind *doet* iets en dat wat het doet is het lastige gedrag. Het probleem bevindt zich buiten ons. Wij nemen het probleem waar, het speelt zich voor onze ogen af, het kind veroorzaakt het probleem. Dat is de manier waarop wij problemen ervaren. Maar bij nadere beschouwing is er iets totaal anders aan de hand. Het probleem speelt zich niet buiten onszelf af, maar juist in onszelf. Wij *ervaren* de situatie als een probleem.

Ter illustratie. Laten we nog even terugkomen op Hans en Grietje. En laten we – om de situatie overzichtelijk te houden – ervan uitgaan dat Hans de tekening expres heeft verscheurd, om Grietje aan het huilen te maken. Dan zou je kunnen zeggen: dat is een probleem. Op mijn vraag waarom je dat een probleem vindt, zou je vervolgens kunnen antwoorden: 'Omdat ik vind dat kinderen elkaar niet moeten kwetsen.' Als dat je antwoord zou zijn, dan zou ik concluderen dat je de situatie problematisch vindt omdat de feiten (Hans verscheurt tekening van Grietje, Grietje huilt) blijkbaar tegengesteld zijn aan jouw verwachting (Hans en Grietje horen elkaar niet te kwetsen, ze zouden elkaar moeten respecteren). Daarmee kan je concluderen dat jouw verwachting er de *oorzaak* van is dat je het gedrag van Hans een probleem vindt. Hans' gedrag is op zich geen probleem, het is een probleem omdat het niet strookt met jouw verwachtingen. Als je verwachting zou zijn dat het goed zou zijn als Hans eindelijk eens van zich af zou bijten, omdat hij zich altijd zo op z'n kop laat zitten door zijn vervelende zus, dan zou dezelfde gebeurtenis niet een probleem, maar de bedoeling zijn. Dan zou je Hans niet als pestkop zien, maar als jongen die eindelijk eens assertief was.

Dit inzicht – dat een probleem altijd een combinatie is van feiten en een daarmee strijdige verwachting – is van cruciaal belang. Het betekent dat zich in de wereld buiten ons slechts feiten afspelen (kinderen doen wat ze doen, zij zijn een gegeven, wat ze doen *betekent* in principe niets) en dat de manier waarop wij kijken, wat wij van hen verwachten, ertoe leidt dat we in het ene geval een feit als een probleem en in het andere geval hetzelfde probleem als een mogelijkheid zien. Regen is een probleem als je op vakantie bent en zon verwacht, maar voor een boer kan regen – na een droge zomer – een verademing zijn. Het feit is hetzelfde: regen. De verwachting maakt het verschil.

Met name rond het hele vraagstuk van het grootbrengen van kinderen zijn deze verwachtingen van groot belang. Als er één gebied in het leven is waarop wij onuitputtelijk veel (onuitgesproken) verwachtingen hebben, dan is het wel dit onderwerp. Hoe meer wij van onze kinderen verwachten en hoe preciezer we dat omschrijven, des te meer problemen we zullen ervaren. Is dat erg? Moet dat anders? Nee. Het is niet erg en het hoeft niet anders, maar het is wel van belang om in te zien dat het zo werkt. En daarom is het van belang om – als er sprake is van lastig gedrag – niet alleen naar het kind, maar vooral ook naar onze eigen verwachtingen te kijken.

Verwacht je dat je kind muzikaal is?
Dan heb je een probleem als het niets met muziek heeft.

Verwacht je dat je kind sociaal vaardig is?
Dan heb je een probleem als het dat niet is.

Verwacht je dat je kind zich aan afspraken houdt?
Dan heb je een probleem als het daar moeite mee heeft.

Zoals gezegd: van kinderen wordt tegenwoordig erg veel verwacht. Dat is op zich niet erg. Als die verwachtingen hen uitdagen het beste uit zichzelf te halen, kunnen ze hen stimuleren om dat ook daadwerkelijk te doen. Sterker nog, uit onderzoek blijkt dat leerkrachten die (onbewust) veel van hun leerlingen verwachten, betere resultaten behalen dan leerkrachten die dat niet doen.[10] Maar als die verwachtingen niet aansluiten bij wat kinderen ambiëren en bij waar hun talenten liggen, dan zijn die verwachtingen het probleem. Of beter, dan zijn wij het probleem. Dit vraagstuk zal ik verder uitdiepen bij de vraag 'Ben jij niet het probleem?'

Complexiteit

Een derde en laatste reden om voorzichtig te zijn met het ingrijpen bij problemen heeft te maken met de eerdergenoemde *complexiteit* van de werkelijkheid. In veel gevallen is een ogenschijnlijk eenvoudig probleem een stuk ingewikkelder dan het in eerste instantie lijkt. Wij zijn geneigd aan elk probleem één oorzaak te plakken. Kind verscheurt tekening? Hij wil wraak! In veel gevallen is er echter niet zozeer sprake van een lineaire causaliteit (waarbij één oorzaak één gevolg heeft) als wel van een complex systeem: vaak zijn er meerdere oorzaken aan het werk, die elkaar ook nog eens wederzijds beïnvloeden. Iets wat ergens een 'gevolg' van is, kan op zijn beurt een nieuwe 'oorzaak' worden. De werkelijkheid is vaak niet lineair, maar circulair. Om het simpel te zeggen: man slaat vrouw, vrouw slaat kind, kind slaat hond, hond bijt man. Zeker in de opvoeding zijn ogenschijnlijk eenvoudige problemen al snel erg complex. Oorzaken en gevolgen zijn onderling verweven.

Een goede vriend van mij, een voormalig leraar en onderwijskundige, was in de jaren dat hij lesgaf mentor van Henk, een jongen die regelmatig voor winkeldiefstal werd opgepakt. Het eigenaardige was dat je zou denken dat iemand na één of twee keer opgepakt te zijn, beter op zou letten om niet nogmaals betrapt te worden. Bij Henk was dat niet het geval. Om de zoveel tijd zat hij op het politiebureau, waar hij door vader of moeder werd opgehaald. Het was een vreemd patroon waarbij vader en moeder iets hadden van: jammer, dat het zo loopt, als Henk zich 'normaal' zou gedragen zouden we een gewoon, fijn gezin kunnen zijn. Gesprekken met de mentor, ook op verzoek van vader en moeder, leidden slechts tot een nors stilzwijgen van Henk.
Een aantal jaren later ontmoette de mentor de moeder en vroeg haar hoe het met Henk ging. 'Met Henk gaat het goed nu. Die werkt nu met veel plezier in een garage. Ik ben gescheiden,' vertelde ze. 'Henks vader dronk in die tijd behoorlijk en dan zaten zijn handjes nogal los. Regelmatig werd Henk, als ik het voor mijn kiezen had gehad, precies de dag erna opgepakt. Het effect was dat mijn man en ik onze handen ineensloegen en onze aandacht op Henk richtten. Achteraf heb ik het idee dat Henk zich liet oppakken om mij te beschermen. Ik vraag me af of hij zich destijds daarvan bewust was, maar het ligt nog steeds te gevoelig om daar met hem over te praten.'

Waarom kinderen en jongeren doen wat ze doen is vaak moeilijk te achterhalen. In bovenstaand verhaal zou het goed kunnen zijn dat Henk de rol van zondebok op zich nam: door zichzelf in de problemen te brengen, kon hij zijn moeder beschermen.

Symptoombestrijding

Soms is een probleem zo complex, dat het jaren kan duren voordat duidelijk wordt wat er precies aan de hand is. Vaak met tragische gevolgen voor alle betrokkenen: elke keer dat 'het probleem' duidelijk lijkt te zijn en er voor 'een oplossing' wordt gekozen, wordt de situatie alleen maar ingewikkelder. Zo is er het verhaal van Anna, een meisje dat als kleuter opgewekt, leergierig en energiek is. Voordat ze naar school gaat kan ze al lezen en schrijven. Helaas gaat het op school al vrij snel mis. Na enige weken geeft de juf aan dat Anna nogal 'onoplettend' is. Ze kan haar aandacht er niet bij houden. De juf voert meerdere gesprekken met de ouders. De ouders herkennen zich wel in het probleem. Thuis kan Anna zich ook weleens 'stoffig' gedragen. Na een tijd wordt haar onoplettendheid zo'n groot probleem dat er professioneel naar gekeken wordt. Er valt een woord. Ze heeft ADD. Medicatie is mogelijk en zou kunnen helpen. De ouders stemmen erin toe.

Alhoewel de medicijnen de symptomen enigszins lijken te verzachten, nemen in de loop der jaren de problemen alleen maar toe. Er volgt nieuw onderzoek en er rollen twee nieuwe diagnoses uit. Zo blijkt ze een aandoening in het autistisch spectrum te hebben, om precies te zijn PDD-NOS, en niet veel later wordt ook vastgesteld dat ze een ODD-kind zou zijn: ze vertoont structureel 'oppositioneel opstandig gedrag'. Als gevolg van beide diagnoses wordt de medicatie aangepast. Anna lijkt echter steeds meer problemen te krijgen met de wereld om haar heen en wordt verbaal en lichamelijk agressief. Ze is dan een jaar of twaalf en staat op het punt naar de middelbare school te gaan. Haar ouders vragen zich op dat moment al enkele jaren af wat er gebeurd is met hun lieve, pittige meisje van vier jaar.

In het voortgezet onderwijs is er nauwelijks begrip voor Anna. Ze moet mee in de structuur en het ritme van het klassikaal onderwijs. Aangezien ze een vwo-advies heeft gekregen, begint ze in een gemengde vwo/havo-klas, maar al snel wordt ze overgeplaatst naar de havo. Ook hier verergeren de problemen alleen maar. Na een aantal jaren gedraagt ze zich dermate dwars en agressief, dat niet alleen de school, maar ook de ouders lijken te bezwijken onder de last. Een paar maal wordt zelfs gesproken over uithuisplaatsing. Anna wil dit uiteraard niet en wordt alleen al bij de gedachte hieraan nog angstiger, bozer en verdrietiger. Uiteindelijk draait het hele gezinsleven om Anna. Niet alleen de ouders, maar ook de andere kinderen lijden er dagelijks onder. Er moet iets gebeuren. Maar wat?

Was het maar zo simpel dat achter lastig gedrag, zoals dat van een kind als Anna, niet meer dan één oorzaak lag. Dan was het makkelijk. Dan was het als een lekke band plakken. Probleem? Lekke band. Oorzaak? Gaatje. Gaatje plakken, klaar. Kind moeilijk? ODD-kind. Medicatie! Als volwassenen hebben we de neiging op deze symptomatische manier op problemen te reageren. Kind maakt lawaai? Hou je mond. Kind rookt stiekem sigaretten? Verbieden. Henk pleegt winkeldiefstal? Straffen!

Vicieuze cirkel

Omdat de meeste problemen met kinderen complex en circulair zijn, werkt een dergelijke aanpak bijna altijd averechts. Een kind kan terugreageren en zelf, met zijn reactie, een *nieuwe* oorzaak vormen. Als jij vindt dat je kind niet moet roken, kan je hem dat simpelweg verbieden (oorzaak), maar de kans is groot dat je kind het verbod ervaart als een inperking van zijn autonomie (gevolg). Wat kan het kind vervolgens doen om die autonomie te verdedigen? Juist! Expres gaan roken (oorzaak). Als jij het 'expres gaan roken' vervolgens ervaart als een overtreding van jullie 'afspraak' (gevolg), dan zou je kunnen overgaan tot nog hardere sancties om het roken alsnog te voorkomen (oorzaak). Zo is een vicieuze cirkel geboren: je kind zal je hardere sancties alleen maar ervaren als een nog verdere inperking van zijn autonomie en dus alleen nog maar meer gesterkt worden in zijn neiging te roken, et cetera ad infinitum. Op de complexiteit van problemen en het verschijnsel dat oplossingen de neiging hebben het probleem te *versterken* zal ik terugkomen bij het onderwerp 'vastdenken'.

Op een dag gebeurt er iets. Anna is zojuist 15 geworden en neemt een besluit. Ze stopt met haar medicijnen. Ze wil ze niet meer. Meteen, na een paar dagen, gebeurt er iets vreemds: de agressie verdwijnt. De 'wolk van mist' om haar hoofd is verdwenen, zoals ze het zelf zegt. Was er dan toch iets anders aan de hand? Opnieuw volgt onderzoek. In een andere hoek, ditmaal. En wat blijkt? Anna is hoogbegaafd. Omdat zij jarenlang op school intellectueel niet werd uitgedaagd, ontstonden er gedragsproblemen. Bij jongens lijken die problemen vaak op ADHD, bij meisjes eerder op autisme. Maar omgekeerd of beide tegelijk komt ook voor. Vanaf dat moment lijkt het alsof de film van al die jaren wordt teruggedraaid. Langzaam komt het pittige, krachtige en leergierige meisje dat Anna ooit was weer terug. Ze is nu bezig met haar eindexamen en heeft er alle vertrouwen in om te gaan studeren.[11]

Voordat we als volwassenen lastig gedrag als 'probleem' bestempelen en voor een bepaalde 'oplossing' kiezen, is zorgvuldig denkwerk nodig. Voor je het weet is je oplossing deel van het probleem geworden. Nogal wat problemen rond lastig gedrag vloeien voort uit onze neiging om gedrag te snel 'lastig' te noemen, een onzorgvuldige analyse uit te voeren en vervolgens met verkeerde oplossingen te komen. Kinderen grootbrengen betekent in veel gevallen geduld hebben, afstand nemen en goed waarnemen wat er precies aan de hand is. En dan kan het best zijn dat 'het probleem' – zoals in het verhaal van Anna – iets anders blijkt te zijn, dan wat jij al die tijd gedacht had.

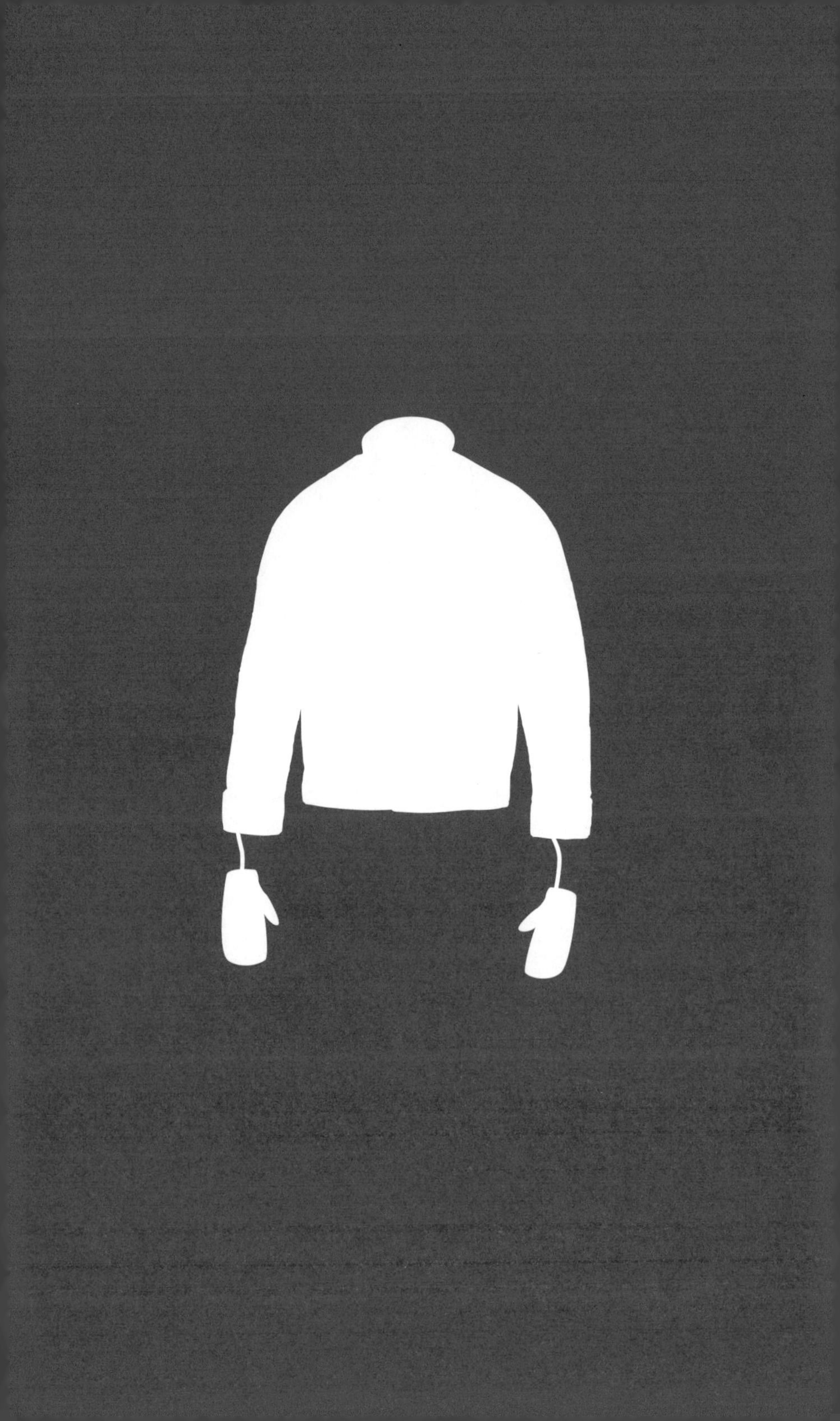

2. Is het een echt probleem?

2. Is het een echt probleem?

Conflict

Stel. Je bent vader van twee uiterst levenslustige en energieke jongens van pak 'm beet vijf en zeven jaar en je wilt dat ze na binnenkomst de jas aan de kapstok hangen. Is dat te veel gevraagd? Lijkt me niet, toch? Dus je legt dat een keer uit, inclusief de achterliggende motivatie, anders snapt zo'n kind dat natuurlijk niet: 'Wil je je jas aan de kapstok hangen, anders ligt ie op de grond, dan lopen er andere kinderen of grote mensen overheen en dan wordt ie vies of gaat ie stuk en dan moet papa of mama een nieuwe kopen.' Daarmee lijkt me het hele vraagstuk van het ophangen van de jas wel duidelijk, toch? Hoe moeilijk kan het zijn: je hebt uitgelegd wát je wilt, waarom je het wilt, je kind diep in de ogen gekeken om te controleren of ie het begrepen heeft en dan is het verder een kwestie van simpelweg dóén, toch? Nou nee, dus. De kans is groot dat ze bij binnenkomst, ook na herhaaldelijke uitleg, niet alleen de jassen, maar ook de rugzakjes, handschoenen, sjaals en mutsen (wat ze daarvan tenminste meegenomen hebben; steevast vergeten ze de helft) op een grote berg achter de voordeur gooien.

De kans is ook groot dat je hierover met je partner regelmatig een stevige woordenwisseling hebt. Vaak hecht de een aan zo'n kwestie niet zoveel waarde en kan het de ander tot wanhoop drijven. En dus heb je vanaf dat moment niet alleen een conflict met je kinderen, maar ook met je partner. Uiteraard probeer je die te overtuigen met logische argumenten als: 'Het is toch belachelijk als ze alles op de grond flikkeren? Alles wordt vies, dingen gaan stuk, jij moet het steeds repareren of, erger nog, nieuwe spullen kopen en ondertussen moeten wij steeds hun troep van de grond rapen! Dat is toch de omgekeerde wereld? Dat hoeven we toch niet te accepteren? Ze zijn toch oud en wijs genoeg om het zelf te doen?' Waarschijnlijk zal je partner – als je maar genoeg druk uitoefent – je uiteindelijk wel gelijk geven, maar diep vanbinnen weet je dat ze eigenlijk vindt dat jij je druk maakt om niks.

Natuurlijk zou je van alles kunnen ondernemen om de kwestie op te lossen. Je zou, zoals dat in bijna alle gezinnen met kleine kinderen het geval is, naast de grotemensenkapstok een kinderkapstok kunnen ophangen met makkelijke haken, leuke plaatjes en kleurige tekeningen. De vraag is of het helpt. De kans is groot dat je kinderen bij binnenkomst de kapstok niet eens zien. Je zou ze bij binnenkomst kunnen proberen tegen te houden en ze ter plekke als een boeman kunnen dwingen alles netjes uit te doen, maar waarschijnlijk werkt ook dat maar met mate: of er glipt er eentje tussendoor of ze hebben een vriendje bij zich en tja, als zij met z'n drieën zijn kom jij met jouw twee armen er één tekort.

Wat je ook zou kunnen doen is een positieve invalshoek kiezen. Zo'n beloningssysteem met plaatjes invoeren. Je kent het misschien wel. Erg geschikt voor het drillen van kleine kinderen. Bij eenvoudige, dagelijks terugkerende taken werkt het prima. Het gaat aldus: je stelt een nieuw te leren taak op, bijvoorbeeld 'zelfstandig gedurende 30 seconden tandenpoetsen', 'alleen de pyjama aandoen', 'helpen de tafel afruimen', et cetera. Altijd iets concreets, wat ze echt kunnen doen, dus niet 'lief zijn', da's een veel te vaag doel. Het moet concreet en meetbaar zijn. Het kind moet er ook niet de hele dag mee bezig hoeven te zijn, het gaat om van die simpele dingen die je op een gegeven moment nou eenmaal moet doen, omdat ze horen bij het groter worden. Voor kinderen is het niet altijd even leuk om die dingen te moeten leren en dit systeem maakt daar een leuk spel van. Niks mis mee.

Hoe pak je het aan? Je neemt een vel papier en maakt twee kolommen; in de linkerkolom zet je van boven tot onder de dagen van de week, in de rechterkolom staat een leeg vakje. Als het kind die dag zijn taak naar behoren volbracht heeft, komt in dat vakje een plaatje, tekening of iets anders leuks en als het niet gelukt is, een kruis. Als het kind aan het eind van de week van de zeven dagen er vijf goed heeft volbracht – het mag dus twee kruisen scoren, om het haalbaar te houden is af en toe mislukken geen probleem – kan het een van tevoren afgesproken beloning incasseren. Naar de McDonald's, het Lego-piratenschip, een Disney Princess-dekbedovertrek, whatever. Een erg handig drilsysteem, waar je een aantal jaren veel plezier aan kan beleven (als je het niet kent en jonge kinderen hebt: nu installeren, het werkt vaak erg goed), maarrrr, maarrrr... het werkt niet altijd. Stel dat je dit systeem hanteert bij het jassen ophangen, dan is de kans groot dat ze in die week exact vijf van de zeven dagen keurig meewerken (waarom meer moeite doen dan nodig is?), blijmoedig hun beloning van die week incasseren en daarna, tadatataaa, de volgende week, als er geen beloning meer te verdienen valt, overgaan tot de orde van de dag: binnenkomen, alles om zich heen gooien, hatsiekadee.

Tja, wat doe je dan als ouder? Je hebt alles geprobeerd wat in je macht ligt, bent tussendoor tijdens het avondeten ook nog een paar keer stevig boos geweest, je hebt ze een niet mis te verstane preek gegeven 'dat het nu toch echt afgelopen' moest zijn, geflankeerd door een partner die jou op zo'n moment natuurlijk ook niet wil afvallen en dan, aan het eind van al deze pogingen, kom je tot de conclusie dat het niet werkt. Hoe je ook je best doet, ze doen simpelweg niet wat jij wilt. Het lukt je niet ze van gedrag te laten veranderen. Wat dan?

Als je op zo'n moment niet oppast, escaleert zo'n conflict binnen de kortste keren tot ongekende proporties, wordt het van kwaad tot erger. Uit onmacht word je steeds bozer, de kinderen sluiten zich uit bescherming steeds meer voor je af, de boodschap komt niet meer binnen, de sfeer in huis wordt grimmiger en zo wordt het familieleven beheerst door nog maar één vraagstuk: hangen de kinderen hun jas wel op? Een nimmer aflatende loopgravenoorlog.

Als voorbeeld gebruik ik nu het ophangen van jassen bij wat kleinere kinderen, maar als je om je heen kijkt zie je in elk gezin om de zoveel tijd een vergelijkbaar conflict: een peuter die (steeds) zijn bord niet leegeet, een kind dat (voortdurend) zijn kamer niet opruimt, een kind dat (stelselmatig) van alles kwijtraakt, een puber die (consequent) zijn huiswerk niet maakt, ga zo maar door. Eén zo'n conflict kan een heel huishouden lamleggen. Hoe kan je jezelf nou uit zo'n uitzichtloze situatie bevrijden? Hoe kan je een bevredigend einde maken aan zo'n conflict?

Capitulatie

Waarom is een dergelijke situatie zo lastig? Omdat je jezelf hebt vastgedacht in de aanname dat er een strijd is die gewonnen moet worden. Het gaat allang niet meer over lastig gedrag, het gaat over macht en gehoorzaamheid. Vanaf dat moment kan je de strijd niet meer opgeven en zit je klem tussen twee onwenselijke gegevens: de strijd opgeven kan niet (dan heb je verloren), maar de strijd winnen lukt je ook niet (de tegenstand is te groot). Tenzij je kiest voor een derde, bevrijdende optie. Niet die van de strijd staken, ook niet die van de strijd winnen, maar simpelweg die van de strijd helemaal niet aangaan. Besluiten je er niet meer druk over te maken. Waarom zou je? Het werkt toch niet. Laat het gaan.

Dat klinkt logisch en vanzelfsprekend, maar zeker als je midden in een conflict zit, kan die gedachte je erg boos maken. Het laten gaan? De gedachte alleen al! Zoiets simpels als jassen ophangen moeten ze toch kunnen leren? Wat ben je nou voor waardeloze ouder als je ze zelfs dat niet kan leren?

Een conflict laten gaan voelt in eerste instantie als een overgave of *capitulatie*. Een verloren strijd. Een mislukt opvoedproject. Alsof je kinderen geen respect voor jou hebben. Door de strijd op te geven, lijkt het alsof je als ouder je eigen doodvonnis tekent. Einde gezag. Einde fatsoenlijke opvoeding. Einde heldere verhoudingen in huis.

Choose your battles

Wat mij als ouder in dergelijke situaties geholpen heeft, was een zin die ik ergens gelezen had. Ik weet niet meer waar of in welke context. De zin luidde simpelweg: *choose your battles*. Kies je veldslagen. Jij kan als ouder bepalen of een conflict belangrijk is of niet. Belangrijk? Ga het aan! Niet belangrijk? Laat het gaan. In plaats van het conflict te willen winnen, kan je ook besluiten het simpelweg niet te *agenderen*.

Is een conflict rond de jassen ophangen belangrijk? Nee, lijkt me niet. Is het een wezenlijk conflict? Nee. Natuurlijk niet. Kan je het laten gaan? Zo ja, laat het los. Wat is daar zo erg aan? Is het belangrijk dat een kind zijn bord leegeet? Ach, zolang het maar voldoende gezonde voeding binnenkrijgt, is je bord leegeten niet zo belangrijk, toch? Schep gewoon wat minder op, dan is het bord vanzelf sneller leeg. Is het erg als een kind alsmaar zijn kamer niet uit zichzelf opruimt? Ach, het is vermoeiend als jij het dus steeds moet doen en op een gegeven moment – net als met de jassen ophangen – is het wel handig als een kind het zelf doet, maar is het een halszaak? Nee, niet echt.

Jij bepaalt van moment tot moment hoe belangrijk zo'n kwestie is. Je hebt de macht om haar belangrijk te maken, maar je hebt ook de macht om haar onbelangrijk te maken. Een bijzaak. Een *minor issue*. Dat je een klein conflict uit de weg gaat, wil nog niet zeggen dat je daarmee alle conflicten uit de weg gaat. En dus bepaalde ik voor mezelf, nadat ik dat zinnetje 'choose your battles' had gelezen: van nu af aan maak ik van 95 procent van de dingen die me niet bevallen geen probleem meer, simpelweg omdat ze niet belangrijk genoeg zijn. Voor de 5 procent die ik overhoud, heb ik vervolgens voldoende energie over om er goed mee om te gaan.

Per situatie hebben wij de keuze om lastig gedrag te bestrijden of er *ontspannen* op te reageren. Als een kind om snoep vraagt, kan je geïrriteerd reageren of met een glimlach. De gezinspsycholoog Kevin Leman maakt in dat verband een zinvol onderscheid tussen 'bergen' en 'molshopen'.[12] Onder 'bergen' verstaat hij belangrijke conflicten, vraagstukken waar je je terecht zorgen over moet maken. Onder 'molshopen' verstaat hij onbelangrijke vraagstukken, waar je als ouder maar het beste je schouders over kan ophalen.

In de loop der jaren leer je als ouder, zo is mijn ervaring, steeds beter onderscheid te maken tussen molshopen en bergen. Kinderen die hun jas in de gang laten slingeren viel voor mij ooit in de categorie 'berg', ik maakte het tot een belangrijk 'opvoedkundig vraagstuk'. Nu valt het in de categorie 'molshoop'. Geen *big issue*. Met het ouder worden leer je dat sommige 'grote' issues helemaal niet zo belangrijk zijn. Of je kind qua groei wel netjes op de curves van het consultatiebureau zit? Ach, zolang het niet bij de uitersten hoort, maak je er niet al te veel zorgen over. Dat het langer een speen gebruikt dan gemiddeld? Laat gaan. *No big deal*. Of het wel op tijd loopt, zijn eerste woordjes zegt, 'objecten in zijn gezichtsveld volgt', op tijd zonder steun kan zitten, wanneer het een 'simpel plaatje in een boek' kan benoemen: het zijn allemaal molshopen.

Andersom geldt ook dat molshopen bergen kunnen zijn. Zo kunnen gedragingen als niet over school willen vertellen en weinig uitgenodigd worden voor feestjes, tekenen zijn dat een kind structureel gepest wordt. Als kinderen dergelijke problemen hebben, kunnen ze bovendien geneigd zijn die bewust *niet* te willen tonen. Er zelfs een molshoop van te maken. Als docent of ouder is het dan ook zaak dergelijke kleine signalen uiterst serieus te nemen.

Normatief vraagstuk

Wanneer lastig gedrag een molshoop is en wanneer een berg, is niet met mathematische zekerheid vast te stellen. Het is een *normatief vraagstuk*, dat onderhevig is aan cultuur, maatschappelijke ontwikkelingen en veranderende wetenschappelijke inzichten. Ooit was er een tijd dat masturberen als iets gevaarlijks en ongezonds werd gezien. Opvoedboeken waarschuwden ervoor in niet mis te verstane bewoordingen. Je kon er doof van worden. Je ruggenmerg zou ervan verweken. Je huid zou er bleek van worden en je zou er pukkels van krijgen. Het zou je onvruchtbaar maken of op zijn minst contactgestoord. Tegenwoordig beschrijft elk opvoedboek dat kinderen op een gegeven moment hun eigen lichaam 'verkennen' en dat dat 'heel gewoon' is.

Wat in opvoedboeken als normaal en wat als abnormaal wordt omschreven is afhankelijk van cultuur, wetenschappelijk inzicht en (misschien wel het belangrijkst) de visie van de schrijver. Helaas bestaat er niet zoiets als 'de pedagogische waarheid'. Ondanks meer dan honderd jaar serieus onderzoek van psychologen, pedagogen, neurobiologen en vele andere wetenschappers met betrekking tot het vraagstuk van de opvoeding, bestaat er geen eensgezindheid over de manier waarop ouders hun kinderen op zouden moeten voeden of leerkrachten les zouden moeten geven. Zo beweren vijf pedagogen onder het gezamenlijke pseudoniem E.A. Godot[13], dat de tijd definitief voorbij is dat theoretische pedagogen precies kunnen vertellen hoe er opgevoed moet worden. Het maakbaarheidsoptimisme van pedagogen en sociologen uit de jaren zestig moet in hun visie vervangen worden door een meer bescheiden visie. Zij schrijven: 'Het verlies aan eenheid van gedachte over de vraag waar het in de opvoeding naartoe moet, hebben we als een van de belangrijkste redenen gekwalificeerd waarom het pedagogische project problematisch is geworden. Dat verlies aan eenheid stelt een hele discipline ter discussie'.[14]

Uiteindelijk is het aan iedere individuele ouder en leerkracht om te beoordelen wat in het geval van zijn of haar kind een molshoop en wat een berg is. Ik ben dan ook geneigd voorzichtig te zijn met te bepalen wat naar mijn overtuiging een groot probleem is en wat een minder groot probleem. Toch is er een molshoop waarvan ik de overtuiging heb dat velen de neiging hebben er een berg van te maken, wat zeg ik, een gigantische berg. Ik heb het over het aantal uren dat kinderen achter 'beeldschermen' doorbrengen. 'Daar krijgen ze toch vierkante ogen van?' Voor het gemak gooien veel mensen alles wat een beeldscherm heeft op één hoop. Een nogal onnozele benadering. Alsof er geen wereld van verschil is tussen televisie, interactive televisie, games en computers.

Nogal wat mensen gedragen zich alsof beeldschermen het grootste gevaar voor hun kroost vormen. Als ware evangelisten gaan ze dit nieuwe gevaar te lijf en adviseren zij ouders om een 'ADS', een Advies Dagelijkse Schermtijd, in te stellen. Zo adviseert een opvoedboek: 'Zogenaamde interactieve tv of zogenaamd contact via internet kan nooit een werkelijke ontmoeting vervangen. Kinderen leren geen sociaal gedrag en hebben cursussen nodig om met elkaar te leren omgaan.' Wat hebben kinderen dan wél nodig? 'Bewegen in de natuur.' 'Praten.' 'Zingen.' 'Fantasiespel.' 'Boeken lezen.' Om een dergelijke idyllische wereld te creëren, stellen de schrijvers voor om een 'afkickdag' te organiseren. Of liever nog, een afkickperiode: 'Organiseer een vakantie in een afgelegen prachtig oord zonder elektronica.' Uiteraard moeten bepaalde spelletjes en programma's in hun geheel verboden worden en moeten er goede en duidelijke afspraken gemaakt worden met andere (lees: slappe) ouders van wie de kinderen wél beeldschermen mogen gebruiken. Immers, 'ook tijdens de visites geldt: beperking en matiging'.

Natuurlijk dienen ouders ook hun eigen gedrag kritisch te bekijken. 'De sterkste leermeester van kinderen is nog altijd het voorbeeld. U kunt moeilijk matigheid en beheersing van uw kind vragen als u daar zelf niet naar streeft.' Dat die beheersing in ons eigen belang is, wrijven de schrijvers er nog even fijntjes in met een aan duidelijkheid niets te wensen overlatende vermaning: 'De seksuele relatie tussen partners is beter als ze minder voor 't scherm zitten.' Wees dus gewaarschuwd.

In welke wereld leven mensen die zo'n boek schrijven? Waar bestaat die idyllische wereld waar kinderen louter bewegen in de natuur, dansen om de meiboom en daarna – nadat zij eerst nog 'met fantasiespel hun zintuigen hebben aangescherpt' – rustig en geconcentreerd in hun eentje een boek lezen, om op die manier 'actief van lettertekens woorden (te) maken, van de woorden gedachtes en van de gedachtes voorstellingen en van de voorstellingen beelden'.[15]

Bijna elk opvoedboek wijdt wel een paragraaf aan het 'zorgvuldig' omgaan met internet, computer en televisie en dat is op zich begrijpelijk. Er zijn gevaren en bedreigingen. Maar er zijn ook (vele) kansen en mogelijkheden. Maar op de een of andere manier is, als we het over onze kinderen hebben, het boek in onze beleving superieur aan de computer.

De absurditeit van de culturele vooringenomenheid dat 'spelen in de natuur', 'lummelen' en 'lezen' per definitie superieur zouden zijn aan 'het beeldscherm', wordt helder als we ons een wereld voorstellen waarin eerst de computer en daarna de boekdrukkunst uitgevonden zou zijn. '*What if books came after games?*' Hoe zouden we dan naar het boek kijken?

Steven Johnson, auteur van *Everything Bad is Good for You*, merkt daarover op: 'Stel dat de culturele ontwikkeling andersom was gelopen en dat games rond de tijd van de boekdrukkunst waren uitgevonden en we speelden al 500 jaar games en opeens werd het boek uitgevonden en boeken werden een enorme rage. Ouders zouden zich natuurlijk zorgen maken. Wat zouden dan waarschijnlijk de boze, verontrustende commentaren zijn die je in de kranten zou kunnen lezen? Ik denk ongeveer het volgende: lezen stimuleert de zintuigen te weinig, dit in tegenstelling tot games, waarbij het kind een levendige, driedimensionale wereld betreedt, gevuld met levendige beelden en muziek, die ze met complexe spierbewegingen besturen. Boeken zijn bladzijden vol dorre woorden. Boeken kunnen kinderen enorm isoleren. Via games gaan ze sociale contacten aan met leeftijdgenoten en bouwen en verkennen ze samen werelden. Boeken dwingen kinderen om zich af te zonderen in een rustige ruimte, afgesloten van contact met andere kinderen. Lezen is niet actief en interactief, maar heel passief. Kinderen die lezen, leren het plot van een verhaal te volgen in plaats van het te regisseren.'[16]

Natuurlijk weet ik dat er kinderen zijn die (ernstig) verslaafd zijn aan games of computeren, dat loverboys via internet contact zoeken met potentiële slachtoffers en natuurlijk wil ik niet betogen dat het lezen van boeken slecht zou zijn. Integendeel. Steven Johnson gebruikte paradoxaal genoeg een boek om zijn kritiek kenbaar te maken. En ook jij houdt, als je dit leest, waarschijnlijk een boek in je handen. Het is niet zo dat ik, omgekeerd, zou willen beweren dat games superieur aan het boek zouden zijn. Dat zou even absurd zijn. Wat ik wél durf te beweren is dat wij geneigd zijn om 'computeren', 'beeldschermen' of 'gamen' tot een onnodig groot vraagstuk te maken. Wat dit onderwerp betreft zou ik dan ook willen pleiten voor een iets relaxtere en verstandiger benadering. Computers, games en internet zijn niet weg te denken uit onze tijd. Ze bieden een wereld aan nieuwe mogelijkheden. Natuurlijk is het goed om met eventuele gevaren rekening te houden en natuurlijk is het goed als kinderen frisse lucht krijgen, bewegen en zich met regelmaat vervelen. Maar als het gaat om moderne media zie ik het als primaire taak voor volwassenen om onze kinderen de ruimte te geven – ieder op zijn eigen manier – om vooral de *mogelijkheden* te verkennen.

Alhoewel het zo is dat iedere volwassene per situatie zal moeten beoordelen wat hij als berg en wat als molshoop beschouwt, is het een feit dat je lastig gedrag het meest effectief om kan denken door het eenvoudigweg niet meer als lastig gedrag te beoordelen. Dat jij er 'last van hebt' wil nog niet zeggen dat het ook 'lastig is' voor (de ontwikkeling van) het kind. Zolang wij als volwassenen geïrriteerd, verkrampt of verongelijkt reageren op relatief onbelangrijke zaken, is ons gedrag deel van het probleem geworden. Wat we doen draagt niet bij aan de oplossing, het draagt bij aan het probleem. Aan ons dus de uitdaging om lastig gedrag met een open, ontspannen en positief gemoed te benaderen. Met een glimlach.

Met deze constatering hebben we de eerste twee van de in totaal vier vragen behandeld: 'Wat is het probleem?' en 'Is het een echt probleem?' Ik hoop dat ze je bevrijd hebben van heel wat 'prangende' vraagstukken en je het vertrouwen geven dat lastig gedrag inherent is aan kinderen. Niet om je altijd even druk om te maken. Net zoals wij, prutsen ze er een beetje op los in het leven. Ze doen op hun manier hun best om er wat van te maken. Dat ziet er nogal eens irritant, vermoeiend of bizar uit. Maar zo bijzonder is dat niet: ook wij gedragen ons in hun beleving nogal eens irritant, vermoeiend en bizar. Zoals Loesje het uitdrukte: 'Puberteit. Als je ouders vervelend beginnen te doen.'

Precies vanwege deze laatste constatering is het dringend tijd voor het volgende onderwerp, de derde en misschien wel meest cruciale van de vier vragen: 'Ben *jij* het probleem?'

3. Ben jij het probleem?

3. Ben jij het probleem?

Verwachtingen

Als er één project in ons leven is dat omgeven is met allerlei (onuitgesproken) *verwachtingen*, dan is het wel het grootbrengen van onze kinderen. Kinderen zijn ons alles. Hoe het hen vergaat en of het hen wel goed vergaat, is een van de belangrijkste zorgen die wij als volwassenen hebben. Nou is er – zoals ik al eerder betoogde – met het hebben van verwachtingen niks mis: ze kunnen kinderen stimuleren het beste uit henzelf te halen. Geen verwachtingen hebben is ook onmogelijk. Stel je voor dat je met jezelf afspreekt geen verwachtingen te hebben met betrekking tot je kinderen. Als gedachte-experiment. Dan doe je dat waarschijnlijk vanuit de achterliggende gedachte dat dat beter, verstandiger is dan het wél hebben van verwachtingen. Blijkbaar verwacht je dat een dergelijke aanpak zinvoller is dan het hebben van een verwachting. De grap is dat dat op zich al een verwachting is. Je kan niet bewust geen verwachtingen hebben. Net zoals je niet bewust ergens niet aan kan denken.

Kortom, verwachtingen zijn onlosmakelijk verbonden met het grootbrengen van kinderen. Dat is het probleem niet. Het is wél zaak om je verwachtingen te kennen en er uiterst voorzichtig mee om te gaan. Er zijn namelijk twee valkuilen verbonden aan het hebben van een (onuitgesproken) verwachting.

Valkuilen

De *eerste valkuil* is dat je verwachting niet aansluit bij wat je kind wil en waar zijn of haar talenten en kwaliteiten liggen. Je kan wel verwachten dat je kind, net als iedereen in de familie, minimaal zijn vwo-diploma haalt of met zijn handen de kost verdient, maar als je kind dat niet kan of wil, dan zal die verwachting jou en je kind frustreren. Zoals verwachtingen die wél aansluiten bij de drijfveren van een kind hem of haar zullen *inspireren*, zo zullen verwachtingen die dat niet doen het tegenovergestelde effect hebben: ze leiden tot *frustratie.*

Een *tweede valkuil* heeft te maken met het feit dat een (vooropgezette) verwachting het risico in zich draagt dat je daardoor zozeer bezig bent met de dingen die er volgens jou zouden moeten zijn, dat je de dingen die er al wél zijn over het hoofd ziet. Kijken met een bril van verwachtingen maakt dat je het risico loopt vooral de gebreken en beperkingen te zien en je de aanwezige talenten en mogelijkheden over het hoofd ziet. Je kan wel willen dat je kind zich goed leert concentreren en in staat is zijn beweeglijkheid wat te kanaliseren. De kans is helaas groot dat terwijl jij denkt constructief bezig te zijn met orde, rust en regelmaat, je daardoor geen oog hebt voor het feit dat je kind een fantastische motoriek heeft en weleens een geweldig sporter of danser zou kunnen worden. Zijn ogenschijnlijke gebrek zou weleens zijn talent kunnen zijn. Het hebben van al te vastomlijnde verwachtingen zou je dan ook als een vorm van *tunnelvisie* kunnen zien: het ontneemt je blik op de eigenheid en (onvoorziene) talenten van het kind.

Gevangeniswezen

De rode draad van dit boek wordt gevormd door de omkering van 'wat wil jij niet' (lastig gedrag) naar 'wat wil je kind wél' (verlangens). Om die omkering te kunnen maken is het van belang eerst te onderzoeken wat wij allemaal (on)bewust verwachten van een kind. Pas als we dat tegen het licht gehouden hebben, hebben we daarmee de ruimte gecreëerd om de volgende vraag te onderzoeken: wat zou het kind zélf kunnen en willen?

Deze laatste vraag zullen we in het volgende hoofdstuk beantwoorden, hij maakt onderdeel uit van de vierde en laatste van de hoofdvragen van het omdenken: 'Is het probleem niet de bedoeling?' Voordat we die kunnen beantwoorden, zullen we ons eerst bezighouden met de (onuitgesproken) verwachtingen die wij als volwassenen van kinderen hebben. Wat verwachten wij tegenwoordig eigenlijk van onze kinderen en wanneer zijn die verwachtingen inspirerend en wanneer contraproductief?

Nog even een waarschuwing vooraf. Was ik tot nu toe vrij gezellig in mijn schrijfstijl, je zal merken dat ik – als het gaat om de verwachtingen van volwassenen – af en toe een wat scherpere toon kies. Wat mij betreft zijn die verwachtingen, of het nou gaat om onderwijs of gezin, aan een fundamentele heroverweging toe. In de moderne wereld zijn er momenteel nog maar drie gebieden waar dwang en macht als vanzelfsprekend gezien worden: het *gevangeniswezen*, het onderwijs en de opvoeding. Zelfs in het leger gaat men in het algemeen nog democratischer om met 'ondergeschikten' dan in deze drie sectoren. Het gevangeniswezen mogen anderen wat mij betreft onderzoeken. Laten wij onze tanden in de andere twee sectoren zetten: onderwijs en opvoeding. *Are you ready for the ride?*

Oudedags-
voorziening

Oudedags-voorziening

Gedoe

Het grootbrengen van kinderen kan gezellig zijn, voldoening schenken en soms ronduit zaligmakend zijn. Kinderen zijn ons grootste goed. We houden van ze. We koesteren de gelukkige momenten dat ze 's avonds frisgedoucht op de bank warm tegen ons aan komen zitten, betoverd naar ons luisteren als we een slaapliedje voor ze zingen of wanneer ze voor het eerst kunnen fietsen. Kinderen zijn ons alles.

Maar er is ook een andere kant. Die van het dagelijkse *gedoe*. Dat je aan het eind van de dag doodmoe, opgefokt en doorgedraaid in je bed ligt na een uitputtende dag 'zorgen voor' je lieve kroost. Op zulke dagen zou je ze het liefst achter het behang plakken of ze een tijdje laten logeren op een plek waar ze (eindelijk eens) op tijd in slaap vallen, gezond te eten krijgen (vooral voldoende groenten en vitaminen), geholpen worden met hun huiswerk (op tijd leren voor een proefwerk) en hun kamer netjes opruimen, zodat ze hun spullen fatsoenlijk kunnen terugvinden.

By the way. Om je een inkijkje in ons huishouden te geven qua spullen kwijtraken: mijn vrouw heeft eens becijferd dat ze voor onze drie kinderen tezamen in de loop der tijd minimaal een stuk of dertig geodriehoeken gekocht heeft. Geodriehoeken! Daar denk je toch ook niet aan op het moment dat je voor kinderen kiest? Dat onze kinderen van alles kwijtraakten leerden we met vallen en opstaan. Niet alleen geodriehoeken, maar ook huissleutels, etuis, gummen, gymspullen, jassen, schoenen, knuffels, fietsen, tassen, gameboys, zwembroeken, handdoeken, sokken (bij voorkeur één, zodat je aan de andere ook niks meer hebt), horloges, rekenmachines, agenda's, controllers, spelletjes voor de Wii; verzin wat kinderen zoal bij zich kunnen hebben en ze raakten het kwijt. Na verloop van tijd lieten we bij elke nieuwe fiets meteen twee setjes reservesleutels bijmaken. Als een van onze kinderen dan 's morgens in blinde paniek door het huis liep, op zoek naar zijn fietssleutels, konden wij, ta-ta-ta-daa, in een handomdraai een gloednieuw setje tevoorschijn toveren. De consequentie was natuurlijk wel dat je er vervolgens voor moest zorgen dat de originele sleutels diezelfde dag nog terugkwamen, anders zou binnen de kortste keren het complete reservebakje leeg zijn. Dus dat moest je dan weer onthouden (weer een taak erbij: iets onthouden), zodat je 's avonds tijdens het eten het desbetreffende kind erop aan kon spreken.

Kinderen kunnen ons zeer gelukkig maken, maar ze veroorzaken ook aardig wat gedoe. Ze zijn nogal eens lastig 'aan te sturen', ze begrijpen nog niet veel van de wereld en willen ondertussen wel van alles. Waren kinderen maar een soort personeel. Dan had je een duidelijke arbeidsverhouding met heldere rechten en plichten wederzijds. Als een van de partijen zich niet aan de normale – het is hier geen hotel – afspraken houdt, dan volgt er een ontbinding van het contract. Net zo simpel. Eind van de verhouding. Maar bij kinderen werkt dat niet zo. Hoe onmogelijk ze zich ook gedragen, ze zullen hun status 'kind' nooit kwijtraken. Ze je huis uitgooien is wettelijk strafbaar en ook het laatste wat je wilt doen. Wat je ook doet, 'het blijven je kinderen'.

Moe en uitgeput zijn, lijkt een onlosmakelijk onderdeel van het ouderschap te vormen. Kinderen grootbrengen kan soms uiterst frustrerend voelen. Alsof je meer geeft dan je ervoor terugkrijgt. Alsof al je aandacht en energie in een bodemloze put belanden.

Gelukkig kan het ook anders; dat je het eind van de dag anders beleeft. Geen verzuchting, maar voldoening. Dat je, hoe vervelend, moeizaam of frustrerend de dag misschien ook verlopen is – wat zeg ik, misschien is de dag nog wel vervelender, moeizamer of frustrerender verlopen dan ooit tevoren – je voor je gevoel niet iets kwijtgeraakt of verloren bent, maar iets gewonnen of opgebouwd hebt. Niet ondanks alle gedoe en ellende, maar dankzij alle gedoe en ellende. Hoe je dat kan bereiken heeft niets te maken met hoe je kinderen zich gedragen, maar alles met wat wij bewust of onbewust van hen verwachten.

Zal dat altijd lukken? Nee, natuurlijk niet. Het zou naïef en onwezenlijk zijn om aan het eind van elke dag een blij en tevreden gemoed te moeten hebben. Ik moet er ook niet aan denken. Niets is zo erg als kunstmatige positivo's. Maar ik durf wel te garanderen dat, door op een andere manier naar kinderen te kijken, de momenten van voldoening toe zullen nemen.

Edoch. Om op dat punt uit te komen, zal ik je eerst mee moeten nemen op een reis langs een oud en archaïsch concept: het kind als *oudedagsvoorziening*, het kind dat voor ons zorgt als wij oud en afhankelijk zijn. Het idee lijkt een achterhaald en niet meer bestaand begrip te zijn, maar op dieper niveau is het nog steeds springlevend. Elke keer als we aan het eind van de dag moe en ontevreden verzuchten 'waar we dit aan verdiend hebben', is het idee van het kind als oudedagsvoorziening op een subtiele manier springlevend.

Verwachtingen

In vroeger tijden, ook toen er al anticonceptie bestond, was een kind een soort levensverzekering. Zolang er nog geen door de overheid gereguleerde oudedagsvoorzieningen waren, was je als oudere afhankelijk van je directe familie en dus was het zaak om in elk geval een directe familie te hebben. Hoe meer kinderen, des te groter de kans dat er later eentje voor je zou kunnen zorgen. Aangezien de kindersterfte erg hoog was, namen heel wat stellen er zelfs nog één meer dan eigenlijk nodig was: 'eentje voor het verlies'. In de moderne verzorgingsstaat is deze noodzaak van kinderen als levensverzekering natuurlijk minder dwingend, maar toch zien we ook in onze tijd dat niet alleen ouders, maar ook de overheid er min of meer van uitgaat dat kinderen als 'mantelzorgers' later voor hun ouders zullen zorgen. Zo wordt in Brabantse gezinnen ook nu nog een van de kinderen – uiteraard een meisje, vaak de jongste – als het 'koffiezetterke' aangeduid: van haar wordt verwacht dat ze vader en moeder als ze oud zijn bij zal staan in het huishouden.

Toch zullen de meeste ouders het tegenwoordig niet meer in hun hoofd halen om hun kinderen te verplichten op latere leeftijd hun ouders te onderhouden. Sterker nog, de meeste ouders wíllen niet eens door hun kinderen verzorgd worden. Dat je je kind als een soort bezit, slaaf of werktuig, ongeacht zijn of haar wil, voor je zou kunnen laten werken, is als vanzelfsprekendheid nagenoeg verdwenen. Toch, zoals ik eerder al zei, speelt het idee van oudedagsvoorziening op een subtiele manier nog steeds een rol. Het heeft alleen een andere gedaante gekregen. Om die gedaante te identificeren, moeten we onszelf eerst een fundamentele vraag stellen: waarom kiezen we er eigenlijk voor om kinderen te nemen?

Tja. Waarom kiezen we eigenlijk voor kinderen? Weet jij het antwoord op die vraag? Ik heb altijd wel 'geweten' dat ik vader wilde worden; ik had van jongs af aan altijd al beelden in mijn hoofd van mezelf als deel van een gezin. Het leek me leuk, logisch, gezellig, maar wat is dit 'weten'? Wilde ik daarmee het leven van mijn ouders kopiëren? Is het een natuurwet? Is het zo dat wij over een pakket hormonen beschikken dat ons vertelt dat we ons moeten vermenigvuldigen? Doen we het omdat we ons als gezin completer voelen dan als stel? Zou op die manier mijn leven meer 'betekenis' hebben?

Als ik naar mezelf kijk, zou ik het werkelijk niet kunnen beargumenteren. Het hele vraagstuk lijkt zich aan de rede te onttrekken. De afweging lijkt zich meer op het vlak van de intuïtie en biologie dan het verstand af te spelen. Sterker nog, vanuit rationele overwegingen is er zelfs geen enkel verstandig argument te bedenken waarom je überhaupt kinderen zou nemen. Wat heb je aan kinderen? Wat moet je ermee? Wat levert het je op? Guus Kuijer stelt in zijn boek *Het geminachte kind* dan ook de vraag aan een (fictief) pasgetrouwd stel: 'Hoe zouden jullie het vinden als er binnenkort een derde persoon in jullie huis kwam wonen? Ik moet erbij zeggen dat jullie van tevoren niet weten wat voor persoon het zal zijn, hoe lang hij zal blijven, misschien wel jaren, en dat jullie alles met hem of haar moeten delen.' Waarop het pasgetrouwde stel natuurlijk zegt: 'Hoepel op, we zijn net getrouwd, we zijn gelukkig samen, waarom zouden we zo iemand uitnodigen?'

Wat ik wél denk, is dat iedereen uiteindelijk voor kinderen kiest in de veronderstelling dat kinderen ons op de een of andere manier iets zullen 'brengen'. En precies bij die verwachting begint het probleem.

Verhaal

Vroeger, voordat er betrouwbare anticonceptie was, sterker nog, toen we als mensen niet eens precies wisten hoe kinderen eigenlijk 'gemaakt' werden, was het makkelijk: het hele vraagstuk waarom je kinderen 'nam' was simpelweg niet aanwezig. Je was op aarde, werd ouder, ging dingen doen met het andere (of hetzelfde) geslacht en er kwamen (meestal) kinderen. Zonder enig besef van de oorzakelijke relatie tussen specifieke lichamelijke handelingen en de uitkomst daarvan negen maanden later. Kinderen kwamen gewoon. Als natuurwet. Zonder verder nadenken.

Met het inzicht in de vraag hoe kinderen ter wereld komen en, jaren later, de mogelijkheid tot anticonceptie, ontstond er voor het eerst in de menselijke geschiedenis een dilemma. Wil ik wel kinderen? En zo ja, hoeveel? Die vraag had de mens zich tot voor kort nooit hoeven stellen. Kinderen 'kreeg' je. Je werd zwanger. Maar nu kon je er opeens voor kiezen ze te 'nemen'. Of ze niet te nemen. En dus gingen we nadenken. We werden gedwongen ons besluit kinderen te nemen te verantwoorden. En zo ontstonden er allerlei rationalisaties waarmee we ons besluit konden verklaren. We creëerden, kortom, allerlei *verhalen* rond het ouderschap. Logisch: als je kan besluiten niet voor kinderen te kiezen, moet je wel een goed verhaal hebben als je besluit er wél voor te kiezen. En precies dit verhaal is de moderne variant van 'het kind als oudedagsvoorziening'. Dit verhaal, de rationalisatie van *waarom* en *waartoe* we kinderen nemen, is de last die wij aan het eind van elke dag voelen als we in ons bed liggen en terugkijken op de afgelopen dag. We evalueren in hoeverre dat verhaal werkelijkheid is geworden. Het antwoord? Meestal niet. Het hebben van kinderen is in ons hoofd als een sprookje, een droom. In de werkelijkheid is het daardoor nogal eens een nachtmerrie. Let op het woord 'daardoor'. Iets kan pas een nachtmerrie zijn, als we een droom hebben waarmee we het vergelijken. Zoals donker niet bestaat zonder licht. En goed niet zonder fout. Een verhaal kan pas slecht aflopen, als we eerst een idee gevormd hebben van een *happy ending*.

Wat is dan dat moderne verhaal, die variatie op de oudedagsvoorziening? Welnu, het antwoord is simpel. Ondanks het feit dat het specifieke antwoord voor iedere ouder anders is – voor de een is het geluk, voor de ander betekenis of vervulling – geldt voor iedere ouder dat je verwacht dat het leven mét kinderen je meer zal geven dan het leven zonder kinderen. Je hoopt er op de een of andere manier iets aan te hebben. Je neemt kinderen in elk geval niet om jarenlang speelgoed op te ruimen of uitgerekend gestoord te worden op het moment dat je met je partner overgaat tot aangename, intieme handelingen. Je neemt kinderen niet omdat je zin hebt in verplichtingen en zorgen, maar omdat je ervan uitgaat dat het zorgen voor kinderen – op de een of andere manier – je iets zal schenken. Zoals je ook niet leraar wordt om onvoldoendes te geven, kinderen de klas uit te sturen en op te zien tegen weer een volgende klas met dertig lastige kinderen terwijl buiten de zon schijnt en je beseft dat je ook iets heel anders met je leven had kunnen doen, maar omdat je ervan uitgaat dat het lesgeven en het contact met leerlingen je 'iets' zal brengen: voldoening, plezier of betekenis.

Geluk

We gaan ervan uit dat een leven mét kinderen ons meer zal brengen dan een leven zonder kinderen. Het mooiste wat we ons voor kunnen stellen is een begrafenis of crematie aan het eind van ons leven, wij in de kist, een schare liefhebbende kinderen en kleinkinderen in een tot de nok toe gevulde rouwzaal, die allen op hun manier een bijdrage leveren aan een rijke ceremonie: pianospel, blokfluit, een lied, een mooie tekening op de kist, een uitgebalanceerd, complimenteus verhaal over wie jij ten diepste was, met oog voor de kleine minpunten uiteraard, het moet wel een beetje realistisch blijven, maar verder vooral dankbaarheid en respect, zodat wij tevreden en voldaan uit het leven kunnen stappen in de veronderstelling dat Het Goed Was. Wij Deden Ertoe.

Best mogelijk dat ons leven er uiteindelijk zo uit zal zien, maar op de korte termijn is het vaak wat minder rooskleurig. Misschien leuk om te weten: mocht je bedacht hebben dat kinderen je *gelukkiger* zouden maken: de eerste twee jaar na de geboorte van een kind zijn we inderdaad gelukkiger dan daarvoor (hoera), maar daarna laat de gelukscurve een sterk dalende lijn zien. Zo blijken vaders de eerste 7,5 jaar gemiddeld *ongelukkiger* te zijn dan voordat ze kinderen hadden. Voor moeders is het nog treuriger: zij zijn na het krijgen van kinderen gemiddeld maar liefst 15 jaar minder gelukkig dan daarvoor. Pas als het eerste kind uit huis gaat, begint de gelukscurve weer te stijgen. Beangstigende conclusie: als we kinderen krijgen daalt ons geluk, als ze weer weggaan begint het weer te stijgen.[17]

Waaróm we minder gelukkig worden als we kinderen krijgen, is voor mannen en vrouwen verschillend. Vrouwen zijn minder gelukkig omdat ze het veel drukker krijgen, minder tijd voor zichzelf hebben, minder gaan werken, inhoudelijk vaak minder boeiend werk hebben, er (dus) ook minder van genieten, minder geld verdienen dan voorheen en ook minder verdienen dan hun partner. Vrouwen die wél veel uren blijven werken, hebben vaak last van combinatiestress: het combineren van werk en gezin. Ten slotte hebben vrouwen vaak problemen met hun identiteit als moeder: ze hebben het gevoel het als moeder niet goed genoeg te doen. De enige uitzondering lijken de vrouwen te zijn die voordat zij kinderen hadden meer dan fulltime werkten en dat ook nadat er kinderen waren gekomen zijn blijven doen en een groot deel van de zorg uitbesteden. Blijkbaar moet je dus, als je als vrouw gelukkig wilt worden, je kinderen, nadat je ze hebt gekregen, zo veel mogelijk uitbesteden.

Voor mannen geldt dat ze gemiddeld ongelukkiger worden, omdat ze na de geboorte van hun kind meer druk voelen om het gezin financieel te onderhouden. Daarnaast voelen ze zich minder vrij in het besteden van hun vrije tijd. Ze brengen meer tijd door met hun gezin, hetgeen gemiddeld minder gelukkig maakt dan tijd doorbrengen met vriendengroepen of contacten op het werk.

Twee overwegingen om dit beeld te nuanceren. De vraag is natuurlijk hoe het geluk van stellen *zonder* kinderen zich in de loop der jaren ontwikkelt. Dan blijkt – o grote, grote geruststelling – dat ouders mét kinderen, alhoewel hun geluk daalt in de loop der tijd en daarna weer stijgt – nog net ietsje gelukkiger zijn dan stellen zonder kinderen. Of beter: ietsje minder ongelukkig. Stellen zonder kinderen worden in de loop der jaren ook minder gelukkig. Kortom, het krijgen van kinderen maakt dat je minder gelukkig wordt, maar het *niet* krijgen van kinderen maakt dat je nog iets meer ongelukkig wordt. Dat we dat maar weten.

Een tweede nuance. Het leven van (jonge) ouders blijkt sterkere schommelingen te vertonen dan daarvoor. Het kent grote hoogtepunten als de eerste babystapjes, het liefdevol voorlezen bij het slapengaan en de momenten van intimiteit en warmte, maar ook grote dieptepunten als slaaptekort en knagende onzekerheid over de vraag 'of het allemaal wel goed komt'. Het leven mag dan gemiddeld wel wat ongelukkiger worden, de intensiteit van de gebeurtenissen neemt toe. Het leven krijgt meer reliëf. [18] Mocht dat dus je doel zijn, dan zit je met het nemen van kinderen gebeiteld. Reliëf genoeg.

Neemt niet weg dat we kunnen concluderen dat als we kinderen nemen met als doel ons gelukkiger te gaan voelen, we op het verkeerde paard wedden. Mogelijk dat we aan het eind van ons leven voldaan en gelukkig terugblikken, maar wie verwacht op de korte termijn gelukkig te worden van het ouderschap komt bedrogen uit. Ouderschap is vooral een kwestie van de lange adem.

Meetlat

Moeten we dan anders denken over het nemen van kinderen? Nee, natuurlijk niet. Het zou natuurlijk raar zijn als je jezelf níét ten doel zou stellen dat je met kinderen beter af zou zijn dan zonder kinderen. Het doel op zich is niet fout of verkeerd, maar wel de manier waarop we onderweg meten of we dat doel al dan niet behaald hebben. Het is het meetsysteem, de *meetlat* die we hanteren, die als we aan het eind van de dag in bed liggen bepaalt of we ons gelukkig of ongelukkig voelen. Of we met vertedering en plezier terug kunnen kijken op de voorgaande dag of met irritatie en ontevredenheid. En die meetlat kunnen we veranderen.

Volgens mij werkt het als volgt: als ouder staan we elke dag op met de teller als het ware op nul. De vorige dag is vergeten, voorbij en over. Nieuwe dag, nieuwe kansen. Vanaf dat moment gaat de teller lopen. Komen we beneden in de keuken en hebben de kinderen er de avond ervoor (pubers) of die ochtend zelf (peuters) een troep van gemaakt, dan geven we minpunten. Als je lieve zoontje van drie met lippenstift van mama op de keukenvloer speelt en niet alleen zijn gezicht, maar ook zijn kleding en de keukenkastjes ermee besmeert en je bent minstens een halfuur bezig met opruimen terwijl je zo dadelijk op je werk een belangrijke presentatie moet geven, dan is dat geen prettig begin van de dag. Min drie punten. Ligt je liefste schat van zes zoet in bed een boekje te lezen of is je brugklaszoon op tijd aan de ontbijttafel, terwijl zijn tas met boeken keurig klaarstaat, dan zijn dat twee pluspunten. En zo verstrijkt – van het ontbijt tot het naar bed gaan – de dag. Is je balans aan het eind van de dag positief? Dan is de kans groot dat je tevreden terugblikt. *'Dit was een mooie dag'*. Is het omgekeerde het geval, dan voel je je zoals ik aan het begin van dit hoofdstuk beschreef: ontevreden, gefrustreerd of verdrietig.

Dat we gebeurtenissen positief of negatief ervaren, is op zich niet verkeerd. Hoe we het beoordelen wel. Als we elke dag, aan het eind van de dag, de balans opmaken of het ouderschap ons al dan niet bevalt, maken we het voor onszelf onnodig moeilijk. Onze stemming zal elke dag heen en weer slingeren tussen voldoening en frustratie. We maken ons geluk afhankelijk van hoe onze kinderen zich gedragen. En daarom voelen we ons ook zo machteloos: hoe zij zich gedragen, of het goed of niet goed met hen gaat, hebben we niet in de hand. Je eigen leven enigszins in de hand hebben is al een kunst op zich, laat staan het leven van je kind. Daar word je toch per definitie ongelukkig van? Wat je doet door op deze manier te meten is in principe nog erger dan je kind als oudedagsvoorziening zien. Je ziet je kind in feite als een 'elke-dags-voorziening'. Konden mensen vroeger langdurig investeren in hun kinderen in de hoop er ooit, op de lange termijn, iets voor terug te krijgen, tegenwoordig verwachten wij van onze kinderen dat zij zich zo gedragen, dat wij er élke dag iets voor terugkrijgen.

Helemaal kwalijk wordt het als wij onze frustratie op onze kinderen afwentelen. Als wij hen verantwoordelijk maken voor ons levensgeluk. Hebben wij kinderen genomen zodat wij ons elke dag gelukkig kunnen voelen? Dan hebben we geen kinderen genomen omdat we graag kinderen wilden, maar omdat zij ons gelukkig moesten maken. In feite zijn wij er dan niet voor onze kinderen, maar zijn onze kinderen er voor ons. Als een soort speeltje dat moet doen wat wij willen. En als het dat niet doet, worden we boos, rammelen we het door elkaar en reageren we net zoals gefrustreerde kinderen als ze hun zin niet krijgen.

Parentificatie

Aangezien kinderen zich uiterst loyaal aan hun ouders opstellen, is de kans groot dat er een sterke mate van *parentificatie* optreedt: hierbij identificeert het kind zich met de rol van de ouder en zal als gevolg daarvan alles in het werk stellen om aan zijn of haar behoeften te voldoen. Kinderen willen nou eenmaal hun ouders gelukkig zien. Al was het maar omdat zij in sterke mate afhankelijk zijn van hun ouders. En dus gaan kinderen zich gedragen als 'het perfecte kind', 'engel', 'medeverzorger' van het gezin, 'partner van de ouder', 'ouder van de ouder' of 'zondebok', zoals in het eerdergenoemde voorbeeld van Henk, de jongen die zich bewust liet oppakken.

Er zijn tientallen manieren waarop kinderen proberen hun ouders gelukkig te maken. De lijst is schier onuitputtelijk. En al zal in het gemiddelde gezin parentificatie niet snel zulke extreme vormen aannemen, toch is het verstandig om te beseffen dat als wij het gevoel hebben dat onze kinderen ons energie kosten – als we het idee hebben dat we hun meer moeten geven dan zij teruggeven – onze kinderen dit intuïtief zullen beseffen en alles in het werk zullen stellen om de balans te herstellen. De last dat zij ons gelukkig moeten maken, moeten we helemaal niet bij onze kinderen leggen. Wij zijn er voor hen. Zij niet voor ons. Simpel. Zo is het. Niet meer en niet minder.

Ik zal deze gedachte vanaf nu herhalen, in andere woorden, in dezelfde woorden, met voorbeelden, verhalen, anekdotes, analyses, onderzoek. Om lastig gedrag van kinderen om te kunnen denken, is het absoluut noodzakelijk om eerst de overtuiging om te denken dat kinderen er voor ons zouden moeten zijn. Zolang we dat denken, zullen we kinderen per definitie als een last en (dus) als lastig ervaren. Dus nogmaals, om het niet te vergeten: *wij zijn er voor hen, zij niet voor ons.* En wie weet, wie weet, zullen zij er ook voor ons zijn. Niet omdat ze dat moeten of horen te doen, maar omdat ze dat willen.

Toewijding

Zolang wij een meetsysteem hanteren, waarbij we aan het eind van elke dag beoordelen of we in de plus of in de min staan, bepaalt dat meetsysteem hoe wij ons voelen. Het is niet zozeer het (lastige) gedrag van ons kind dat ons een dagelijks gevoel van voldoening of frustratie bezorgt, als wel onze manier van beoordelen. Om dit meetsysteem te vervangen door iets anders, is het van belang dat je als ouder je kroost niet beoordeelt op zijn rendement, zijn waarde voor jou – in de vorm van dankbaarheid, voldoening, een geleverde prestatie, een goeie baan, cum laude afstuderen of welke vorm 'succes' voor jou dan ook heeft – als was je kind een soort investering, een aandelenportefeuille, maar als een entiteit die in zekere zin volledig onafhankelijk van jou bestaat: een leven dat een intrinsieke waarde heeft, los van rendement. Jij speelt in het leven van je kind een rol. Misschien een hoofdrol, misschien een regelmatig terugkerende bijrol, misschien bij vlagen de rol van figurant en soms sta je misschien zelfs in de coulissen of helemaal buiten de schouwburg, maar de vloer is níét voor jou. De vloer is er voor onze kinderen. Zij treden niet op voor ons of onze voldoening, zij treden op in hun eigen theatervoorstelling met hun eigen publiek. Soms voor ons, soms voor anderen. En als ze helemaal niet willen optreden, dan willen ze niet optreden. Is ook prima. Nogmaals: wij zijn er voor hen, zij niet voor ons.

Kinderen grootbrengen is een taai, ingewikkeld en vooral langdurig proces. Uiteraard zullen zich onderweg vele momenten van voldoening aandienen, maar wat het van ons als ouders en verzorgers vraagt is vooral heel veel geduld. We moeten ook stug doorgaan als we niet emotioneel beloond worden, of beter, júíst als we niet direct beloond worden, zodat we er ook voor onze kinderen zijn op de momenten dat ze zichzelf in de moeilijkheden brengen. Niet met irritatie, verwijten en boosheid (omdat wij ons ongelukkig voelen), maar met begrip, steun en vertrouwen. Onze kinderen hebben ons nodig. Niet alleen om ze in hun eerste levensjaren te voeden en te verzorgen, maar ook om ze op latere leeftijd in momenten van onzekerheid bij te staan.

Als wij dit uitgangspunt consequent om kunnen keren – onze kinderen zijn er niet voor ons, wij zijn er voor hen – betekent dat niet dat we het juk op ons nemen dat we onszelf de rest van ons leven voor onze kinderen op moeten offeren. Integendeel. Het betekent vooral een bevrijding van het juk dat we iets terug zouden moeten verwachten. Als we kunnen accepteren dat kinderen grootbrengen vooral betekent dat je onvoorwaardelijk *geeft*, hebben we daarmee de belangrijkste voorwaarde geschapen om lastige kinderen als een geschenk te kunnen ervaren.

Het omdenken van lastig gedrag begint niet bij onze kinderen, het begint met het omdenken van onze irreële verwachtingen. Niet zij, maar onze meetlat is het probleem. Zodra we die meetlat hebben losgelaten, wordt het grootbrengen van kinderen een stuk eenvoudiger. Het is vooral een kwestie van zorg en toewijding. Geven zonder terug te verwachten. Onvoorwaardelijke liefde.

Als we dan aan het eind van de dag in bed liggen en moe zijn, zijn we simpelweg moe. Niet meer en niet minder. En soms zijn we heel erg moe. Kan ook gebeuren. En als we nog energie over hebben, hebben we nog energie over. En als het voldoening schenkt en we een gelukzalig gevoel bij onze kinderen kunnen hebben: ook mooi. Maar verder betekent het niets.

Opvoeding

Opvoeding

Eigendom

Laat ik beginnen met een vraag die even simpel te stellen, als moeilijk te beantwoorden is. De vraag luidt: van wie is het kind? Wie is de baas over het kind, wie is bevoegd besluiten te nemen over en voor het kind? Eén ding staat in dat opzicht vast: het kind zelf zeker niet. Zolang het minderjarig is, is er altijd een andere partij – ouders, de overheid, jeugdzorg, de onderwijsinspectie, pleegouders – die de wettelijke bevoegdheid heeft of gekregen heeft om over en voor het kind te beslissen.

Vroeger, in barbaarser tijden, voordat de rechten van kinderen in beeld waren, was het een stuk simpeler. Kinderen waren eigendom van de ouders. Als je kinderen had kon je ze op het land laten werken, familieleden laten verzorgen, water laten halen, als slaaf verkopen, uithuwelijken tegen overhandiging van een bruidsschat, in de prostitutie sturen, kortom, het kind was jouw bezit, je kon ermee doen en laten wat je wilde.

Gelukkig voor het welzijn van het kind kwamen er wetten en regels en waren ouders niet langer als enigen bevoegd om over kinderen te beslissen. Als je je niet aan de wettelijke kaders hield, kon je als ouder uit het ouderlijk gezag ontzet worden en namen anderen de zorg voor je kind over. Wie die anderen waren, hoe lang ze voor je kind zouden zorgen en of je je kind terug zou krijgen, dat waren vervolgens allemaal ingewikkelde vraagstukken, maar dat je als ouder je kind niet meer als eigendom kon beschouwen, dat stond als een paal boven water.

Wilsbekwaam

Alhoewel het inmiddels zo is dat het kind niet meer het eigendom is van de ouders, is daarmee het dilemma van de zeggenschap nog niet opgelost. Sterker nog, nu meerdere partijen iets te zeggen hebben over het kind, is het er misschien wel beter, maar zeker niet simpeler op geworden. Het lastige is namelijk dat een kind tot op een bepaalde leeftijd zelf helemaal niets besluiten kan. In elk geval niet met zoveel woorden. Precies daarom is abortus ook zo'n heikele discussie: hier moet het recht van de ongeboren vrucht (die zichzelf niet kan uitdrukken), afgewogen worden tegen het recht van de moeder en/of vader.

Kinderen zijn bij de geboorte en ook de jaren daarna (nog) niet *wilsbekwaam* en dus moeten wij per definitie, of we nou willen of niet, besluiten nemen voor het kind, waarbij we moeten inschatten wat voor het kind de beste beslissing is. Ook als we het kind niet als eigendom beschouwen, ontkomen we er zeker zolang het klein is niet aan besluiten voor en over het kind te nemen. En dat is niet altijd even makkelijk.

Om een voorbeeld te geven. Toen onze middelste zoon anderhalf, twee jaar oud was, had hij grote moeite met slapen. Hij kwam uit bed, liep de trap af, kwam de huiskamer binnen, we brachten hem zo snel en rustig mogelijk weer terug, maar niet veel later kwam hij heel, heel stilletjes opnieuw naar beneden geslopen, uiteraard in zijn slaapzak, waarvan hij de rits aan het uiteinde een stukje open had gedaan, zodat hij op zijn twee kleine voetjes, net als een pinguïn, de trap af kon dribbelen. Beneden gekomen deed hij heel stilletjes en langzaam de deurklink naar beneden in de hoop niet meteen betrapt te worden. Dit kon zo doorgaan tot een uur of elf 's avonds. En alhoewel hij de volgende dag volledig uitgeput was, herhaalde dit ritueel zich de volgende avond.

Natuurlijk lazen we de boekjes over hoe je met kinderen om moet gaan die niet willen of kunnen slapen, maar alle tips en goede bedoelingen leken ons niet te helpen. Tot we op een dag, de wanhoop nabij, besloten om de lattenbodem van een ander kinderbed op zijn ledikant vast te binden, zodat hij simpelweg niet meer uit bed kon komen. Was dat erg? Ja, het was een verschrikkelijk gezicht. Onze zoon die in zijn trappelzak met betraande oogjes tegen de lattenbodem stond te duwen, en wij die als een soort beulen hem terug naar beneden duwden, vervolgens met koord de lattenbodem stevig vastbonden en daarna zijn kamer verlieten. Het was een afgrijselijk gezicht. Zijn bed zag eruit als een getraliede gevangenis. We hadden onze eigen, lieve zoon in zijn bed opgesloten. We voelden ons slecht, hadden het gevoel dat we gefaald hadden en hoopten dat jeugdzorg niet langs zou komen om deze vorm van middeleeuwse mishandeling te noteren en ons als onbekwame ouders uit ons ouderlijk gezag te ontzetten.

Wat was het effect van onze aanpak? Hij dreinde tien minuten en viel in slaap. De volgende dag duurde het dreinen nog maar vijf minuten en na een paar dagen hield het dreinen helemaal op. Vanaf die dag ging hij elke avond moe en tevreden naar bed. Wat een verademing. Wekenlang uitzichtloos met hem in gevecht gaan, waarbij niet alleen hij, maar ook wij leden onder een langzaam opstapelend slaaptekort, was tot onze verbazing in een paar dagen voorbij. Wie kinderen heeft of gehad heeft die moeilijk in slaap kunnen komen – ik heb het echt over urenlang met hem in gevecht zijn – kan zich er wel een voorstelling van maken wat een opluchting dat voor ons geweest moet zijn.

Natuurlijk bleven we een vervelend gevoel houden over zijn getraliede ledikant en als visite getuige was van ons avondritueel, keek men ons vanuit de ooghoeken met een mengeling van meewarigheid en wantrouwen aan. Was dit wel zo verstandig? Hadden wij als ouders niet gefaald? En dus besloten we na een paar weken om eens te kijken of hij zonder hekje ook zou kunnen slapen. Hoe reageerde onze zoon op deze 'bevrijding'? Hij vroeg met smekende oogjes of de lattenbodem weer op zijn bed mocht. Met lichte tegenzin voldeden we aan zijn verzoek, onmiddellijk ging hij liggen om even later vredig in slaap te vallen.

Soms moet je besluiten nemen voor een kind – is het niet voor zijn eigen welzijn, dan wel voor het jouwe – die lijken in te druisen tegen het belang van het kind. Voor jonge ouders is dit in eerste instantie een enorme zoektocht. Wat betekent het als je kind huilt? Heeft het honger? Wil het slapen? Is het overstuur van alle prikkels? Moet het poepen? Kon een kind nou maar zijn behoeften formuleren, dan kon je handelen. Maar ze zeggen niks! Onhandige stumpers. Maar wel heel hard huilen, om aandacht vragen, onrustig zijn en niet in slaap willen vallen. In totaal hebben mijn vrouw en ik tien jaar bij een zogenaamde ouderpartipatiecrèche gezeten[*] en dus kan ik zeggen dat ik in de loop der tijd heel wat jonge ouders van dichtbij heb mogen meemaken, die – net als ik in de jaren daarvoor – soms wanhopig op zoek waren naar het stellen van regels. In eerste instantie waren zij, net als wij dat waren, geneigd vanuit een democratisch opvoedingsideaal zo veel mogelijk met hun kinderen te overleggen. Helaas werkt dat (vaak) niet. Het is onmogelijk om op een redelijke manier te overleggen met een baby die moe is en eigenlijk moet slapen, maar die het op een krijsen zet wanneer je hem in bed wilt leggen.

---

* We verzorgden als ouders – zonder hulp van professionals – de opvang van onze baby's, peuters en kinderen. We waren niet alleen een crèche, die de opvang van de geboorte tot de schoolgaande leeftijd verzorgt, maar ook een naschoolse opvang voor oudere kinderen tot een jaar of 12.

Grenzen stellen

Ouders die in dit stadium warrig zijn over wat ze wel en niet verwachten, creëren situaties zoals we die kennen van televisie, waarbij opvoednanny's kordaat het gezin binnenstappen om de basale omgangsregels in te prenten: niet schreeuwen, je zusje niet slaan, vraag het gewoon als je iets wilt, het eten dat je niet lekker vindt niet van tafel gooien, et cetera. Voor hun eigen behoeften en welzijn hebben kinderen het nodig dat wij, met verstand en beleid, basale regels stellen en vooral handhaven. Ieder kind heeft in elke fase, ook als het ouder is, behoefte aan regels en grenzen. Je kind is dan wel niet je eigendom, maar het kan (nog) niet de baas over zichzelf zijn en dus zul jij die rol moeten vervullen.

Met name in de eerste jaren van een mensenleven is het van essentieel belang dat wij als verzorgers duidelijk zijn over wat niet kan en wat wel kan. Dat we *grenzen trekken*, besluiten nemen, regels opstellen en die consequent handhaven. Dat we ons als verantwoorde ouders zo moeten opstellen, lijdt voor mij geen twijfel. Een jongen van negen die, na de scheiding van zijn ouders, een keertje bij zijn moeder in bed wil liggen, ach, misschien vind je dat het niet kan, maar ik zou zeggen: als jij intuïtief aanvoelt dat het je kind echt helpt, prima. Is helemaal niet zo erg. Maar consequent? Echt niet. Een kind van negen dat structureel bij zijn moeder slaapt is een ongezonde situatie. En een kind van twaalf dat structureel heimwee heeft en daarom nooit bij anderen wil logeren, waardoor de ouders nooit eens met z'n tweeën weg kunnen? Ik zou zeggen: zolang het kind verder in orde is en geen psychiatrische diagnose heeft, kan je van een kind van twaalf verwachten dat het een keertje ergens logeert. En een kind van drie dat alleen chips wil eten, kan natuurlijk niet. We mogen, sterker nog, we moeten als verantwoorde ouders duidelijke eisen stellen en regels handhaven. Als we het niet doen, staat dat gelijk aan een vorm van ernstige verwaarlozing. De vraag is alleen: welke regels stel je en wanneer stel je die?

Helaas is het voor de Moderne Ouder niet altijd even makkelijk die grenzen te bepalen. Wat is daar de belangrijkste oorzaak van? Dat we sinds de jaren zestig, zeventig van de vorige eeuw met z'n allen min of meer bewust 'besloten' hebben dat het er in de opvoeding niet zozeer om gaat dat het kind 'fatsoen' wordt bijgebracht, als wel dat het zo *gelukkig* mogelijk is. Elk moment van de dag. Gedurende zijn hele jeugd. Nou is dat doel op zich prima. Het is een goede zaak het welzijn van onze kinderen belangrijk te vinden. Het probleem is helaas dat we er nogal in doorgeschoten zijn. Volgens de pedagoog Willem de Jong, schrijver van *Het verwende kind syndroom,* lijden er alleen al in Nederland zo'n honderdduizend kinderen aan wat hij omschrijft als 'problematische verwenning'. In zijn woorden: 'Het zijn niet altijd de bergen speelgoed die het kind verpesten. Net zo vaak is het probleem emotionele verwenning, door ouders die hun kind nooit 'nee' durven te verkopen, geen grenzen stellen en elk gedrag vergoelijken. Ouders die meer buddy zijn dan opvoeder. Ze kweken kinderen met primadonnagedrag. Egocentrische kinderen zonder zelfreflectie en zonder eigenwaarde. Kinderen die geen rekening kunnen houden met anderen, slecht presteren op school, manipulatief, koppig gedrag vertonen en het gevoel hebben de buitenwereld niet aan te kunnen.'[19]

Ouders die hun kinderen meer en meer zijn gaan verwennen, staan natuurlijk niet op zichzelf. In de visie van Rosenfeld en Wise is het kind de afgelopen decennia door psychologen, psychiaters, pedagogen, sociologen en andere deskundigen gedefinieerd als een kwetsbaar wezen, dat met zo veel mogelijk zorg en aandacht benaderd moest worden. Het gevolg was dat ouders zich niet alleen schuldig moesten voelen als hun kinderen geen gelukkige jeugd hadden, maar zich ook nog eens (over)-verantwoordelijk gingen voelen voor of ze hun kroost wel netjes afleverden: bij allerlei maatschappelijke problemen – jeugdwerkloosheid, criminaliteit, schooluitval – werd de oorzaak voor een groot deel in de opvoeding gezocht. Uiteraard in het gebrek aan opvoeding. Tragisch genoeg zijn het vooral de moeders die voor een goede opvoeding verantwoordelijk worden gehouden en die zich daardoor voortdurend afvragen of ze het wel goed genoeg doen. Zij voelen zich vaak het eerst verantwoordelijk als het niet goed gaat. Juffen en meesters doen aan dit spel vrolijk mee. Allemaal met de beste bedoelingen natuurlijk. 'Heeft hij wel genoeg vriendjes?' 'Heeft hij wel genoeg tijd voor zichzelf?' 'Hoe reageerde hij op de geboorte van zijn zusje?' 'Hebt u hem weleens door een psycholoog laten onderzoeken?' 'In de klas is hij vaak wat stilletjes en op zichzelf, hebt u een idee waar dat aan zou kunnen liggen?'

En – om het nog ingewikkelder te maken – je kinderen alleen maar 'goed opvoeden' is voor de perfecte moeder niet genoeg. Zij dient ook nog goed voor zichzelf te zorgen, een eigen carrière te hebben, zodat zij ook als vrouw een positief rolmodel voor haar kinderen kan zijn. En dan hebben we het nog niet eens over een ideale partner zijn voor haar echtgenoot, goede dochter voor haar ouders en ideale schoondochter voor de schoonouders. 'De perfecte vrouw' en 'de perfecte opvoeding' bestaan helemaal niet. Het is als zoeken naar de Heilige Graal. Er zal nooit een dag zijn dat je van je omgeving te horen krijgt: 'Meid, goed gedaan, je was de perfecte moeder.'

Hyperparents

Het gevolg was dat ouders zich meer en meer onzeker voelden en zich afvroegen of ze het wel goed deden. Deskundigen bogen zich over werkelijk elk potentieel gevaar in de opvoeding – van wiegendood, mishandeling, emotionele verwaarlozing, te veel aandacht, te weinig aandacht, omgaan met conflicten, groeistoornissen, mogelijke psychiatrische aandoeningen tot de blootstelling aan zonlicht aan toe – met als gevolg dat ouders in een opvoedingskramp geraakten. Doe ik het wel goed? Richt ik geen schade aan? De socioloog Frank Furedi, hoogleraar aan de universiteit van Kent en schrijver van *Paranoid Parenting*, spreekt in dat opzicht zelfs van 'een complete paranoia'.

In de woorden van pedagoog Micha de Winter: 'De onzekerheid van ouders werd in de loop van de twintigste eeuw steeds meer commercieel geëxploiteerd en gestimuleerd.'[20] Uiteindelijk leidde deze ontwikkeling tot wat Rosenfeld en Wise omschrijven als '*hyperparents*': ouders die hun uiterste best doen om hun kleine prins en prinses zo gelukkig mogelijk te maken. Zelfs voor de geboorte al: als 'His Royal Majesty the Fetus' maar niets tekortkomt.

Deze overbezorgdheid staat aan de basis van veel goede zaken – het welzijn van kinderen staat hoog op de agenda – maar het heeft ook tot een groot aantal negatieve bijeffecten geleid. Een van de belangrijkste gevolgen is dat we als ouders het steeds moeilijker zijn gaan vinden grenzen te stellen. Grenzen stellen staat in onze beleving bijna gelijk aan onderdrukken. Pedagoog Steven Pont omschrijft kinderen van deze tijd dan ook wel als de 'applausgeneratie'. 'Kinderen worden bedolven onder complimentjes en afgeschermd van frustraties. Vroeger kreeg alleen het kind met de mooiste kleurplaat een prijs. Nu verdienen alle kinderen stickertjes en Disney-figuren, zolang ouders maar genoeg boodschappen doen.'[21]

Paradox

Kortom, het grootbrengen van kinderen lijkt zich per definitie af te spelen in het spanningsveld tussen aan de ene kant de zorg voor het welzijn van het kind, en dus in zijn belang regels en grenzen stellen, en aan de andere kant, waar mogelijk, het kind zelf laten beslissen. De centrale vraag luidt dan ook: wanneer kan ik, sterker nog, moet ik als goede ouder tegen de wil van het kind in besluiten en wanneer kan ik dat het kind zelf laten doen? Hoe ga ik met dat spanningsveld om? Wat dat betreft heb ik goed nieuws. Er ís helemaal geen spanningsveld. De spanning die wij voelen tussen grenzen stellen en ruimte geven is niets anders dan een *paradox*, een schijnbare tegenstelling. Ze kunnen prima samengaan. Sterker nog, in een gezonde opvoeding vullen ze elkaar aan, ze horen bij elkaar, zoals vrijheid bij verantwoordelijkheid hoort, rechten samengaan met plichten en normen en waarden elkaar aanvullen. Om te begrijpen hoe dat werkt, om die paradox te ontmantelen, is het nodig een onderscheid te maken tussen het begrip 'opvoeden' en 'zorgen voor'. Voor je gevoel zijn die twee begrippen misschien gelijk aan elkaar, in essentie staan ze lijnrecht tegenover elkaar.

Zodra we kinderen hebben, gebeurt er iets raars. Opeens hebben we de neiging om ons anders te gaan dragen. Alsof we een rol zouden moeten spelen. Die van 'vader' of 'moeder'. Alhoewel we vlak na de geboorte van ons eerste kind niet wezenlijk anders zijn dan vlak ervoor, zijn we opeens van mening dat we – in elk geval ten opzichte van ons kind – een bepaald soort gedrag zouden moeten vertonen. Gedrag dat hoort bij het ouderschap. Kenmerken van die rol zijn bijvoorbeeld dat je als ouder verstandig en rustig bent, dingen goed kan uitleggen, altijd van je kinderen houdt (wat ze ook doen), consequent bent, heldere regels opstelt, zorgt voor rust en aandacht, et cetera.

Met ernstige overtuiging storten we ons vervolgens in die rol. Zo betrapte ik mezelf erop, toen we op een dag met onze kinderen door het bos liepen, dat ik vond dat ik ze allemaal namen van bomen zou moeten kunnen vertellen. In mijn hoofd was dat een soort ideaalbeeld van een goede vader. 'Kijk, dit is een eik. En dit een spar.' Zo gedragen vaders zich toch ook in films? 'Kijk jongen, dat is een hond. En dat een paard, snap je?' 'Bedankt vader, je hebt me wegwijs gemaakt in het dierenrijk.' 'Graag gedaan, zoon. Als je nog meer vragen hebt, laat maar weten.' 'Dank vader. U bent waarachtig mijn leidsman.'

Het probleem was alleen dat ik nauwelijks namen van bomen kende. Het verschil tussen een loofboom en een naaldboom, dat kende ik, maar daar hield het wel zo'n beetje mee op. Wat erg, dacht ik, dat kan toch niet? Thuisgekomen kocht ik subiet een bomenboekje. Alle belangrijke bomen stonden er keurig alfabetisch in gerangschikt met plaatjes van de gehele boom én het individuele blad, zodat je – als je in de natuur was – met het boekje in de hand gemakkelijk zou kunnen determineren met welke boom je te maken had. Blij aanschouwde ik deze handige wegwijzer. Heb ik hem gebruikt? Nee, natuurlijk niet. Hij ligt nu nog, meer dan twintig jaar later, ongebruikt in de kast. Wat interesseert mij het nou hoe een boom heet? Ik geniet niet meer of minder van een eik als ie spar zou heten. En vice versa. En mijn kinderen waren al helemaal niet met bomen bezig. Laat staan met hoe ze heten.

Tabula rasa

Het idee van de mens als onbeschreven blad (in het Latijn *tabula rasa*) is vooral door de pedagoog Jean-Jacques Rousseau bekend geworden. Rousseau was eigenlijk de eerste die zich serieus bezighield met het vraagstuk van de opvoeding. In de tijd vóór Rousseau was het kind een soort volwassene in zakformaat en maakte men niet echt onderscheid tussen kinderen en volwassenen. Kinderen draaiden gewoon mee in het leven, maakten deel uit van de familie en moesten net zoals iedereen gewoon meewerken. Dat ze minder werk konden verrichten maakte hen nog niet anders. Ouderen konden immers ook minder werk verzetten en die hoorden er ook gewoon bij. Kinderen hoefden dus niet opgevoed te worden, ze deden gewoon mee. Rousseaus idee van het onbeschreven blad is een radicale breuk met dat wereldbeeld. Opeens kregen kinderen een eigen plaats, een eigen rol. Ze moesten opgevoed worden en hoe ze opgevoed werden, werd een belangrijk vraagstuk waar een aparte wetenschap, de pedagogie, zich mee bezig moest houden. Om die reden wordt Rousseau ook wel 'de uitvinder van het kind' genoemd. Rousseau ging ervan uit dat ieder mens bij de geboorte in principe gelijk is, een tabula rasa, en dat hem of haar middels onderwijs, opvoeding en onderricht alles, maar dan ook werkelijk alles aangeleerd kan worden. Zo deed de psycholoog John Watson, die ook wel wordt gezien als de grondlegger van het behaviorisme, in navolging van Rousseaus idee van het onbeschreven blad, de provocerende uitspraak: 'Geef me een kind, zeg me wat ik ervan moet maken, een kunstenaar, een landbouwer, en dominee of een dief, en met de principes van het conditioneren zal ik dat ervan maken.'

Het concept van het onbeschreven blad raakt ook het *nature-nurture*-debat: wordt de mens zo geboren dat hij in principe alles zou kunnen worden wat hij maar wil (mits de omstandigheden ideaal zijn), of komt de mens met bepaalde, vastliggende eigenschappen ter wereld. Op grond van de nieuwste ontwikkelingen op het gebied van de genetica kunnen we met zekerheid zeggen dat de notie van 'onbeschreven blad' niet houdbaar is. Er zijn bij de geboorte aantoonbare verschillen. Hoe goed we ook opvoeden, ieder kind heeft zijn eigen specifieke beperkingen en mogelijkheden. Overigens misschien nog wel leuk om te weten: Rousseau stuurde zijn eigen kinderen allemaal naar een kindertehuis. Vijf stuks in totaal.

Opvoeden versus zorgen voor

Los van de vraag wat aangeboren en wat aangeleerd is, hebben wij de aanname dat kinderen min of meer door ons geprogrammeerd moeten worden. Is dat dan niet goed? vraag je je misschien af. Je hebt toch verantwoordelijkheden als opvoeder? En uiteraard heb je die. Als je je kind niet te eten geeft, gaat het dood. En als het met zijn vijfde op de fiets door de stad wil, is het verstandig om als ouder in te grijpen. Maar dat is niet wat ik bedoel met opvoeden. Dat zou je allemaal kunnen scharen onder het begrip 'zorgen voor'. Er is uiteraard niets mis mee je kind te verzorgen. Sterker nog, die plicht heb je als ouder en als het goed is, vervul je die plicht met plezier. Je houdt van je kind en wilt het graag gezond en heel houden. Prima. Doe het en doe het goed.

Maar de rest, alles wat niet onder de directe zorg valt, alles wat te maken heeft met een kind iets 'leren voor later', valt voor mij onder het begrip opvoeden. Als je je als ouder dus afvraagt of je in moet grijpen, stel dan steeds de simpele vraag: is het 'opvoeden' of 'zorgen voor'? Ben ik het kind iets aan het leren voor later, of is iets op dit moment daadwerkelijk noodzakelijk of gevaarlijk? Zo niet, niet ingrijpen. Wat heeft een kind aan leren voor later? Later komt straks wel. Een kind heeft iets aan leren voor nu.[23]

Het verschil tussen opvoeden en zorgen voor hangt een-op-een samen met een 'ja-maar'- en een 'ja-en'-manier van kijken als ouder. Als je op een 'ja-maar'-manier naar je kind kijkt, ben je (immers) voortdurend bezig datgene te zien wat er nog niet is, maar wat er volgens jou wel zou moeten zijn. Je kind zit op pianoles, máár het moet wel blijven oefenen om echt goed te worden. Je kind gaat naar school, máár het maakt zijn huiswerk niet. Als je op een 'ja-maar'-manier naar je kind kijkt, zie je vooral de tekortkomingen en beperkingen. Je bent niet zozeer bezig met wie het kind op dit moment is of waar het op dit moment behoefte aan heeft, maar met hoe het in de toekomst zou moeten zijn. Als je op een 'ja-maar'-manier kijkt, ben je vooral bezig je eigen ideaal over wat het kind zou moeten zijn of hoe het zich zou moeten gedragen op het kind te plakken. In een 'ja-maar'-opvoeding staat niet het kind in het hier en nu, met zijn of haar verlangens van het moment centraal, maar het ideaalbeeld dat de ouders van zijn of haar toekomst hebben, een beeld dat ze op het hier en nu projecteren. Deze manier van kijken geeft het kind voortdurend het gevoel niet aan de wensen van de ouders te voldoen.

Bij een 'ja-en'-manier van kijken staat de zorg voor het kind van het moment centraal. Zijn of haar welzijn en verlangens zijn uitgangspunt van handelen. Bij 'ja-en' gaat het er niet om wat het kind zou moeten zijn, maar wat het kind is en zou kunnen zijn. Als je op een 'ja-en'-manier kijkt, zie je vooral de mogelijkheden en talenten van het kind. Je bent niet bezig met wat het kind zou-moeten-zijn, maar wat het zou-kunnen-zijn.

Als je je kind iets wilt bijbrengen, stel jezelf dan steeds de vraag: doe ik dat met het oog op later (opvoeding), of doe ik het met het oog op het hier en nu (zorg). Moet je je kinderen leren met mes en vork te eten? Wel, de simpele vraag luidt: is met mes en vork eten nodig voor de directe verzorging? Nee. Natuurlijk niet. Zolang het kind met de handen – en indien nodig, voeten – genoeg voedzame stoffen binnen kan krijgen, niet moeilijk over doen. Je kind zal na verloop van tijd zelf wel willen leren net zoals papa en mama te eten. Gaat helemaal vanzelf. Niet druk over maken dus. Scheelt een hoop gedoe.

Natuurlijk begrijp ik dat je er last van hebt als al het eten over de tafel ligt. En natuurlijk begrijp ik dat je dat liever niet hebt, omdat jij anders alle troep moet opruimen. En natuurlijk mag je er iets van zeggen, het niet accepteren, een grens trekken, whatever. Maar dat alles doe je niet omdat je je kind aan het opvoeden bent voor later, maar omdat jij er zelf nu last van hebt. Het is prima om voor jezelf op te komen en er is ook niks mis mee om troep maken te verbieden, maar doe dat niet met het oogmerk om het kind 'voor later' op te voeden. Doe het omdat jij er zelf direct last van hebt. In het hier en nu. En als je er géén last van hebt (of alleen maar in je hoofd last van hebt, omdat je denkt 'dat het niet hoort'), doe dan niets. Waarom zou je er moeilijk over doen?

Moet je je kind leren om visite een hand te geven? Opnieuw, is het nodig voor de directe verzorging? Nee. Natuurlijk niet. Laten gaan dus. Niet moeilijk over doen. Als oma of opa zo saai is dat het kind geneigd is zonder blikken of blozen door te lopen, is dat jammer voor opa en oma. Helaas, pindakaas. Ze zijn blijkbaar voor de kleine niet interessant genoeg.

Moet je je kind leren bij een toneelvoorstelling stil te blijven? Zelfde vraag. Is het nodig voor de verzorging? Het antwoord laat zich raden. Natuurlijk niet. Praat je kind (voortdurend) door de voorstelling heen? Dan is het simpel, dan is de voorstelling niet echt boeiend voor jouw kind. Wegwezen dus. Ja, denk je misschien, maar wat als mijn ene kind die wel wil zien, en mijn andere niet? Wel, trek je conclusies. Ga dan de volgende keer met de ene die het wel wil zien. Simpel.

Moet ik het goed vinden als mijn dochtertje van acht bier wil drinken? Zelfde vraag. Is het nodig voor de verzorging? Valt te bezien. Als je dochter alleen wil proeven, is het voor de verzorging niet gevaarlijk. Ik zou zeggen, laten gaan. De kans is groot dat ze jarenlang geen bier meer proeven wil. Als het kind twee flesjes wil drinken of een stevig glas *bourbon on the rocks*, hm, niet echt raadzaam. In dat geval: neem je verantwoordelijkheid als verzorger en trek een streep.

Weigert je kind te leren voor zijn eindexamen en dreigt het te zakken? Opnieuw dezelfde vraag, is het nodig voor zijn verzorging? Komt zijn leven in gevaar als hij niet slaagt? Nee, natuurlijk niet. Dus laat gaan.

Ik kan me voorstellen dat je schrikt van dergelijke aanbevelingen. Ik kan me zelfs voorstellen dat je denkt dat ik overdrijf om mijn betoog kracht bij te zetten. Maar dat doe ik niet. Ik meen wat ik zeg. Ik wil je vragen in overweging te nemen om radicaal te stoppen met alles wat met opvoeden te maken heeft.

'Maar wat als mijn kind met ongekamde haren naar school wil?'
Laat het gaan. Als je kind uitgelachen wordt, zal ze zelf willen kammen, als ze niet uitgelachen wordt, is ze misschien trendsetter van een nieuwe haarstijl.

'Maar wat als mijn kind mij uitscheldt, ongepast taalgebruik hanteert?'
Schiet in de lach, word boos, laat zien dat het je kwetst, alles is toegestaan, zolang je maar niet je kind uitlegt dat 'dit zo niet hoort'. Dat zal het zelf snel genoeg in de gaten hebben. Stop met je kind op te voeden. Stop de rol van ouder te spelen. Reageer open, eerlijk en authentiek. Kinderen zijn niet geïnteresseerd in 'hoe het hoort', ze zijn geïnteresseerd in 'wie jij bent'. En als het jou kwetst, kwetst het jou. En niet een denkbeeldig toekomstig iemand. Zeg dat het je kwetst. Trek een grens. Prima. Maar noem dat geen opvoeding. Noem het zorgen voor jezelf.

'Maar wat als mijn kind thuiskomt en softdrugs heeft gebruikt?'
Als hij vijf jaar is, zorg dat het nooit meer gebeurt (verzorging), als zij negentien jaar is, doe er je voordeel mee, toon je interesse, vraag welke softdrugs je dochter gebruikt en of ze misschien helpen tegen de hoofdpijn (wat soms zo is).

Zorgen voor

Mogelijk vraag je je af: leuk allemaal, maar je bént toch een rolmodel, je wílt het kind toch bepaalde dingen bijbrengen en je kind staat daar toch ook voor open? Natuurlijk is dat een begrijpelijke vraag. Toch zou ik ook hier willen zeggen: doe alles wat vanuit de directe zorg in het hier en nu voor het kind nuttig en nodig is. In dat *zorgen voor* zullen voortdurend waarden, normen en overtuigingen overgedragen worden. Al was het maar omdat jij bent wie je bent en doet wat je doet. Je kind zal dat alles van dichtbij waarnemen, er als vanzelf van leren, de dingen die werken nadoen en er zijn eigen ideeën uit destilleren over goed en kwaad, juist en onjuist en 'wat de bedoeling is'. Dat hoef je niet uit te leggen, dat doe je als vanzelf wel voor. Ik ga er namelijk niet alleen van uit dat je goed voor je kind zorgt, maar dat je eveneens goed voor jezelf zorgt. En dus zullen er in het hier en nu voortdurend conflicten, meningsverschillen en aanvaringen plaatsvinden. Maar je kind zal je beter begrijpen als je dingen doet, zegt, uitlegt omdat zich in het hier en nu een vraagstuk voordoet, dan wanneer je het hebt over later, ooit, straks. Later, ooit en straks zijn van en voor het kind zelf. Wat jullie samen hebben, speelt zich in het hier en nu af. Nergens anders.

Toch is de verwarring tussen 'opvoeden' en 'zorgen voor' begrijpelijk. En die verwarring heeft te maken met het onderscheid dat wij moeten leren maken tussen 'zorgen voor onszelf' en 'opvoeden'. We hebben niet alleen te maken met het kind, we hebben ook te maken met onszelf als verzorger, ouder of leraar. Ook wij hebben onze behoeften, waarvoor gezorgd moet worden. En we kunnen niet van onze kinderen verwachten dat zij die verlangens kennen, laat staan er spontaan rekening mee houden. Die behoeften zullen we kenbaar moeten maken.

Blender

Om een voorbeeld te geven: ik ken een stel dat een dochtertje had dat ook – ver na de datum die door het consultatiebureau of dr. Spock als wenselijk gedefinieerd was – nog weigerde om haar broccoli te eten zoals die gekookt uit de pan kwam. Het meisje at de broccoli pas nadat die volledig verpulverd uit de *blender* getoverd werd. En dus blenderden de ouders er maanden, wat zeg ik, jarenlang vrolijk op los. Niets aan de hand. Op een dag ontstond er natuurlijk wat frictie tussen de echtelieden. Er komt altijd zo'n dag – of het nou gaat om broccoli eten, je tanden poetsen of eraan denken op welke dag je een proefwerk hebt – dat de ene ouder al wél vindt dat het kind dat zelfstandig kan en de ander vindt van niet. In de meeste gevallen lost zo'n verschil van mening – of eigenlijk is het vooral een verschil van timing – zich wel op, maar bij deze beide ouders werd het conflict steeds groter: moeder ergerde zich aan het alsmaar apart voor dochterlief een hapje moeten prepareren, vader vond het geen punt. 'Als de kleine dat nou lekker vindt...' Moeder vond vader een 'slappe zak' en vader betitelde moeder als een 'zeikwijf'.

Hoe los je zo'n conflict nou op? Volgens mij niet door wat we geneigd zijn te doen, namelijk het begrip 'opvoeden' te introduceren. Wij willen het conflict dan beslechten door te betogen dat het kind vanuit opvoedkundige overwegingen moet leren om – in dit geval – de broccoli 'gewoon, net als iedereen' te eten. 'Stel dat ze straks op visite is en ze wil alleen gepureerde broccoli, dat kan toch niet?' Precies dat was ook het argument van de moeder. Steun kreeg ze genoeg van vriendinnen en de literatuur: haar dochter liep écht achter op schema. En vader probeerde zich ook vanuit het denkkader van 'de opvoeding' te verdedigen. 'Ze leert het op haar moment en op haar manier wel, maak je nou maar geen zorgen, je denkt toch niet dat ze altijd gepureerd voedsel zal blijven eten, maak je niet druk, dat gaat vanzelf over.' En zo streden de beide ouders verder in een welles-nietes-goed-voor-de-opvoedingdiscussie. Hoe kan je nou helderheid scheppen in dit conflict? Simpel. Door het hele vraagstuk 'opvoeding' niet aan de orde te stellen en een andere invalshoek te kiezen.

Als vader het prima vindt te blenderen, als de ouders van vriendjes en vriendinnetjes het prima vinden te blenderen, als het meisje zelf, als ze op kamers is, alles geblenderd wil eten en alle restaurants of etentjes bij anderen waar niet geblenderd kan worden vermijdt – of desnoods zelf een blender meeneemt of van tevoren geblenderd voedsel in een bakje bij zich heeft, *who cares*, dan is er toch niets aan de hand? Wat is er mis met eten dat uit de blender komt? Het probleem zit hem niet in de opvoedkundige hoek, het probleem zit 'm heel ergens anders. Het probleem is dat het voor de ouders elke keer een ontzettend gedoe is om het eten voor dochterlief apart te moeten klaarmaken. Dat is toch irritant? En als moeder nou gewoon zou zeggen: 'Ik heb daar geen zin meer in,' dan was er niets aan de hand. Dan zou vader kunnen zeggen: 'Ik wel,' en deed hij het altijd. En zij nooit. Niets aan de hand. Of vader zou kunnen zeggen: 'Ik heb het er eigenlijk ook wel mee gehad.' Ook prima. Het maakt allemaal niet uit.

Zorgen voor jezelf

Het probleem is dat wij vaak bepaald soort gedrag niet lastig vinden omdat het kind zich 'onverantwoord' zou gedragen, maar omdat we er zelf last van hebben. En in plaats van dat gewoon te zeggen en assertief op te komen voor onszelf – voor *onszelf te zorgen* – gaan we met een batterij opvoedkundige argumenten de strijd aan met onze partner of met ons kind. En dat allemaal onder het mom van 'opvoeding'. Logisch dat je kind zich niet zomaar gewonnen geeft: het voelt wel aan dat jij het argument 'opvoeding' misbruikt om via een soort moreel, superieur argument – dat het goed zou zijn voor later – je zin te krijgen. Dus als je kind na het buitenspelen in de regen en modder, zonder zijn voeten te vegen het huis in rent, zeg dan niet: 'Gadverdamme, dat kan toch niet, stel dat je later zo bij mensen op visite komt, wat moeten ze dan wel niet van je denken?', maar vraag in dat geval gewoon of het zijn voeten veegt, omdat jij anders het hele huis moet dweilen. Of nog beter, laat het meteen zelf even een dweil pakken en de vloer schoonmaken.

Kortom, de verwarring tussen 'opvoeden' en 'zorgen voor' is verdwenen op het moment dat we accepteren dat we, als gezond onderdeel van het grootbrengen van kinderen, ook voor onszelf mogen en moeten zorgen. Met nadruk op 'moeten': als je als ouder voortdurend je kind over je grenzen laat gaan – we zagen dat al eerder bij het vraagstuk van de hyperparents – is dat niet alleen schadelijk voor jezelf, maar ook niet goed voor je kind. Je ontneemt het daarmee de mogelijkheid rekening te leren houden met de gevoelens van anderen. Een vaardigheid die het ook elders nodig zal hebben. Paradoxaal genoeg geef je je kind dus misschien wel de beste 'opvoeding' wanneer je stopt met het op te voeden voor later en begint op te komen voor jezelf in het hier en nu. Wees uiteraard voorzichtig met deze wat paradoxaal geformuleerde conclusie. Ga nu niet denken dat je je kind het beste 'opvoedt' door voor jezelf te zorgen. Dan ben je opnieuw bezig een perfecte ouder te spelen, die 'demonstreert' hoe je voor jezelf op hoort te komen. Trek als enige conclusie dat het goed is voor jezelf op te komen en probeer dat vervolgens te doen. Als dat een keertje niet lukt, heb je je kind niet meteen verpest. *Don't worry*. In de relatie met jou kan je kind leren hoe de dingen in de wereld werken. Niet doordat je een rol speelt als opvoeder, maar doordat je als mens je eigen gevoelens en behoeften kenbaar maakt.

Mogelijk denk je nu dat het grootbrengen van kinderen – nu je niet meer hoeft op te voeden – minder werk en gedoe is. Dat valt nog maar te bezien. De vraag die dit alles oproept is: wat is dan precies goed zorgen voor? In mijn ogen is dat aardig wat werk. Misschien zelfs wel meer werk dan je kind opvoeden. Zorgen voor een kind betekent niet alleen dat we zorgen dat het regelmatig en gezond eet, netjes gekleed is en dat zijn band geplakt is (zolang het die zelf niet kan plakken), maar ook dat het zich veilig voelt, dat het weet dat er iemand is die aandacht voor hem heeft als dat nodig is, die zorgt voor rust en regelmaat of op andere momenten voor afwisseling en uitdaging. 'Zorgen voor' betekent dat we tijd voor onze kinderen beschikbaar maken, zowel om dingen met hen te doen als om er gewoon voor hen te zijn: kinderen die te weinig positieve aandacht krijgen, zullen er alles aan doen, desnoods op een negatieve manier, om die aandacht alsnog te krijgen.

Grensgevallen

Wat precies goed zorgen voor je kind is en wat niet, zal iedere ouder per situatie voor zichzelf moeten bepalen. Per ouder en per kind kan dat bovendien van moment tot moment verschillen. Wel is het zo dat goed voor je kind én jezelf zorgen van groot belang is voor een liefdevolle relatie. Daar waar een kind opvoeden nogal eens lastig gedrag veroorzaakt, kan voor een kind zorgen lastig gedrag voorkómen.

Uiteraard zullen er veel *grensgevallen* zijn, dingen die zowel onder 'zorgen voor' als 'opvoeden' vallen. Kinderen zijn niet statisch, ze worden ouder en kunnen steeds ietsje meer. Terwijl hun invloed en verantwoordelijkheid toenemen, nemen die van jou af. Als verzorger is het je taak om van moment tot moment in te schatten wat een kind net wel en wat een kind nog net niet kan. En samen zal je met vallen en opstaan leren de grenzen in de loop der jaren te verleggen. Leren lopen gaat ook gepaard met af en toe blauwe knieën krijgen. Fouten maken is onderdeel van het grootbrengen van kinderen. Maar zodra je dingen doet waarvan je weet dat het vooral met 'opvoeden' te maken heeft: stop ermee. Zodra je als ouder ongewenst gedrag probeert te voorkomen of het in jouw ogen gewenste gedrag probeert te stimuleren met het oog op wat later voor het kind goed is ('we doen het voor je eigen bestwil', 'later begrijp je wel waarom'), heb je niet werkelijk contact met je kind in het hier en nu, ben je niet oprecht bezig met zijn of haar actuele behoeften, maar ben je bezig jouw idee over hoe je als mens zou moeten zijn op je kind te drukken.

Kinderen zijn geen blok klei dat we naar believen kunnen vormgeven, laten uitharden in de oven, een laagje vernis geven en hopla, klaar is Kees. Geslaagd eindproduct. Opvoeding volbracht. *Mission accomplished.* Kinderen zijn hun eigen Kees. Kinderen maken zichzelf, in relatie met jou. De centrale vraag van de opvoeding is dan ook niet wat onze kinderen zouden-moeten-zijn, maar wat ze zouden-kunnen-zijn. In het eerste geval zie je opvoeding primair als een disciplineringsproces, in het tweede geval primair als een creatieproces. Of beter, een cocreatieproces. Want terwijl het kind zich ontwikkelt, ontwikkel jij je als ouder ook. Het effect dat een kind grootbrengen op *onszelf* heeft, is voor ons mogelijk net zo interessant als het effect dat het op het kind heeft.

Opvoeden, in de definitie zoals ik die hiervoor heb gegeven, gaat in tegen het verlangen van het moment. De basis van opvoeden is 'ja-maar': het gaat de strijd aan met wat een kind wil. Opvoeden richt zich op wat 'zou-moeten-zijn' en 'er-nog-niet-is'. Het gaat uit van normen, regels en bedoelingen.

Als je voor je kind zorgt, stel je je beschikbaar, ben je aanwezig en doe je alles wat in je vermogen ligt, met inachtneming van je eigen behoeften, om je kind te helpen zijn diepste verlangens te realiseren. De basis van zorgen voor is 'ja-en': je bent er voor hem of haar. Zoals hij of zij op dit moment is. Zorgen voor is dan ook gelijk aan liefde-in-actie.

Onderwijs

Onderwijs

Schoolplicht

Apeldoorn. Middelbare school. Kastanjelaan. Het is 1973 en het is het zevende lesuur van die dag. Duits. Ik vind het verschrikkelijk. Saai, oninteressant, vermoeiend. De ramen zijn dicht, buiten is het prachtig mooi weer, we hebben zojuist gym gehad (heerlijk) en nu zijn we gedwongen om gedurende twee lesuren – ook het achtste lesuur zullen we nog Duits krijgen, zelfde klaslokaal, zelfde meester – totaal irrelevante stof tot ons te nemen. Duitse vervoegingen. Opschrijven. Mond houden. Vijf minuten voelen als een uur. Van pure verveling klieder ik mijn hele schrift vol met tekeningen. Thuisgekomen vraagt mijn moeder me hoe het op school was. 'Een ramp,' antwoord ik. 'Ach,' zegt mijn moeder, zonder verder te luisteren, 'dat valt toch wel mee? Later ben je blij dat je je middelbare school hebt afgemaakt, ben je vergeten dat het soms niet zo leuk was.' 'Echt niet,' zeg ik, 'ik zal zorgen dat ik de rest van mijn leven niet vergeet hoe erg het was. Al was het maar, zodat ik mijn kinderen later niet tegenspreek als zij zeggen dat ze school niet leuk vinden.'

Inmiddels is het bijna veertig jaar later en ik ben het niet vergeten. Sterker nog, ook nu nog, jaren later, merk ik dat ik – zodra ik terugdenk aan mijn middelbare school – een lichte woede op voel komen. Ik voelde me gevangen, urenlang per dag tegen mijn zin opgesloten, gedwongen dingen te leren die ik niet zinvol vond. Wat een absurditeit. Wie heeft dit idiote systeem verzonnen, vroeg ik me als kind af. En het ergste is, de hele wereld is de afgelopen veertig jaar veranderd, maar de gemiddelde middelbare school ziet er – wat uitzonderingen daargelaten – nog net zo uit als in mijn jeugd. Kinderen in rijen banken, een meester of juf ervoor die de stof uitlegt, af en toe een leuke versiering in de vorm van projecten, werkstukken of themaweken, maar in wezen is het systeem onveranderd: jij moet uiteindelijk voldoen aan eisen die de samenleving – en dus de school – aan je stelt. Jij moet leren wat anderen goed voor je vinden.

Verplichting

Je merkt dat ik de nodige vraagtekens plaats (ik formuleer het nu nog voorzichtig) bij de uitgangspunten van het onderwijs. Mogelijk trek je daaruit de conclusie dat ik het hele idee van onderwijs en alles wat daarbinnen gebeurt veroordeel. Dat zou een onjuiste conclusie zijn. Het onderwijs is een geweldige wereld en in die wereld gebeurden en gebeuren de mooiste dingen. Welke kritiek je ook op het systeem kan hebben, er zijn fantastische leerkrachten, die niet alleen met oprechte intenties voor de klas staan, maar dat ook nog eens uiterst liefdevol en vakkundig doen.

Dit alles neemt niet weg dat het in het kader van het onderwerp waar we ons mee bezighouden – hoe ga je om met lastig gedrag van kinderen en jongeren – van groot belang is te kijken naar de manier waarop het onderwijs in de westerse wereld is vormgegeven. In de fundamenten van dat systeem zitten, naar mijn overtuiging, een aantal principes die rechtstreeks van invloed zijn op de manier waarop kinderen en (met name) jongeren lastig gedrag vertonen.

Is school altijd en voor ieder kind een ramp? Nee, soms niet, natuurlijk. Bij mij in de klas zaten ook kinderen die genoten van sommige lessen. Een van mijn klasgenoten ging zelfs met zoveel plezier naar school, dat hij in zijn eindexamenpakket nog twee vakken extra koos, waaronder Hebreeuws. Gewoon, voor de lol. Later studeerde hij theologie, specialiseerde zich in Thomas van Aquino en kon er een intens genoegen aan beleven tijdens een internationaal congres met een Amerikaan in vloeiend Latijn te converseren. Beleefde hij plezier aan zijn middelbareschooltijd? Jazeker, hij genoot ervan.

Helaas moesten ook kinderen die school in het algemeen leuk vonden, lessen volgen die ze niet leuk vonden en waar ze het nut (totaal) niet van inzagen. De jongen die Hebreeuws als keuzevak koos, had bijvoorbeeld een intense hekel aan tekenen en gym. Maar ja, hij kwam er niet onderuit. Verplicht. En Latijn vond hij wel leuk, maar hij had het nog leuker gevonden als hij er méér van had gehad. Een andere klasgenoot ploeterde zich met tegenzin door de middelbare school heen – tja, wat moet je anders en hij had toch een goed stel hersens? – en werd later, na een mislukte carrière als wetenschapper, succesvol als meubelmaker. Als jongere wist hij al dat hij het liefst met zijn handen wilde werken, maar een vakopleiding was 'zonde' van zijn capaciteiten. Hij kon toch goed leren?

Natuurlijk, ook voor mij gold dat ik plezier aan sommige vakken en – vooral – sommige docenten kon beleven. Ik vond Nederlands geweldig. Voornamelijk omdat de docent Nederlands een fantastische leraar was. Eigenwijs, intelligent, geëmotioneerd. Ik leerde er discussiëren, het debat aangaan, nadenken over hoe je argumenteert. En de leraar geschiedenis was betoverend. Niet omdat geschiedenis betoverend was, maar omdat hij geschiedenis betoverde. Door wie hij was. Door hoe hij zichzelf met zijn ziel en zaligheid in de Koude Oorlog stortte, zijn fascinatie voor de manier waarop machthebbers besluiten namen en zijn vermogen daar meeslepend over te vertellen. Mijn verontwaardiging destijds zat hem niet in elk lesuur of iedere docent, maar vooral in het gedwongen karakter van het instituut in zijn geheel. Dat anderen bepaalden wat goed en nuttig voor mij was. Dat ik Duits moest leren, terwijl ik op dat moment al wist dat ik later nooit Duits zou hoeven te spreken. En als ik het wél zou willen, ik in een maand waarschijnlijk meer Duits zou leren dan in vier jaar op de middelbare school. Als kind had ik een hevig verlangen naar autonomie, zelfstandigheid en dingen dóén, de wereld in, dingen ervaren. Niet stilzitten in bankjes en luisteren naar wat anderen vinden dat je moet leren. Daar was ik niet voor geboren. Ik was geboren om te leven. Zelf op avontuur uit te gaan. De wereld te verkennen.

En natuurlijk zijn er ook kinderen die wél graag in bankjes zitten, luisteren en kennis als een spons opnemen en daarvan genieten. Zo ken ik een oudere dame van ver in de tachtig die Frans ging studeren. Iedereen vroeg haar waarom. Ging ze naar Frankrijk op vakantie? Nee. Wilde ze Franse boeken lezen? Ook niet. In het Frans converseren of Franse chansons ontcijferen? Niets van dat alles. Ze wilde Frans leren, omdat ze het heerlijk vond om Frans te leren. Dat gaf haar plezier. Heerlijk, toch? Dat alles zie ik, begrijp ik en respecteer ik. Het gaat me, zoals ik zei, niet om het onderwijs op zich, het gaat me om het gedwongen karakter. Dat een overheid – en in het verlengde daarvan een school – bepaalt wat iedereen moet leren. De dame op leeftijd kon kiezen voor Frans. Mijn Duits als veertienjarige was geen keus, het was een *verplichting*. Men had bedacht dat Duits moest. Als ik dat niet wilde, was mijn enige optie naar een andere school te gaan. Helaas zou dat me weinig helpen. Ook daar zou ik van alles moeten.

Onderpresteren

Het onderwijs zoals wij dat kennen, is tot op zekere hoogte geschikt voor kinderen die de bestaande schoolvakken als wiskunde, natuurkunde, Frans, Engels, Duits, geschiedenis of aardrijkskunde leuk vinden. Zij worden met het bestaande onderwijssysteem redelijk bediend. In elk geval past een deel van de lessen bij waar hun interesses liggen. De rest, de vakken die ze niet zo leuk vinden, ach, die nemen ze schouderophalend op de koop toe. Niet te moeilijk over doen. Als je geluk hebt en een beetje kan leren, zorg je gewoon dat je aan het eind van het jaar voor de vakken die je niet leuk vindt een zes min staat – of, als je dat met de cijfers van andere vakken kan compenseren, een vijf of lager – en je plezier haal je dan wel uit de lessen die je wel leuk vindt en de dingen buiten school. Die kinderen redden zich wel binnen het bestaande systeem.

Helaas is het zo dat kinderen die bijzonder getalenteerd en betrokken zijn op een specifiek gebied – wiskunde, Engels of geschiedenis – maar minder getalenteerd zijn op andere gebieden, een serieus probleem hebben. Je kent ze wel: alfa's die zich door wiskunde moeten zien te worstelen, of uitgesproken bèta's die Frans moeten leren. Voor henzelf is dit verplicht leren van dingen waar ze niet goed in zijn al een verschrikking, maar hoe demotiverend is deze worsteling wel niet voor leerkrachten? Het is toch verschrikkelijk om jaar na jaar, generatie na generatie, te moeten werken met klassen kinderen waarvan een (groot) deel niet getalenteerd, niet geïnteresseerd in en vooral niet gemotiveerd is voor jouw vakgebied? Voortdurend moet je stof herhalen, nogmaals uitleggen, overhoren, omdat het de zwakke broerders en zusters in de klas anders te snel gaat. Ondertussen moeten die leerlingen, om niet te blijven zitten of, erger, van school gestuurd te worden, een onevenredige hoeveelheid tijd aan jouw vak besteden. Kostbare tijd, die ze niet kunnen besteden aan de vakken waar ze wel goed in zijn. En voor jou als leerkracht betekent het ondertussen verlies van kostbare tijd en aandacht, die je niet in de kinderen kan investeren die wél getalenteerd en gemotiveerd zijn. Die zitten er het grootste deel van de les ongeïnteresseerd bij, omdat het hun te langzaam gaat. Het tragische is dat kinderen die een specifiek, maar eenzijdig talent hebben, daardoor nogal eens op een school belanden, waar zij – als het gaat om hun talenten – minder uitgedaagd worden en dus zullen *onderpresteren.* Als die talenten überhaupt nog aan bod komen.

Talentontwikkeling

Als er iets is wat ons schoolsysteem kenmerkt – en waarom het niet meer past bij de huidige tijd – is het dit gedwongen en uniformerende karakter: dat het zich richt op wat zou-moeten-zijn: wat kinderen behoren te leren (aanpassing) in plaats van op wat zou-kunnen-zijn, wat kinderen zouden willen leren (ontwikkeling). We zijn met z'n allen het huidige schoolsysteem van jongs af aan zozeer gewend, dat we het normaal vinden hoe het er op school aan toe gaat. We hebben met elkaar afgesproken dat het nou eenmaal een zure appel is, waar je in je jeugd doorheen moet (leren) bijten. En ach, zeggen we tegen onszelf, zo erg is het toch niet, soms is het wel leuk, toch?!

Maar zodra je een klein beetje afstand neemt, spat de absurditeit ervan af. Zo word je als kind (voortdurend) gevraagd: 'Wat wil je later worden?' Vervolgens ga je naar school, wordt er tot zo'n beetje je achttiende voor jou bepaald wat je moet leren en dan, vele jaren later, als je een studie of beroep moet kiezen, wordt je opeens (opnieuw) de vraag gesteld: 'Wat wil je worden?' En dan vinden wij het raar dat jongeren – en ook later vele volwassenen – geen idee hebben wat ze willen, waar hun passie, plezier en betrokkenheid liggen. Daar waar het onderwijs je zou moeten helpen je talenten en passies te ontdekken, is het er perfect in geslaagd om het tegenovergestelde te bereiken: onderwijs betekent voor veel kinderen dat ze het contact met wat ze willen, kwijtraken; dat het ze wordt afgeleerd. Onderwijs zoals wij dat kennen is in de kern niet geïnteresseerd in eigen initiatief en creativiteit.

Kinderen die vakgebieden interessant vinden die binnen het onderwijs als minder waardevol worden gezien, 'inferieure' vakken als gym, drama en muziek bijvoorbeeld – waar vaak, om hun onbelangrijkheid te onderstrepen, dus ook geen cijfers voor worden gegeven – hebben een nog groter probleem. Laat staan kinderen die geïnteresseerd zijn in kennis waar het onderwijs nauwelijks niet of helemaal niet in voorziet: dans, computer-programmeren, games ontwikkelen, grafische vormgeving, antiek verzamelen, zeilen. Om maar wat voorbeelden te geven van uiterst boeiende vakgebieden waar je later prima je brood mee kan verdienen, maar die in het onderwijs simpelweg niet bestaan.

Zo vertelt de onderwijsvernieuwer Sir Ken Robinson het verhaal van Gillian Lynne. Als meisje in de jaren dertig van de vorige eeuw veroorzaakt ze op school voortdurend problemen. Ze is onrustig en kan zich moeilijk concentreren. 'Tegenwoordig,' vertelt Robinson, 'zouden we waarschijnlijk zeggen dat ze ADHD heeft.' Aangezien de problemen voortduren, besluit de moeder van Gillian een specialist op te zoeken. Wat is er met haar dochter aan de hand? Tijdens het gesprek valt het de specialist op dat Gillian de hele tijd op haar handen zit. Hij zegt tegen het meisje: 'Je moeder en ik moeten even iets met elkaar bespreken, we zijn zo terug.' De specialist zet de radio aan en verdwijnt met de moeder uit de ruimte. Hij heeft echter niets met de moeder te bespreken. Hij wil haar alleen iets laten zien. 'Kijk eens naar je dochter,' zegt de specialist. Wat ziet de moeder? Binnen een paar tellen, nadat zij de ruimte verlaten hebben, is Gillian opgestaan en gaan dansen. De specialist zegt tegen de moeder: 'Mevrouw, Gillian is niet ziek, ze is een danser. Laat haar naar een dansschool gaan.' Aldus geschiedde. Moeder besloot Gillian een dansopleiding te laten volgen. Wat was Gillians eerste ervaring op de nieuwe school? '*We walked into a room, that was full of people like me, people that, like me, had to dance in order to think.*' Gillian Lynne studeerde af, werd een beroemd soliste en daarna succesvol choreografe van onder andere *Cats* en *The Phantom of The Opera*. Er was niets met haar aan de hand. Maar wat hoorde ze als meisje op school? 'Zit stil. Blijf rustig. Let op.'

Een vriend van mij, cabaretier, heeft een zoontje dat uiterst levendig, energiek en enthousiast is. Het jongetje spat van plezier bijna uit het klaslokaal. Net als Gillian Lynne is het een jongetje dat dan ook de hele tijd te horen kreeg: 'Doe rustig, hou je aandacht erbij, kijk naar het bord.' Voor een juf of meester is zo'n kind een ramp. Dat heeft niks met de talenten van zo'n jongetje te maken, maar alles met de behoefte orde te houden. Zo'n jongetje houdt niet van *inside the box*, zo'n jongetje is voortdurend *outside the box*, zeg maar. Zijn ouders hadden dan ook in de loop der jaren voortdurend gesprekken met achtereenvolgende leraren, waarin het accent consequent op de problematische kant van het gedrag van hun zoon lag. Het waren per definitie slechtnieuwsgesprekken. 'Of hij thuis ook zo druk was?' 'Of hij weleens gediagnosticeerd was?' 'Of medicatie niet een idee zou zijn?' Ondanks alle zorgen kwam zoonlief op een dag helemaal blij en trots van school. Hij had een plakplaatje gekregen. Voor het eerst! Zoon blij, vader blij. Nieuwsgierig informeerde vader naar de reden van het plakplaatje. 'De juf zei dat ik vandaag zo fijn rustig geweest was.'

Natuurlijk is het zo dat voor veel kinderen school een heerlijke tijd is. Ze genieten van de lessen, de juffen en meesters en medeleerlingen. Het is heus niet voor iedereen een dagelijkse treurgang. Ik bewaar aan veel docenten ook zeer goede herinneringen. Maar als het gaat om kinderen die een afwijkend talent hebben en kinderen die een sterke behoefte hebben aan autonomie, die zelf willen bepalen wat ze wel en niet willen leren, dan schiet het onderwijssysteem tekort. Onderwijs is gemaakt voor kinderen die van alles een beetje willen leren. Op zich is dat logisch. Het onderwijs is in beginsel niet ontworpen om talenten tot wasdom te brengen, het is gemaakt met een totaal ander doel.

Geschiedenis

De schoolplicht* zoals wij die kennen, waarbij de staat bepaalt wat alle onderdanen tot een bepaalde leeftijd moeten leren, is nog relatief jong. Al kenden de Grieken en Romeinen en later de middeleeuwen wel scholen, pas aan het begin van de negentiende eeuw was er voor het eerst sprake van door de overheid gereguleerd onderwijs. In 1819 voert Pruisen als eerste land ter wereld de schoolplicht in. Wat was het doel van het Pruisische onderwijssysteem? Uniformiteit en gehoorzaamheid creëren. Het idee was dat staatsscholen soldaten voor het leger zouden leveren, arbeiders voor de mijnen, landbouw en industrie en ambtenaren voor het overheidsapparaat. Dat klinkt mogelijk wat archaïsch en achterhaald, maar ondanks alles wat er in de bijna tweehonderd jaar daarna in onderwijsland gebeurd is, zou je kunnen zeggen dat het onderwijs zoals wij dat kennen in principe nog steeds aan die doelstelling voldoet: kinderen en jongeren die dingen aanleren die nodig zijn om op een volwaardige manier in de maatschappij te kunnen functioneren. Kinderen klaarstomen voor het 'echte leven'. Zo bestaat in Nederland de zogenaamde startkwalificatie: een havo-, vwo- of mbo-diploma. De overheid ziet dit niveau als minimumvereiste voor een goede participatie in de maatschappij. De schoolplicht is er om te zorgen dat alle kinderen in Nederland aan deze basiskwalificatie voldoen. Die moet je behalen om erbij te horen, om mee te kunnen doen. Zo is dat. Simpel. Heb je dat niveau nog niet gehaald, dan moet je tot je achttiende verplicht naar school.

---

* Er is een klein, maar in de praktijk soms belangrijk, verschil tussen leerplicht en schoolplicht. Als er sprake is van schoolplicht, dan dient een kind vanaf en tot een bepaalde leeftijd school te bezoeken. Is er sprake van leerplicht, dan dient een kind een vast omgeschreven hoeveelheid kennis te vergaren. Of dat op school gebeurt of niet, is daarbij irrelevant. In landen waar sprake is van leerplicht, maar niet van schoolplicht, kunnen ouders dan ook de taak van de school overnemen en het kind thuis (laten) onderwijzen. Nederland kent sinds 1969 schoolplicht, thuisonderwijs is sindsdien verboden. Landen als België, Amerika en Engeland hebben daarentegen wel een leerplicht, maar geen schoolplicht. Daar is het dus ook makkelijker om alternatieve vormen van onderwijs te organiseren.

Nou is er met deze doelstelling niks mis, het probleem is alleen dat onze samenleving drastisch veranderd is. Tot en met de industriële revolutie was de wereld overzichtelijk en veranderde hij langzaam. Kinderen leerden de beroepen die ook hun ouders en grootouders verrichtten, onderwijs was vooral het overdragen van bestaande kennis en ervaring. Als je de stof geleerd had die voor een bepaald beroep noodzakelijk was, had je min of meer de garantie in dat beroep aan het werk te komen en dat voor de rest van je leven te kunnen blijven doen. Die garantie is volledig vervallen. Sterker nog, de meeste kinderen die nu naar de lagere school gaan, zullen over vijftien, twintig jaar beroepen hebben die nu nog niet eens bestaan. Kon vroeger een bedrijf honderd jaar in een en dezelfde wijk staan, nu verdwijnen hele industrieën in vijf tot tien jaar. En die ontwikkeling zal alleen maar sneller gaan. Wat is dus het grote probleem van het huidige onderwijs? Dat het mensen opleidt met basiskwalificaties die straks niet eens meer nodig zijn. Waarom wordt op Nederlandse scholen nog steeds Frans onderwezen, terwijl Frankrijk als wereldmacht al een paar honderd jaar niet meer bestaat? Honderdvijftig jaar geleden was Frans misschien handig als je bestuurder, ambassadeur of zakenman wilde worden, maar tegenwoordig? Daarmee is de schoolplicht zoals wij die kennen haar legitimatie kwijtgeraakt. Waarom zou een overheid haar kinderen nog moeten dwingen dingen te leren, die als 'basiskennis' gezien worden, terwijl niet meer duidelijk is welke (basis)kennis precies waartoe nodig is?

Om het dilemma van de schoolplicht in beeld te brengen: laatst zag ik een documentaire over een Engelse jongen van dertien jaar, die met de aan- en verkoop van antiek inmiddels een bloeiende onderneming had opgebouwd. Hij had een website gebouwd waarop hij antiek verhandelde en kon niet alleen zichzelf, maar als het zou moeten ook het hele gezin onderhouden. Hoe ervoer de jongen zijn school? Als een verplicht oponthoud. Verloren uren, waarin hij naar eigen zeggen 'niets leerde'. Naar zijn overtuiging leerde hij meer van het runnen van zijn eigen onderneming. De vraag is: wat moeten we als samenleving met zo'n jongen? Moeten we hem verplicht naar school laten gaan? Misschien vind je van wel, maar dan vraag ik je: wat is nog het motief om zo'n jongen nog te verplichten naar school te gaan?

Gebrek versus talent

Toch zullen weinigen het aandurven om de schoolplicht radicaal af te schaffen. En waarom niet? Primair uit *angst*: we zijn bang dat als er geen leerplicht zou bestaan, heel wat kinderen – met name kinderen uit sociaal zwakkere milieus – onvoldoende ondersteund en begeleid zullen worden, waardoor de kloof in de samenleving tussen mensen die wel en niet voldoende opgeleid zijn alleen maar groter zou worden. De leerplicht is niet bedoeld om talenten te ontwikkelen – dan zou de Engelse jongen van dertien met gemak een vrijstelling kunnen krijgen – maar om iedereen, ongeacht zijn of haar achtergrond, te verheffen tot het ideaal van de 'basiskwalificatie'. Kom je met je hoofd onder het maaiveld? Gij zult naar school gaan. Kom je met je hoofd boven het maaiveld? Prima, verder niet interessant. Maar gij zult wel naar school blijven gaan!

Wat is het automatische gevolg van een systeem waarbij basiskwalificaties centraal staan? Dat de primaire aandacht ligt bij het opheffen en wegwerken van de gebreken en dat aanwezige talenten niet verder ontwikkeld worden dan tot het gemiddelde. Talent dat voor het systeem niet relevant is, zal ook niet in beeld komen, laat staan ontwikkeld worden. Soms heeft dit tragische gevolgen. Om een concreet voorbeeld te geven: kinderen die dyslectisch zijn hebben grote moeite met leren lezen en schrijven. Allerlei deskundigen worden (begrijpelijk) ingeschakeld om dit gebrek zo veel mogelijk te compenseren, zodat ook kinderen met deze beperking zo veel mogelijk kunnen voldoen aan de te behalen normen op het gebied van lezen en schrijven.* Los van het feit dat het voor de kinderen in kwestie nogal eens een lijdensweg betekent, is dit op zich nog niet zo erg. Als je wat beter leert lezen en schrijven, ach, wat is daar mis mee? Wat het wél kwalijk maakt, is dat dyslexie niet per definitie een gebrek inhoudt, maar nogal eens met een talent gepaard kan gaan. Zo blijkt uit een onderzoek van Tulip Financial Research, een Britse denktank, dat maar liefst 40 procent van een groep van 300 ondernemers die miljonair waren, 'leed' aan dyslexie. Ter vergelijking: van de totale populatie schat men dat tussen de 5 en 10 procent als dyslectisch kan worden gedefinieerd. Blijkbaar gaat dyslexie dus ook gepaard met een aantal talenten. Ook andere onderzoeken bevestigen deze aanname. Zo blijkt uit onderzoek van het Yale Center for Dyslexia and Creativity, dat in Groot-Brittannië 20 procent en in de Verenigde Staten maar liefst 35 procent van alle ondernemers symptomen van dyslexie vertoont. Sally Shaywitz, neuroloog aan de Yale Universiteit en specialist op het gebied van dyslexie, benoemt het aldus: 'Dyslectici denken anders. Ze zijn intuïtief en blinken uit in probleemoplossing, het grote plaatje zien en vereenvoudigen. Ze zijn ongeschikt voor stampwerk, maar ze zijn geïnspireerde visionairs.'

De tekortkoming van dyslectici zou tegelijk weleens de verklaring van hun talent kunnen zijn. Zoals blinde mensen hun gehoor en tastzin sterker ontwikkelen, zo zorgen problemen van dyslectici op het ene gebied mogelijk tot buitengewone gaven op andere gebieden. Zo vertelt de eigenaar van Virgin, Sir Richard Branson, die op school vanwege zijn dyslexie voortdurend grote problemen had met leren, dat hij ook nu nog altijd moeite heeft om het verschil tussen bruto en netto te zien. Voor zijn succes als zakenman zijn deze beperkingen geen probleem. Juist door zijn dys-

* Gelukkig is er tegenwoordig oog voor het feit dat sommige kinderen structureel een probleem met lezen en schrijven hebben en dat dat verder niets hoeft te zeggen over hun verdere intelligentie of vaardigheden. Vroeger werden kinderen met dyslexie simpelweg gezien als dom.

lexie heeft hij, naar eigen zeggen, geleerd het geheel te zien en te weten wat hij kan delegeren. Andere mensen kunnen toch rekenen? Kritiek heeft Branson ook op de manier waarop kinderen in Engeland worden opgeleid. Hij omschrijft afgestudeerden als '*overeducated, too conservative, lacking passion for entrepreneurship and too afraid of failure*'.

De vraag is in hoeverre het onderwijs zoals wij dat kennen, in staat is dergelijk talent waar te nemen, zolang de focus zozeer ligt op het bereiken van een gemiddelde en lage basiskwalificatie. Stel, je was leraar of lerares van Richard Branson, zou je dan vooral zijn leerproblemen gezien hebben, of zou je ook oog gehad hebben voor zijn uitzonderlijke kwaliteiten als ondernemer? Ik betwijfel het. De lees- en schrijfproblemen worden door het systeem feilloos gesignaleerd, maar bij welk vak op de middelbare school kan een talent als ondernemerschap zichtbaar worden?

Wat geldt voor dyslectici en voor meisjes als Gillian die goed kunnen dansen, geldt mogelijk voor nog veel meer kinderen die afwijken van de norm. De vraag is wat in al die gevallen nu exact het probleem is: het afwijkende kind of het uniformerende schoolsysteem? Het onderwijssysteem zoals wij dat kennen disciplineert kinderen die dingen te leren die 'de samenleving' als belangrijk ervaart. Maar hoe belangrijk zijn die dingen? Het traint kinderen dat er zoiets bestaat als 'het goede antwoord' en 'het foute antwoord'. Kinderen leren binnen de lijntjes te kleuren. Alles wat te maken heeft met creativiteit, passie en nieuwsgierigheid houdt op zodra de basisschool beëindigd is. Eigen initiatief wordt kinderen afgeleerd. Terwijl de toekomstige samenleving juist om creativiteit vraagt. Als er iets is wat belangrijk is voor de maatschappij van de toekomst, dan zijn het wel innovatieve, vindingrijke en creatieve jongeren en volwassenen.

Nieuwsgierigheid

De volgende, logische vraag is dan ook: waar zou het onderwijs dan wél toe moeten opleiden? En hoe zou dat eruit moeten zien? Het antwoord op die vraag is eenvoudig: tot het vermogen van kinderen om zowel hun eigen passies, talenten en plezier te (helpen) ontdekken als ze te ontwikkelen. De kernopdracht van het onderwijs zou niet moeten zijn wat kinderen zouden moeten leren, maar wat ze zouden wíllen leren. Is deze boodschap nieuw of revolutionair? Nee, natuurlijk niet. Niet lang nadat het staatsonderwijs werd geïnstitutionaliseerd, stonden in elke generatie onderwijsvernieuwers op – van Célestin Freinet, Maria Montessori, Paulo Freire, Peter Petersen, Ivan Illich, Malcolm Knowles tot Helen Parkhurst en de oprichters van de Sudbury Valley School – die er keer op keer voor pleiten, in steeds iets andere bewoordingen, om de *nieuwsgierigheid* van het kind centraal te stellen. Om ze datgene te laten leren wat ze graag wíllen leren.

Al snel nadat scholen bestonden, begrepen pedagogen, psychologen, filosofen en anderen die zich met het vraagstuk van het onderwijs bezighielden, dat het in de praktijk niet werkt als kinderen verplicht stof tot zich moeten nemen. School zou in dat opzicht eerder een ondersteunende dan een sturende rol moeten spelen. Zo houdt een schrijver in een essay een pleidooi voor wat hij noemt de 'niet-inmenging' van scholen. Hij noteert: 'Wat bedoel ik met de niet-inmenging van de school in het leren? Daarmee bedoel ik dat leerlingen de volledige vrijheid gegeven wordt om hun eigen onderwijs te verzorgen, dat tegemoetkomt aan hun eigen behoeften en slechts in die mate waarin zij het daadwerkelijk gebruiken kunnen en willen; het betekent dat we hen niet kunnen dwingen dat te leren wat ze niet nodig hebben of vanuit zichzelf willen leren. (...) Ik betwijfel het of [zo'n soort school] over een eeuw algemeen aanvaard zal zijn. Het is zelfs niet waarschijnlijk dat scholen waarvan de basis de keuzevrijheid van leerlingen is, over honderd jaar vanaf nu zullen bestaan.' Van wie zijn deze woorden? Van een onderwijspedagoog uit de 21e eeuw die het Nieuwe Leren bepleit? Nee. Ze zijn van Leo Tolstoj. Hij schreef ze in het jaar 1862.[24]

Al meer dan 150 jaar vertellen onderwijsvernieuwers ons keer op keer, in steeds iets andere woorden, exact dezelfde boodschap: laat de *nieuwsgierigheid* van kinderen centraal staan. Al snel nadat in de eerste staatsscholen de eerste rijen banken opgesteld werden, met een meester of juf voor de klas, een bord en een krijtje, waarbij de leerkracht uitlegde, de kinderen overhoord werden met proefwerken en examens, besefte de mensheid: dit systeem werkt niet. Het maakt kinderen monddood in plaats van mondig. Het plezier wat de meeste kinderen van nature hebben in leren, hun vanzelfsprekende nieuwsgierigheid, wordt door school belemmerd in plaats van ontwikkeld. Je kan een kind niet iets leren, een kind kan alleen zichzelf iets leren.

Helaas zal het systeem zoals wij dat kennen niet van de ene op de andere dag veranderen. Het probleem is dat het organisatorisch uiterst ingewikkeld is om dat ideaal in de praktijk ten uitvoer te brengen. Het is logistiek een stuk makkelijker om een klas met dertig kinderen tegelijkertijd de provincie Groningen te laten leren, dan ze alle dertig op hun eigen manier, in hun eigen tempo, op basis van hun eigen nieuwsgierigheid te laten leren. En dus zal het huidige systeem – dat je misschien nog wel het best als een vorm van intensieve kinderhouderij met een wettelijk omschreven minimum aantal uren ophokplicht kan omschrijven – nog wel een tijdje bestaan. Want hoe regel je dat? Hoe bied je de lesstof aan? Of moet een kind de stof vooral zelf vinden? Maar hoe dan? En welk kind wil wat op welk moment leren? En is dat wel op tijd? En wat is dat precies, 'op tijd', wie bepaalt dat? Moet een kind op een bepaalde dag 'klaar' zijn? Of mag het eindeloos doorleren?

Zo ken ik het verhaal van Bas, een zevenjarig jongetje op een onderwijsvernieuwingsschool. De school durfde het radicale principe te hanteren dat kinderen pas iets hoefden te leren, als ze erom vroegen. Wat wilde Bas? Bas wilde niet zoveel. Hij wilde eigenlijk vooral met de kippen bezig zijn die bij de school hoorden, ze voeren, verzorgen, het hok opruimen. Andere kinderen, boeken, lezen, schrijven, het had allemaal niet zijn interesse. Hij kwam naar school voor de kippen. De ouders van Bas maakten zich natuurlijk grote zorgen om de ontwikkeling van hun zoon. Leuk, zo'n experimentele school, maar moest de juf dan niet toch een keer met hem gaan leren lezen? Moesten ze er thuis misschien niet eens aan beginnen? Toch durfde de juf het aan om Bas zelf te laten bepalen wanneer hij wilde leren lezen. Als hij er niet om vroeg te leren lezen, dan was dat maar zo. Zijn tijd zou wel een keer komen, hoopte ze. 'Hoopte', want ook zij wist natuurlijk niet zeker of dat zo zou zijn. Wat gebeurde er? Toen hij bijna negen jaar was, vroeg hij op een dag aan de juf of ze hem kon helpen een boekje te lezen. De juf stemde in en net zo maniakaal als Bas eerst met de kippen bezig was, zo was hij vanaf dat moment met letters en woorden bezig. Na drie maanden excessief lezen en schrijven zat hij niet alleen op, maar zelfs bóven het niveau van de meeste andere kinderen van de klas.

Wanneer een kind beseft wat het wil leren, is voor ieder kind verschillend. De een weet dat hij balletdanser wil worden als hij vijf jaar oud is, de ander weet het op zijn twintigste nog niet. Moeten we ons daar zorgen over maken? Misschien wel helemaal niet. Misschien is het alleen maar goed, lang niet te weten wat je wilt doen, worden of zijn. Herman Koch, een van de drie mannen van *Jiskefet* en schrijver van onder andere de bestseller *Het Diner*, beschouwt zichzelf als iemand die in het leven langzaam op gang is gekomen. Zulks tot ongemak van zijn vader. Hij zegt daarover: 'Ik ben een laatbloeier, in alles. Die tv-carrière van me is ook pas rond mijn 35e begonnen. Mijn halfzuster zei laatst: "Vader maakte zich altijd zorgen om je dat je niks deed." Toen antwoordde ik: "Stel je voor dat ik wél wat had gedaan, dan was ik nooit geworden wie ik nu ben."'[25]

Spelen, leren, werken

Het onderwijs zoals wij dat kennen vraagt om een fundamentele, revolutionaire verandering. Leren zou meer gezien moeten worden als een permanent proces, als iets wat wij ons hele leven doen. Tot voor kort was het leven vrij overzichtelijk, het bestond in principe uit vier fasen: spelen, leren, werken en pensioen. De ene fase kwam na de andere. Het was ook zaak om elke fase goed af te ronden: de ene fase betekende een opstapje voor de volgende fase. Onbezorgd kunnen spelen? Dan ben je klaar om naar school te gaan om te leren. Heb je een goed diploma behaald? Dan is dat een goede basis om succesvol te zijn op de arbeidsmarkt. Was je succesvol in je werk? Dan had je een goed pensioen bijeengespaard en kon je zorgeloos van je oude dag genieten. Vroeger was het zo dat je de boot gemist had als je geen goed middelbareschooldiploma had behaald. Die kwalificatie was de garantie op een goede baan. Die garantie is er niet meer. Sterker nog, die baan is er misschien niet meer. En zelfs als de baan er nog is, dan zal je ook daarna jezelf permanent moeten scholen om bij te blijven. In dat 'werken' wordt 'spelen' bovendien meer en meer belangrijk. Serieuze bedrijven als Google geven hun medewerkers structurele tijd en ruimte om te 'spelen': nieuwe toepassingen te bedenken, waar het bedrijf op den duur iets mee zou kunnen.

Permanente scholing is een concept dat langzaamaan in allerlei beroepen doorgedrongen is – een automonteur die in 1982 is afgestudeerd, heeft inmiddels tientallen cursussen en opleidingen moeten volgen om qua kennis bij te blijven – maar uitgerekend daar waar je voortdurende scholing en studie zou verwachten, namelijk in het onderwijsveld zelf, wordt bijna niet (door)geleerd. Een leerkracht die in 1982 zijn didactische aantekening heeft gehaald, heeft daarmee voor de rest van zijn arbeidzame leven de kwalificatie in huis om voor de klas te mogen staan. Alles in de wereld is de afgelopen honderd jaar revolutionair veranderd, maar het onderwijs – en dan heb ik het vooral over het middelbaar onderwijs – is in de kern gelijk gebleven. Een klas, een leerkracht en leerlingen, bankjes, een bord, uitleg en instructie, zelf oefenen, aan het eind een toets, twee mogelijke uitkomsten, geslaagd of gezakt. De enige verandering is dat het bord tegenwoordig soms een digibord is.

Helaas zijn bijna alle 'onderwijsvernieuwingen' zoals we die nu zien dan ook een voorbeeld van rommelen in de marge. Op de basisschool is het in de meeste gevallen een stuk beter geregeld, in elk geval tot en met groep 7, met groep 8 komt de onvermijdelijke CITO-toets in beeld en beginnen leerkrachten krampachtig te 'leren' voor de test. Maar middelbare scholen die willen vernieuwen blijven helaas aanlopen tegen de beperkende normering van de overheid. Ook al zijn de eerste twee, drie jaren van de middelbare scholen vaak prima geregeld, de laatste jaren moet er alsnog worden overgeschakeld op een rigide drilsysteem, zodat de leerlingen het door de overheid vastgestelde examen behalen.

Een complicerend feit is bovendien dat veel belanghebbenden in het onderwijs – vakbonden, leerkrachten en vakgenoten – zozeer op hun eigen belangen gericht zijn, dat praten over de belangen van kinderen nogal eens betekent dat er gepraat wordt over de belangen van allerlei betrokkenen behalve die van het kind zelf. Waarom hebben middelbare scholen zeven weken vakantie en komen docenten in opstand als het er zes dreigen te worden? Heeft dat met de belangen van kinderen – en hun ouders – te maken of met de verworven rechten van leerkrachten? Dat er zulke lange vakanties zijn is op zich al een achterhaald concept. Het stamt uit de tijd van de agrarische samenleving, waarin de boerenzonen en -dochters gedurende vele weken op het land moesten werken om de oogst binnen te halen, maar het past niet meer bij de moderne samenleving. En waarom staat de Alliance Française, de beroepsvereniging voor leerkrachten Frans, op z'n achterste poten als Frans op de middelbare school afgeschaft dreigt te worden? Heeft dat werkelijk te maken met het nut en de noodzaak voor kinderen om verplicht Frans te leren?

Dat het moeilijk is om die verandering vorm te geven, ontslaat ons niet van de verplichting het te proberen, desnoods met oneindig veel vallen en opstaan. Om kinderen voor te bereiden op de wereld waarin zij later zullen leven, is het van groot belang om onderwijsvormen te vinden die revolutionair anders ontworpen zijn. Waar datgene wat kinderen zélf willen leren aan de basis staat. Het zal nog wel enige tijd duren. Het oude systeem, hoe het ook kraakt in zijn voegen, is zo grootschalig, bureaucratisch en allesomvattend, dat het niet van de ene op de andere dag veranderd kan worden. Ook de komende jaren, zo verwacht ik, zullen de oude begrippen als 'schoolstandaarden', 'opbrengstgerichtheid' en 'toetsing' nog wel in kracht blijven toenemen. Vooralsnog schat ik in dat de overheid zal proberen haar greep op het onderwijs te versterken. Maar ik durf te voorspellen dat het op een dag, net als destijds bij de val van het IJzeren Gordijn, 'plotseling' heel snel zal gaan en het hele systeem, als een reus op lemen voeten, om zal vallen. 'Plotseling' tussen aanhalingstekens, omdat gedurende vele, vele jaren tientallen onderwijsvernieuwers ons al hebben laten zien dat het huidige systeem niet aansluit bij kinderen. En wie weet, als de reus gevallen is, zien we dan scholen waar kinderen leren antiek te verhandelen, ondernemer te worden, te dansen, cartoons te tekenen en computerspelletjes te ontwerpen. Vaardigheden waar je zo af en toe toch een aardige boterham mee kan verdienen.

Rol ouders

Als het gaat om omdenken in opvoeding en onderwijs is het van belang om in te zien dat veel problemen die wij als ouders in de opvoeding ervaren, in feite problemen zijn die door het huidige schoolsysteem gecreëerd worden. Voor nogal wat gezinnen geldt dat er een open, democratische, gelijkwaardige manier van omgaan met elkaar bestaat, maar dat kinderen op school geconfronteerd worden met een andere cultuur. Is het kind er thuis, in het gemiddelde moderne en democratische gezin, aan gewend door zijn ouders serieus genomen te worden en mee te mogen praten over zaken die ertoe doen, kortom, is het eraan gewend écht verantwoordelijkheid te krijgen; op school geldt een ander uitgangspunt. Daar is het de leraar of lerares die (gedwongen door het systeem) bepaalt wat je moet leren, wanneer je dat moet leren en of je het wel goed genoeg geleerd hebt.

In het onderwijsveld wordt de samenwerking tussen ouders en leerkrachten met een mooi woord 'de pedagogische driehoek' genoemd. Het basisidee van dat model is dat ouders en leerkrachten samen de verantwoordelijkheid dragen voor het welzijn en de ontwikkeling van het kind. Elkaar helpen en ondersteunen. Het probleem is alleen dat die ontwikkeling wel plaats dient te vinden op de voorwaarden van de school. Daar valt niet aan te ontkomen. En de ouders wordt (als vanzelfsprekend) gevraagd mee te werken om die doelstellingen te realiseren. Als ouders kom je dan vaak in een emotionele spagaat te zitten. Je wilt school niet afvallen, maar je wilt je eigen kind natuurlijk ook niet afvallen. Voor je het weet, stel je je op als het verlengstuk van de school en dwing je je kind eerst zijn huiswerk te maken, voordat het mag buiten spelen of op de computer mag. Op die manier verschuift het onderwijs een deel van zijn verantwoordelijkheid ten onrechte naar de ouders.

Met name als het niet goed op school gaat, wordt de druk op ouders opgevoerd om 'mee te denken' over 'de oorzaak' van 'het probleem'. Dat het systeem zélf de oorzaak zou kunnen zijn, valt natuurlijk niet binnen het raamwerk van het tienminutengesprek tussen ouders en leerkracht. Het systeem zelf is een feit, een gegeven. De constante. Het lastige gedrag van het kind is natuurlijk de variabele. Daar moet wat aan veranderen. En met subtiele vragen – 'Hebt u al eens met de huisarts besproken of hij niet een aan autisme verwante contactstoornis zou kunnen hebben?' – wordt gesuggereerd dat in de thuissituatie de noodzakelijke verandering plaats moet vinden.

Gedurende de laatste decennia is er, onder invloed van 'deskundigen', een complete waanzin in het onderwijs uitgebroken, waarbij leerkrachten als pseudopsychiaters geacht worden kinderen te kunnen diagnosticeren. Onzekere docenten die niet in staat zijn met de enorme diversiteit van een klas kinderen om te gaan – logisch, de leerlingen zijn met velen, ze zijn ook nog eens allemaal verschillend, de energie spat het lokaal uit – laten zich in paniek bijscholen met cursussen over kinderen met ADHD, hoogbegaafdheid, dyslexie, autisme, oppositioneel gedrag, faalangst, et cetera. Al deze cursussen zijn probleemgestuurd: ze zien het kind als iets wat hapert, een machine waar een schroef verkeerd zit, die een gebrek heeft. En dat gebrek, die tekortkoming, moet middels medicatie en specifieke begeleiding zo veel mogelijk gecompenseerd worden. Maar het hele idee van onderwijs is niet het compenseren van gebreken, maar het ontwikkelen van talenten.

Helaas zijn ook ouders medeverantwoordelijk voor deze uit de hand gelopen 'psychiatriëring' van het kind. Onzeker gemaakt door alles wat er geschreven wordt over wat er mis kan zijn, hebben ook zij de neiging de oorzaak van lastig gedrag eerder in de psychologische dan sociologische hoek te zoeken. Je begrijpt, voor kinderen die de school – zoals ik vroeger – als problematisch ervaren, als een soort gevangenis, voelt zo'n pedagogische driehoek dan ook eerder als een samenzwering van gevangenisbewaarders, alsof ouders en leerkrachten *partners in crime* zijn.

Omdenken in het onderwijs begint met het durven kiezen van een fundamenteel ander, revolutionair uitgangspunt. Niet de overheid, de onderwijsinspectie, de leerkracht of de school bepaalt wat er geleerd moet worden, maar het individuele kind met zijn individuele talenten. Zolang het onderwijs niet in essentie voor dit uitgangspunt durft te kiezen, zal het systeem zelf voortdurend allerlei problemen creëren (schooluitval, demotivatie). Zoals voor de opvoeding geldt dat wij kinderen als lastige kinderen ervaren, omdat ze niet aan ons ideaal voldoen, zo geldt voor het onderwijs dat we leerlingen als lastig ervaren, omdat ze niet functioneren binnen ons onderwijssysteem. Ook op school geldt dat 'omdenken van lastig gedrag' begint met omdenken van het schoolsysteem zelf.

Bouwstenen

Zoals gezeg: hoe je het onderwijs dan wél zou moeten organiseren, daar heb ik niet een eenvoudig, eensluidend antwoord op. Sterker nog, dat antwoord bestaat helemaal niet. Nu niet en in de (verre) toekomst niet. Het idee dat er één succesvol onderwijssysteem zou moeten bestaan, is nou juist het probleem. Goed onderwijs is niet als een uniforme frietsnijder, die in staat is aardappels van elk formaat tot dezelfde keurige frietjes te persen. Het werkt niet en de wereld heeft geen behoefte aan identieke frietjes. Onderwijs vraagt per definitie om maatwerk. Elke eigenheimer zijn eigen vorm, zullen we maar zeggen. Kinderen zijn divers, de wereld verandert, elk gebied op aarde kent zijn eigen specifieke culturele context; één rigide systeem kan nooit rekening houden met al deze factoren. Er zijn zoals gezegd kinderen die een 'gewone' school heerlijk vinden. Waarom zouden deze 'gewone' scholen met een staatsdiploma niet kunnen bestaan? Dat is toch prima? Laat het alleen een van de vele vormen zijn. Denken dat er zoiets als hét systeem zou kunnen bestaan is een onjuiste en contraproductieve veronderstelling.

Dat alles neemt niet weg dat er wel een aantal bouwstenen aan te wijzen zijn waar een goede school gebruik van kan maken. Het onderwijs moet een beweging maken van boven naar beneden, oftewel van de politiek, de inspectie, het onderwijssysteem, de directie en het management naar de belangrijkste bouwsteen, degene die op de werkvloer zit: de leerkracht. Het is zoals Jim Collins het omschrijft: 'Geef mij een duidelijk plan, rails, een trein, een station, een vertrekregeling; als het personeel niet goed is, zal de trein nooit op tijd aankomen. Maar geef mij de goede mensen, en zelfs als ik geen rails en treinstellen tot mijn beschikking heb, zullen ze iets creëren wat werkt.' Hetzelfde geldt voor het onderwijs. Leerkrachten zijn het kloppend hart van het onderwijs. Ze zijn nu – door de standaardisering van de overheid en de neiging alles te willen meten en weten – verdreven tot de periferie. Zij zullen hun plek in het centrum van het onderwijs moeten heroveren. Een kind leert niet van een systeem, een kind leert van een leerkracht. Als een gepassioneerd leerkracht in contact komt met een kind dat openstaat om te leren, kunnen er magische dingen gebeuren. Gillian Lynne was een lastig kind in de klas. Doordat één onderwijsdeskundige op een andere manier naar haar keek, veranderde zij van een lastig kind in een talentvol kind. Eén gesprek kan een leven veranderen.

Dit betoog zie ik dan ook als een hart onder de riem voor de eigenheimers onder de leerkrachten. De mannen en vrouwen die ervoor gekozen hebben echt iets voor kinderen te betekenen: ze op weg naar de volwassenheid inhoudelijk uit te dagen, te stimuleren en boven zichzelf uit te laten stijgen. Tragisch genoeg zijn het juist deze leerkrachten die last hebben van het huidige systeem dat hen dwingt hapklare brokken kennis in groepen kinderen te duwen. Om te kunnen omdenken in het onderwijs, hebben we leerkrachten nodig die buiten de bestaande kaders kunnen denken, leerkrachten die een klas kinderen mee uit wandelen nemen op een zonnige dag, een bizar voorwerp van huis meenemen of in de klas iets laten ontploffen met de gordijnen dicht. Leerkrachten die bezield zijn door hun vak, maar misschien nog wel meer bezield zijn door de intense behoefte hun passie op een volgende generatie over te dragen. Bij een succesvol docent gaat het niet om wat hij doet, maar om wie hij is: een bevlogen verteller, een liefdevolle juf, een eigenwijze ironicus, kortom, een uniek mens van vlees en bloed. Het zijn de leerkrachten waar je later met liefde en plezier aan terugdenkt. Zij zorgden dat je op het puntje van je stoel zat, volledig de tijd vergat en ademloos werd meegevoerd in een onbekende wereld. Magie in onderwijs ontstaat daar waar de nieuwsgierigheid van het kind in aanraking komt met de eigenheid en bevlogenheid van de leerkracht.

Als ik mensen om me heen vraag hoeveel van de tien docenten die ze als kind hebben meegemaakt voldeden aan die omschrijving, is het gemiddelde antwoord ongeveer twee. De andere acht docenten zijn niet geweldig, maar wel oké, of – in het ergste geval – doen denken aan de leraar Duits zoals ik die in het begin omschreef: docenten die erin slagen vijf minuten te laten voelen als een uur. Omdenken in het onderwijs begint met het vermeerderen van het aantal bevlogen docenten van twee of drie naar vier, vijf of misschien wel zes op de tien. Elke overheid en elke schooldirectie zou zichzelf tot primaire taak moeten stellen deze docenten binnenboord te halen en voor hen voortdurend de ideale voorwaarden te creëren. Het zijn deze docenten die het verschil maken.

Vastdenken

Vastdenken

Statistiek

Een jaar of tien geleden begeleidde ik een docent aan de Universiteit Utrecht in de manier waarop hij college gaf. De docent was wiskundige, hij gaf *statistiek* aan eerstejaarsstudenten sociologie en psychologie. Een heikele opdracht, statistiek onderwijzen aan alfa's, en de docent had er dan ook grote moeite mee. Studenten die zijn lessen volgden haalden gemiddeld ernstig lage cijfers. In zijn beginjaren scoorde de docent nog wel redelijk goed, maar in de loop van de jaren liepen de resultaten steeds verder terug. Uiteindelijk behaalde meer dan de helft van de studenten bij zijn tentamens een onvoldoende. Bij evaluaties van studenten kreeg de docent dan ook steevast een zware onvoldoende. 'Slechte docent'. Om die reden besloot de faculteit dat hij begeleid zou moeten worden om beter college te kunnen geven, waarbij fijntjes werd aangegeven dat dit waarschijnlijk zijn laatste kans was.

Op grond van de informatie die ik had gekregen, verwachtte ik een docent te zien die warrig, mompelend en onhandig les zou geven. Statistiek geven aan alfa's is per definitie een onmogelijke opdracht, dat gaat ze natuurlijk allemaal veel te snel, en als je dan ook nog eens niet goed uitlegt, dan wordt het helemaal een ramp. Maar het tegendeel bleek het geval te zijn. De colleges van de docent waren kraakhelder. Complexe stof wist hij stap voor stap zeer duidelijk uit te leggen. Zijn studenten leken alles te begrijpen. Ik begreep er niets van. Wat was hier aan de hand? Waarom haalden zijn studenten dan zulke lage cijfers? Met een hoofd vol vragen ging ik naar huis. Wat deed de docent verkeerd? En deed hij wel iets verkeerd?

Hebben we lastige kinderen of zijn wij lastige ouders? Dat is de omkering die ik met de derde van de vier vragen 'Ben jij niet het probleem?', wil onderzoeken. In de vorige hoofdstukken heb ik het wat dat betreft vooral gehad over de verwachtingen die wij ten opzichte van onze kinderen hebben in de vorm van 'oudedagsvoorziening', de opvoeding en het onderwijs. Irreële verwachtingen zijn er de oorzaak van dat niet het kind, maar wij het probleem vormen.

Naast het hebben van contraproductieve verwachtingen is er een tweede reden waarom wijzélf nogal eens de veroorzakers, instandhouders of zelfs versterkers van lastig gedrag zijn. Deze tweede reden heeft te maken met onze manier van denken. Door hoe wij denken over het probleem, maken wij het probleem alleen maar groter.

Zoals we al eerder zagen, hebben conflicten die we met onze kinderen hebben de neiging te escaleren. Ze worden nogal eens van kwaad tot erger. Wij denken natuurlijk dat dat aan onze kinderen ligt – ze zijn onredelijk, eigenwijs en vasthoudend – maar in nogal wat gevallen ligt het niet aan hen, maar aan ons achterliggende denkpatroon. Deze manier van denken en handelen noem ik, zoals ik al eerder aangaf 'vastdenken': van een probleem een ramp maken. Het paard achter de wagen spannen. Alsof je een vlekje in je kleding hebt: je wrijft om het weg te werken, maar het vlekje wordt alleen maar groter.

Met name in de opvoeding zien we dat dit vastdenken voortdurend de kop opsteekt. Soms is het patroon overduidelijk, springen de fouten ervan af en heeft de eerste de beste buitenstaander onmiddellijk in de gaten waar het verkeerd gaat. In andere gevallen is het patroon veel subtieler, complexer en onttrekt het zich

– zoals bij de docent statistiek, ik kom daar straks op terug – volledig aan de directe waarneming. Toch is ook in die gevallen exact hetzelfde patroon werkzaam.

Hoe komt het dat in onze omgang met kinderen problemen vaak verergeren? Wat doen we verkeerd en wat zouden we anders kunnen doen? Om die vraag te kunnen beantwoorden, is het van belang te beseffen dat we vier klassieke denkfouten maken. Deze denkfouten vormen samen de oorzaak van het verschijnsel 'vastdenken'.

Aandacht

De eerste denkfout heeft te maken met het feit dat iets wat in eerste instantie helemaal geen probleem was een probleem kan worden, omdat we er *aandacht* aan besteden. We denken door aandacht aan een probleem te besteden het te kunnen oplossen, maar het tegendeel is vaak het geval: door aandacht aan een verschijnsel te besteden, wórdt het een probleem. Als we er geen aandacht aan hadden geschonken, zou het nooit een probleem geweest zijn. Een vader vertelt:

'VARA's kinderkoor Kinderen voor Kinderen is er – de naam zegt het al – voor het kind. Om die reden worden allerlei liedjes geschreven over thema's die kinderen een hart onder de riem steken. Hulp bij gescheiden ouders, problemen op school en ruzie met vriendjes. Een van de liedjes luidt *Bang? Hoezo bang!* Wat is het idee van het nummer? Om kinderen die bang in het donker zijn gerust te stellen. Goed idee, zou je denken.

Ik heb drie dochters, bang in het donker is bij ons thuis nooit een thema geweest. Ze gingen gewoon slapen. Simpel. Licht uit, oogjes toe, deurtje dicht. Totdat ze dit nummer van Kinderen voor Kinderen hoorden. Een greep uit de coupletten: "Eerlijk waar, ik wil niet bang zijn, maar als ik in het donker lig hoor ik alsmaar

vreemd geschuifel, voel 'k een oog op mij gericht. Als 'k me omdraai zie ik net de staart van een beest achter het behang en uit de kast daar komt een zwaard. En dan ben ik toch weer bang. Eerlijk waar, ik wil niet bang zijn, maar al die kleren op m'n stoel worden langzaam kleine ventjes. Eerst een paar en dan een boel. En dan hoor ik zware stappen. Plof plof gaat het door de gang."
Tja. Probeer met zoveel angstbeelden maar eens onbekommerd in te slapen. Inbraak, brand, ventjes op je stoel. Het is een leuk nummer. Maar ja, da's juist het probleem. Was het maar géén leuk nummer. Mijn kinderen hebben het eindeloos beluisterd en kunnen de tekst foutloos meezingen. Het gevolg is dat ze alle drie sindsdien doodsbang zijn in het donker. Het heeft tijden geduurd om ze weer rustig te kunnen laten slapen.'

Waar denk je aan als iemand zegt: 'Denk niet aan een roze olifant?' Juist. Een roze olifant. Het is een simpel voorbeeld dat in bijna elk boek te vinden is dat zich bezighoudt met de werking van ons denken. Toch is dit simpele inzicht nog nauwelijks doorgedrongen tot ons dagelijks handelen. Benoemen wat niet mag lijkt bijna tot het standaard-idioom van iedere jonge ouder te behoren. Zo vonden onderzoekers dat meer dan 80 procent van de instructies die ouders aan driejarigen geven negatief geformuleerd is: doe niet, pas op, niet aankomen.[26]

Dat de aandacht vestigen op wat niet mag averechts werkt, ondervond ook Brian Earp van de Oxford University. Hij onderzocht de effecten van de verboden-te-rokenbordjes. Zijn bevinding? Deelnemers aan het experiment die verboden-te-rokenbordjes hadden gezien, kregen een sterkere behoefte om te roken na het zien van de bordjes dan ervoor. Earp concludeert dan ook: 'Elk onderwerp dat verboden wordt, wordt aantrekkelijker.'[27]

Alhoewel Earp geen vervolgstudies heeft gedaan naar het effect van andere verbodsborden, durft hij wel het vermoeden uit te spreken dat hetzelfde effect zal optreden bij vergelijkbare borden als DON'T DO DRUGS en DON'T DRINK AND DRIVE. Al deze signalen zullen op degenen voor wie ze bedoeld zijn het tegenovergestelde effect hebben. Als je bedenkt dat bijna alle spotjes van de overheid over drank en roken op deze negatieve manier geframed zijn, zou je zelfs kunnen stellen dat de overheid medeverantwoordelijk is voor de instandhouding van gewoontes die zij probeert te bestrijden.

De meeste door de overheid geïnitieerde campagnes tegen drankmisbruik onder jongeren wijzen op de gevaren en risico's. De achterliggende gedachte is vrij simpel: leg een jongere uit wat de risico's van drank zijn, hij zal erover nadenken en minder drinken. 'Oeps, dat het zo gevaarlijk was wist ik niet, ik ga maar minder drinken.' Helaas werkt het niet zo. Socioloog en antropoloog Thomas Vander Ven, docent aan de universiteit van Ohio, deed zeven jaar onderzoek naar drankgebruik onder jongeren. Vander Ven betoogt dat juist het wijzen op de gevaren van alcoholgebruik het voor jongeren zo aantrekkelijk maakt. Ze drinken om het avontuur, de opwinding, het verbodene. Zeker in de VS, waar je pas vanaf 21 jaar legaal mag drinken, verhoogt het stiekeme de feestvreugde alleen maar. Het regelen van een nepidentiteitskaart, het ontwijken van politiecontroles: jongeren zien het als een spannend kat-en-muisspel, aldus Vander Ven. De huidige anti-alcoholcampagnes, die voortdurend hameren op de gevaren van drank, hebben dan ook een averechts effect. Hoe riskanter, hoe beter, vinden veel jongeren immers. Ook het verschijnsel 'comazuipen' verklaart Vander Ven vanuit de hang naar avontuur. Ook hier geldt: hoe afschrikwekkender de voorlichtingscampagne, des te aantrekkelijker het comazuipen. Met leuzen als 'de kater komt later' en 'drank maakt meer kapot dan je lief is' en bijbehorende dramatische filmpjes, denkt de campagnemaker zich dus vast. Alhoewel wereldwijd tientallen weldenkende mensen nadenken over de vorm en inhoud van dergelijke campagnes en miljoenen dollars en euro's geïnvesteerd worden in de productie en verspreiding ervan, werken ze veelal averechts.

De cruciale vraag is natuurlijk: als wijzen op de gevaren niet werkt, wat werkt dan wel? Wat dat betreft doet Vander Ven een aantal creatieve suggesties. 'Als er dan toch voorgelicht moet worden,' stelt hij, 'leer jongeren dan de signalen van intoxicatie herkennen en hoe ze daar vervolgens op moeten reageren. Dat je 112 moet bellen als je vriend is flauwgevallen, bijvoorbeeld, en hem niet in z'n eentje op bed moet laten liggen.' Daarnaast pleit de socioloog ervoor om in plaats van op de gevaren te focussen, onderzoek te doen naar het plezier dat jongeren aan drank beleven. Waarom doen ze het? Wat levert het ze op? De informatie die daaruit voortkomt zou weleens veel waardevoller kunnen zijn dan het gehamer op de risico's.[28]

Dat reclamecampagnes die de aandacht vestigen op wat je niet moet doen averechts werken, heeft ook te maken met het feit dat we de autonomie van de ander daarmee onder druk zetten. Zodra iemand je iets verbiedt, voel je je beperkt in je vermogen zelf te kunnen beslissen. Als er iets is waar mensen zich tegen zullen verzetten, dan is het wel hun gevoel van vrijheid en autonomie. De behoefte als autonoom wezen gezien te worden is zo sterk, dat kinderen en jongeren die het gevoel hebben dat ze ten onrechte in hun autonomie beperkt worden per definitie lastig gedrag zullen vertonen. Het is niets anders dan gezond verzet.

Helaas blinken met name scholen erin uit om de aandacht te vestigen op wat niet toegestaan is. Bij de entree van nogal wat schoolgebouwen hangen lange lijsten met gedragingen die niet zijn toegestaan. Vijf minuten googelen naar 'schoolregels' levert al een uiterst vermakelijke collectie 'geens' en 'nieten' op. Een willekeurige greep:

'Wij maken geen lawaai.' 'Wij maken geen rommel.' 'Wij pesten niemand en zorgen ervoor dat een ander geen last van ons heeft.' 'Wij bedreigen niemand en doen anderen niet expres pijn.' 'Wij stelen niet.' 'Het is voor leerlingen verboden om alcohol op school te gebruiken.' 'Drugs, alcohol of andere geestverruimende middelen mogen niet op school of in de buurt van school of tijdens andere schoolactiviteiten, zoals stage of excursies, gebruikt worden. Tevens mag je onder schooltijd niet onder invloed van deze middelen verkeren.' 'Van elke vorm van diefstal en geweld op school wordt aangifte gedaan bij de politie. Cursisten die geld of goederen van de school, van stagebedrijven, van medecursisten of van personeel ontvreemden zullen onmiddellijk van school worden verwijderd.' 'Het gebruik van kauwgom is in de lokalen niet toegestaan.' 'Jassen zijn in het lokaal niet toegestaan.' 'In het computerlokaal mag niet worden gegeten of gedronken. Het eten of drinken mag niet in het lokaal aanwezig zijn.' 'De tassen zet je niet op tafel.' 'Het is niet toegestaan om wapens (als bedoeld in de politieverordening of Wetboek van Strafrecht) mee te nemen in de school. Deelnemers die op school worden gesignaleerd met een verboden wapen worden van school verwijderd. In alle gevallen wordt de politie gewaarschuwd en aangifte gedaan.'

Tragisch genoeg hebben al deze signalen precies het tegenovergestelde effect van wat ze beogen: ze vestigen aandacht op wat *niet* gewenst is. Zo is in Nederland in 2011 een landelijke campagne gestart tegen zwerfafval op scholen met als leus 'wij leren hier dat zwerfafval niet normaal is'. Welke conclusie denk je dat een leerling trekt als hij dit bord tien keer gelezen heeft? Juist!

Als volwassenen moeten we goed nadenken over waar we onze aandacht op richten. Als je geconfronteerd wordt met een probleem, dan lijkt de meest logische aanpak om het probleem te benoemen en aan te pakken. Helaas werkt deze aanpak meestal averechts. Zo heb ik in *Huh?! De techniek van het omdenken* beschreven dat bij Avon Mexico problemen op het gebied van de omgang met vrouwelijke medewerkers toenamen, nadat er trainingen en workshops werden gegeven met het doel de problemen op dat gebied te verminderen. Op een vergelijkbare manier beschrijft pedagoge Carine Ex dat sociale vaardigheidstrainingen in het speciaal onderwijs die als doel hadden de agressie te verminderen, tot meer agressie bleken te leiden.[29]

Hoe het dan wél zou moeten is natuurlijk een open deur: benoem wat gewenst gedrag is. Bestrijd niet wat je niet wilt, maar bekrachtig wat je wél wilt. Als je last hebt van onkruid, kan je proberen het onkruid te bestrijden, maar het zou veel effectiever kunnen zijn het gras sterker te maken.

Diagnosticering

Een tweede denkfout die leidt tot vastdenken heeft te maken met de manier waarop wij gewend zijn problemen op te lossen, de *diagnosticering*. We denken: als we nou maar weten wat de oorzaak van het probleem is en we nemen die oorzaak weg, dan is ook het probleem wel opgelost. Deze manier van denken heeft echter haar beperkingen. De vraag is zelfs of er wel zoiets bestaat als 'de oorzaak'. Oplossingen die gebaseerd zijn op slecht begrip van de oorzaak van een probleem, hebben in de meeste gevallen dan ook een averechts effect. Het is alsof je iets wilt repareren door aan de verkeerde schroef te draaien.

Zo vertelt een juf over een lastige groep zes, waarvan een van de leerlingen – om zijn anonimiteit te waarborgen noemt ze hem Anco – bij alle leerkrachten bekendstond als ongemotiveerd en brutaal. Ook pestte en bedreigde hij andere leerlingen. Hij was een jaartje ouder dan de anderen en vond leren moeilijk. Leerkrachten die eerder met Anco te maken hadden gehad, hadden steeds als strategie gekozen om Anco te begrijpen, om op zoek te gaan naar 'de oorzaak' van zijn moeilijke gedrag. Ze spraken met de ouders van Anco, spraken hem ook zelf aan op zijn moeilijke gedrag, maar al deze benaderingen hadden niet of nauwelijks effect. Alles wat de juffen en meesters in de klas deden, zoals hem apart zetten, hem bestraffen voor fout of belonen voor goed gedrag, leek alleen maar averechts te werken. Op het laatst was

Anco door anderen – en zichzelf – gestigmatiseerd als een 'moeilijk' kind. Om in de beeldspraak te blijven: er was aan allerlei schroeven gedraaid, maar de problemen rond Anco waren alleen maar groter geworden.

Wat is er nou 'de oorzaak' van dat Anco zich lastig gedraagt? Dat is natuurlijk een ingewikkelde vraag. Is het 't feit dat hij moeilijk kan leren? Zou kunnen. Is het het feit dat hij moeilijk vriendjes of vriendinnetjes in de klas kan maken, heeft hij een tekort aan sociale vaardigheden? Zou kunnen. Heeft hij mogelijk problemen thuis? Zou kunnen. Zou hij een persoonlijkheidsstoornis hebben? Zou het de stigmatisering zelf kunnen zijn, waardoor Anco zich steeds lastiger ging gedragen? Opnieuw: zou kunnen. Het lastige van een situatie als die met Anco is dat het per definitie zeer complex is. Er zou zelfs nog veel meer aan de hand kunnen zijn dan je een-twee-drie zou kunnen waarnemen. Je zou er zelfs specialisten bij kunnen halen om Anco te onderzoeken, die allerlei verklaringen voor zijn gedrag vinden en aan het eind van al dat onderzoek zou je zelfs tot de conclusie kunnen komen dat alles wat je als oorzaak gevonden hebt tegelijkertijd in meer of mindere mate aan de hand is. De vraag is alleen: wat heb je eraan? Zelfs als je observaties kloppen, wat kan je er dan mee? Door te onderzoeken wat niet goed gaat, zal je beeld dat er van alles niet goed gaat alleen maar versterkt worden. Het onderzoek op zichzelf is een voorbeeld van vastdenken.

Positive inquiry

Een van de meest eenvoudige manieren om dit patroon te doorbreken, is de vraag wat 'de oorzaak van het probleem' is niet te stellen, maar een andere, constructievere vraag te stellen. Te onderzoeken wat er al wél goed gaat. De juf vertelt wat zij deed: 'In een poging uit de negatieve spiraal te komen, ging ik met hem in gesprek. "Anco, ik vind het niet fijn dat er vaak problemen zijn met jou en de andere kinderen. Dat vind je zelf vast ook vervelend." Anco beaamde dat. "Je zit nu in groep zes en moet nog ruim anderhalf jaar naar deze basisschool. Hoe kunnen we er samen voor zorgen dat die tijd voor iedereen prettig wordt? Heb jij daar zelf een idee over?" Anco's gezicht lichtte meteen op. "O, dat heb ik ook al zo vaak gezegd tegen meester H. Ik heb wel een idee." Ik was benieuwd wat Anco zou zeggen. Zou hij bepaalde voorrechten willen hebben zoals vaker buiten spelen, koffie rondbrengen of bepaalde taken niet hoeven doen. Tot mijn verbazing bleek het tegendeel het geval. "Hebt u gezien hoeveel onkruid er groeit op het plein? Ik wil dat heel graag weghalen. Ook tussen de struiken ziet het er niet uit. Daar moet het nodig worden weggehaald. O ja. De tegels bij het hek zijn ook verzakt. Zal ik die er opnieuw in leggen?" Stomverbaasd beluisterde ik zijn antwoord. Anco straalde van het idee deze klussen te "mogen" doen. Zo gemotiveerd had ik hem nog nooit gezien. Wie had ooit zo'n antwoord verwacht?

Uiteraard werkte ik met alle plezier met Anco mee. "Ik wil je graag tegemoetkomen," antwoordde ik, 'maar je moet natuurlijk wel, net als iedereen, ook je schoolwerk doen. Vandaar dat ik voorstel dat je als beloning, na een week goed werken – en dat goede werken teken ik per dagdeel steeds met je af – op vrijdagmiddag in de tuin mag werken. Als je dat leuk vindt, mag je elke week iemand anders kiezen om je te helpen.'

Het bleek een gouden greep. Anco gíng ervoor. Het vooruitzicht van de beloning maakte dat hij zijn schoolwerk goed deed. Tijdens de tuinarbeid ontpopte hij zich als een ware deskundige. Hij legde de kinderen geduldig uit hoe je de schoffel vast moest houden en de tuin zag er binnen de kortste keren prachtig uit. Soms vroegen kinderen uit andere klassen hem waarom hij straf had. In de tuin van de school werken dat doe je toch niet voor je plezier? Anco vertelde dan dat hij dit het mooiste werk vond dat hij ooit op school had gedaan. En zo veranderde hij van een pestkop in een van de meest coöperatieve leerlingen die ik ooit gehad heb.'

De aanpak die de juf toepaste staat ook wel bekend als de *positive inquiry*, het onderzoeken van het goede. Kijken naar de dingen die wél werken. De naam die ik er in *Huh?! De techniek van het omdenken* aan heb gegeven is de strategie van het 'bekrachtigen'. Je kijkt naar wat er goed gaat en hoe je dat zou kunnen versterken. Een andere manier waarop je deze strategie kan toepassen is het hanteren van de 1-10-schaal. Als iets niet goed gaat en je geeft de situatie een 4 (of welk ander cijfer dan ook), dan ben je in eerste instantie geneigd te onderzoeken wat er nog ontbreekt. Je gaat als het ware op zoek naar de 6 punten die nodig zijn om er een 10 van te maken. Je kijkt naar wat er mist. Het is als met het halflege glas. Sommige mensen doen dit trouwens altijd. Zo kwam mijn middelste zoon bij een vriendje thuis, de jongen had een 9½ voor aardrijkskunde gehaald, het eerste wat zijn moeder vroeg toen ze het hoorde was: 'Wat had je dan fout?'

Dat het bij een 9½ niet meteen voor de hand ligt om te vragen wat niet goed was moge duidelijk zijn. Het is logisch dat je in zo'n geval kijkt naar wat je wél goed gedaan hebt. Maar waarom zou je dezelfde strategie niet toepassen bij een 4 of een 3? Waarom zou je niet ook in die gevallen – of misschien wel juist in die gevallen – kijken naar wat er wél goed gaat? Als een jongere erg ontevreden over zichzelf is, bijvoorbeeld over hoe goed hij van zich af kan bijten, vraag dan eens welk cijfer hij zichzelf geeft. Waarschijnlijk luidt het antwoord dan iets in de trant van 'een vier'. De jongere geeft zichzelf dit cijfer ongetwijfeld in de veronderstelling totaal niet assertief te zijn. In plaats van te problematiseren wat hij allemaal nog niet kan, zou je hem kunnen vragen: 'Dat jij jezelf nog een vier geeft, da's eigenlijk nog best hoog, vertel me eens waarom?'

Welke schaal je ook gebruikt, ze is per definitie relatief. Hoe beroerd het cijfer ook is dat mensen zichzelf geven, je kan altijd onderzoeken waarom ze zichzelf een aantal punten nog wél geven. Zelfs als iemand zichzelf een -3 geeft, kan je altijd nog verbaasd reageren: 'Zoveel nog? Waarom niet een -10?'

Het leuke is dat deze paradoxale aanpak je dwingt om bij een problematische situatie bewust te onderzoeken wat er (nog) wél goed gaat. Voor elk probleem geldt – hoe groot het ook lijkt te zijn – dat er altijd wel momenten zijn dat het minder groot of zelfs helemaal afwezig is. Zo kan je onderzoeken waarom Marokkaanse jongeren verhoudingsgewijs vaak met de politie in aanraking komen. Je vindt dan belemmerende factoren als schooluitval, gebrek aan status, et cetera. Je zou aan de andere kant ook kunnen uitzoeken waarom de grote meerderheid van Marokkaanse jongeren *niet* met de politie in aanraking komt. In dat geval vind je beschermende factoren als betrokken ouders en leerkrachten. Het verleggen van de vraag van 'Wat gaat er niet goed?' naar 'Wat gaat er wel goed?' is een van de makkelijkste strategieën om een probleem om te denken.

Analyse versus creatie

Ondanks het feit dat het principe van het omdenken van problemen zeer eenvoudig uit te voeren is, heeft ons denken voortdurend de neiging de kant van de *analyse* van het probleem op te schieten. Wat gaat er fout? Wat is de oorzaak? Waar zit het probleem?
Dat wij zo denken heeft alles te maken met de geschiedenis van het denken. In de woorden van Edward de Bono, bedenker van het lateraal denken: 'Van oudsher stelde de mens zich twee vragen als hij iets nieuws waarnam: wat is het en wat moet ik doen? Moet ik ervoor vluchten of kan ik het gebruiken?' Deze twee vragen vormen de kern van de dominante, analytische manier van denken. Het schema is eenvoudig: in principe 'doen' de dingen het. In de natuur werkt van alles op een bepaalde manier (het hart klopt, bomen groeien, licht verplaatst zich op een bepaalde manier door de ruimte). Als er een probleem is (iets doet het niet), wat is er dan defect waardoor het niet werkt (wat is er stuk),

waar zit de fout, schuld, hapering en hoe kan ik vervolgens het defect wegnemen (medicatie, reparatie), waardoor het probleem verdwenen is en de oorspronkelijke situatie is hersteld?

Ook de wetenschappelijke ontwikkeling van de mensheid volgde dit schema: wat is het, hoe zit het in elkaar, hoe kunnen we het repareren? De geneeskunde vroeg zich af: hoe werkt het lichaam, zodat we weten hoe we kwalen kunnen genezen? Ontwikkelingspsychologen onderzochten welke fasen een kind doorloopt en hoe kinderen die afwijken van het gemiddelde geholpen kunnen worden. De psychiatrie onderzocht welke psychiatrische stoornissen er zijn, wat daarvan mogelijke oorzaken zouden kunnen zijn en wat we eraan zouden kunnen doen. Ook in hoe we naar onze kinderen kijken, zijn we geneigd deze manier van denken te gebruiken: wat is lastig gedrag, wat is daar de oorzaak van (wat is er 'mis' met het kind of in de omgeving van het kind), hoe kunnen we die oorzaak wegnemen (behandeling, begeleiding, coaching) waardoor het kind zich weer 'normaal' gedraagt?

Helaas is het zo dat we vaak nogal snel en vooral ten onrechte geneigd zijn kinderen in de categorie 'schroefje los' in te delen. Kinderen zijn per definitie wel rare, onbegrijpelijke en wat onhandige wezens, maar dat wil niet zeggen dat ze allemaal verkeerd uit de fabriek gekomen zijn. Bovendien moeten we erg voorzichtig zijn met dat beeld 'schroefje los'. Zo was tot ver in de jaren zeventig van de vorige eeuw de term MBD, een afkorting voor *'minimal brain damage'* of *'minimal brain dysfunction'*, voor psychiaters een volkomen geaccepteerde term. De diagnose MBD werd gesteld bij hyperactieve kinderen. De theorie was dat sommige kinderen bij de bevalling een lichte hersenbeschadiging hadden opgelopen en daardoor hyperactief waren. Een dubieuze en nogal kwalijke theorie met grote gevolgen: vanaf het moment dat Jantje door de arts als MBD-gevalletje was gediagnosticeerd, moesten Jantje én zijn ouders er de rest van hun leven mee leren leven dat er 'iets' in het hoofd van Jantje kapot was ('damage'). Maar ja, wat was er precies stuk? En zou dat ooit weer goed komen? Het klonk in elk geval vrij onherroepelijk. Later onderzoek heeft de theorie van een 'beschadiging' of 'dysfunctie' nooit kunnen bevestigen, vandaar dat de term tegenwoordig niet meer gebruikt wordt en is vervangen door de meer neutrale en beschrijvende term *attention deficit hyperactivity disorder*, oftewel ADHD.

Dit neemt niet weg dat we ook met de term ADHD erg voorzichtig moeten zijn wat betreft onze beeldvorming. Door gedrag te beschrijven, is het nog niet verklaard. Aha, ben je geneigd te denken, nu snap ik waarom Jantje druk is, hij heeft ADHD. Maar in feite snap je nog steeds niet waaróm Jantje zo druk is. Sterker nog, als het gaat om ADHD snapt eigenlijk niemand echt hoe het werkt. Neurologen staan pas aan het begin van een sluitende verklaring van ADHD en allerlei andere vergelijkbare verschijnselen. Als zo'n verklaring al ooit gevonden wordt. De kans is dan ook groot dat ook de term ADHD na verloop van tijd vervangen zal worden door een andere, meer nauwkeurige. De zin 'Jantje is druk omdat hij ADHD heeft' is dan ook totale onzin. Als je hem ontleedt, staat er niet meer dan 'Jantje is druk omdat hij druk is'. Tja. Zo kan ik ook psychiatrie bedrijven. Niet zo moeilijk. Ik zou zeggen, geef mij honderd kinderen, die beoordeel ik op het vermogen, pak 'm beet, om te kunnen rekenen. De onderste vijf procent geef ik dan het label 'kan niet rekenen'. Daarvan weet ik immers zeker dat ze niet kunnen rekenen, dat heb ik zojuist vastgesteld. Om het indrukwekkend te laten lijken, moet dat label een beetje officieel klinken. Alsof ik ervoor heb doorgeleerd. Bij voorkeur Latijn of Grieks. Of, nog beter, een combinatie van beide talen. Wat als ik nou 'dys' uit het Grieks (slecht) verbind met het Latijnse 'calculare' (rekenen), iets in de trant van 'dyscalculie'. Hm. Klinkt goed toch? Net alsof het bestaat.

'Waarom kan Anne-Sofie niet rekenen, meester?'
'Tja, mevrouw De Jong, ik moet u iets ergs vertellen, gaat u er maar even rustig voor zitten, bent u erop voorbereid, daar komt ie dan, hou u vast, we hebben het officieel laten testen en de uitslag is zojuist binnengekomen, uw dochter heeft dyscalculie.'
Mevrouw De Jong is even stil. Ze laat het woord even in haar hoofd doorklinken. Dyscalculie. Hm. Klinkt serieus. Gaat waarschijnlijk ook nooit meer over. Even is ze bezorgd. Dan klaart ze gelukkig snel op. 'Ah, we vroegen ons al af waarom Anne-Sofie niet met rekenen mee kon komen, maar dat is het dus, ze heeft dyscalculie.'

Om eventuele verwarring te voorkomen: dyscalculie bestaat natuurlijk echt en het is inderdaad een term om een rekenstoornis te omschrijven, waar kinderen op getest kunnen worden. Echter, net als dat voor ADHD geldt, is ook de term dyscalculie beschrijvend. Het betekent letterlijk 'kan niet rekenen'. Net als in het geval van ADHD zijn wetenschappers er ook wat betreft dyscalculie nog niet in geslaagd een neurologische verklaring voor het verschijnsel te geven. Ook hier geldt dus dat de zin 'Anne-Sofie kan slecht rekenen omdat zij dyscalculie heeft' hetzelfde betekent als 'Anne-Sofie kan niet rekenen omdat zij niet kan rekenen'. Op logisch niveau is het dan ook een typisch voorbeeld van een cirkelredenering, die valt in de categorie 'deze tomaat is rood omdat hij een rode kleur heeft'.

Het feit dat we vraagstukken als ADHD en dyscalculie niet goed begrijpen, wil overigens niet zeggen dat we als mensheid niet in staat zijn er oplossingen voor aan te dragen. Ook psychiaters kunnen prima behandelen zonder volledig te begrijpen. Kinderen, jongeren, maar meer en meer ook volwassenen met ADHD geven aan zeer positieve ervaringen te hebben met medicatie. En ook kinderen die geen gevoel voor rekenen hebben, kunnen met specifieke begeleiding prima geholpen worden om beter te leren rekenen. Het is niet zo dat ik me tegen het oplossen van serieuze psychische of psychiatrische problemen zou verzetten. Als het werkt, prima. Wie ben ik om dat te veroordelen?

Wél is het zo dat ik bij voorkeur voor de invalshoek kies om elk probleem – hoe groot het ook lijkt te zijn – niet op te lossen, maar te onderzoeken in zijn potentie. ADHD kan lastig zijn, maar cabaretiers kunnen er prima hun voordeel mee doen. Als je niet kan rekenen is dat moeilijk op school, maar mogelijk heb je andere kwaliteiten wel. Maak van die kwaliteiten je beroep en huur een boekhouder, accountant of controller in om voor jou het rekenwerk te doen.

De analytische en probleemoplossende manier van denken is op zich dus niet fout of verkeerd. Alle vooruitgang die de mens de afgelopen duizenden jaren heeft geboekt, is voor een groot deel te danken aan deze manier van denken. Alleen kleven er drie (ernstige) nadelen aan. Ten eerste: analyseren is tamelijk ineffectief als het gaat om complexe vraagstukken. Ten tweede: de analyse op zich is een vorm van vastdenken: de aandacht komt meer en meer op het probleem te liggen. Ten derde: deze manier van denken is tot op zekere hoogte geschikt om een bestaande situatie te conserveren, maar volledig ongeschikt als het gaat om het creëren van een nieuwe situatie. Als het gaat om het creëren van nieuwe mogelijkheden, is analyse een uiterst beperkt gereedschap. Het onderzoekt wat er al bestaat. Niet wat er zou kunnen bestaan. Daar is vooral verbeeldingskracht voor nodig.

Dankzij analyse kunnen we lastig gedrag, tot op zekere hoogte, prima begrijpen, maar om nieuw gedrag te creëren, om het om te denken, hebben we vooral behoefte aan *creativiteit*. Om een problematische situatie te transformeren, is een andere manier van denken nodig. Niet een analytische, maar een creërende. In de woorden van Edward de Bono: '*The analytic way of thinking is excellent, but it's simply not good enough.*'

Twee liedjes

Ondanks de eenvoud van bovenstaand betoog – verleg je aandacht van wat niet werkt naar wat wél werkt – is de analytische manier van denken zo dominant en (daardoor) vanzelfsprekend, dat ons denken voortdurend geneigd is op het probleem in te zoomen, het te willen begrijpen en op te lossen. We maken met die manier van denken de kleinste problemen steeds groter. Terwijl het soms – als we kijken naar wat er wél werkt – heel simpel kan zijn. Zo vertelt een vader:

'Mijn jongste zoon was een jaar of negen toen hij een periode had dat hij slecht sliep. Hij woonde in die tijd bij zijn moeder en was om het weekend bij mij. Op beide adressen wilde het met zijn nachtrust niet vlotten. Ik wilde ontzettend graag dat hij die drie nachtjes die hij bij mij was goed zou slapen. Daarom vroeg ik hem waaróm hij niet kon slapen, zodat ik daar een oplossing voor kon bedenken. Op een avond was het weer mis. Hij bleef steeds maar oorzaken opnoemen waar ik niet zoveel mee kon. Dus vroeg ik door. Ik dacht bij alles wat hij opnoemde: nee, dat kan het niet zijn. Toen hij, na zes mogelijke oorzaken, in huilen uitbarstte en als reden nummer zeven gaf "dat hij de poezen bij mama zo miste", zei ik: "Dat kán het toch niet zijn? Dan had je dat toch wel meteen gezegd en niet nu pas?"
We kwamen niet verder en zijn verdriet werd alleen maar groter. Ineens viel me iets in. Ik wilde van hem redenen horen waarom hij niet kon slapen en die gaf hij me. Ik kreeg precies waar ik om vroeg! Hij verzon steeds nieuwe redenen om mij te plezieren. Terwijl ik ook regelmatig slecht slaap en ook niet weet hoe dat komt. Ik besloot het om te draaien. Ik vroeg hem wanneer hij wél goed sliep en wat daarvoor nodig was. Hij dacht even na en zei: "Misschien wil je nog twee liedjes zingen?"
"Ja, natuurlijk. Ga je dan lekker slapen?"
"Ja, papa."
Ik zong twee liedjes en hij sliep binnen drie minuten. Ik kan er niet bij dat het leven soms zo simpel kan zijn.'

Feedback

De derde denkfout die er de oorzaak van is dat we vastdenken, heeft te maken met het verschijnsel *feedback*. Daarmee bedoel ik niet zozeer feedback zoals we het kennen uit de communicatie, maar vooral hoe het begrip in de systeemtheorie gehanteerd wordt. Feedback, of met een ander woord 'terugkoppeling', is een proces waarbij de uitkomst (output) van een bewerking (proces) wordt teruggevoerd (feedback) aan de invoer. Om een simpel voorbeeld te geven: als de thermostaat op twintig graden staat en het is in de huiskamer achttien graden, zal de verwarmingsinstallatie aanslaan. Als de temperatuur van de huiskamer vervolgens boven de twintig graden komt, geeft de thermostaat een signaal terug aan de verwarmingsketel (feedback), waardoor die vervolgens uitslaat. Het verwarmen (proces) levert een verhoogde temperatuur (output), de thermostaat levert vervolgens informatie terug (feedback) aan de verwarmingsketel (invoer).

Kinderen grootbrengen is helaas geen lineair proces. Was het maar zo. Dan zeiden we tegen kinderen hoe ze zich horen te gedragen en dan zouden ze die instructies keurig uitvoeren. Eén oorzaak, één gevolg. Helaas werkt het in de praktijk meestal niet zo. Simpele, logische instructics leiden niet altijd tot simpele, logische gedragingen van onze kinderen. Toch maken we – in onze machteloosheid – vaak gebruik van deze liniare manier van denken als we verzuchtingen slaken als 'Hoe vaak heb ik het je al niet verteld?', 'Wanneer doe je nou eens wat ik je zeg?', 'Kan je dan zelf niet nadenken?', 'Hoe vaak moet het misgaan voordat je het eindelijk eens snapt?' We verwachten dat kinderen doen wat we zeggen.

Opvoeden is niet een lineair, maar een circulair proces. Alles wat wij doen, kan leiden tot een reactie. We vormen met onze kinderen een dynamische relatie, een systeem, waarbinnen het kind een zelfstandige eenheid vormt die in vrijheid en autonomie kan kiezen op onze acties te *reageren*, ze te *negeren* of op eigen initiatief, los van alles wat wij doen, zelf acties te genereren, te *ageren*. Alles wat we doen kan daardoor als een boemerang naar onszelf terugkeren.

Zichzelf versterkend proces

De meest voorkomende reactie is dat wat wij als volwassene proberen te bereiken, door een kind teniet gedaan wordt. Om het simpel te zeggen: jij doet plus één, de reactie van het kind is min één, het eindeffect is nul. Systeemtheoretici noemen dit 'compenserende feedback': het kind reageert op jouw actie met een reactie (feedback) en die maakt ongedaan (compenseert) wat jij vlak daarvoor hebt proberen te bereiken. Bijvoorbeeld: je vindt dat de slaapkamer van je zoon er vies en slordig uitziet. Om dat probleem op te lossen, besluit je voortaan elke week zelf zijn kamer een grondige schoonmaakbeurt te geven. Wat is dan waarschijnlijk het effect? Dat hij zijn kamer zelf minder goed schoon zal maken. Jij doet het toch al? Compenserende feedback leidt bijna altijd tot een proces van escalatie. In bovenstaand voorbeeld is de kans groot dat de ouder (omdat zoon niet opruimt) steeds meer gaat doen, terwijl de zoon (omdat de ouder opruimt) steeds minder zal gaan doen. Vanaf dat moment is er sprake van een *zichzelf versterkend proces*.

Een tragisch voorbeeld van een zichzelf versterkend proces heb ik van dichtbij kunnen meemaken in de jaren dat ik als regisseur een toneelstuk maakte met jongeren die van huis waren weggelopen. Een van de deelnemers was een jongen die een conflictueuze verstandhouding had met zijn ambitieuze en veeleisende vader. Op jonge leeftijd plaste hij regelmatig in zijn bed en vader was van mening dat hij zijn zoon in dit opzicht moest 'opvoeden'. Hoe deed hij dat? Door hem elke keer dat hij in zijn bed plaste daarvoor te straffen. In eerste instantie gaf de vader een relatief lichte straf. Hij sprak zijn zoon streng en vermanend toe. Dat hij het niet in zijn hoofd moest halen nogmaals in bed te plassen.

Wat was het gevolg van dit strenge toespreken? Dat de jongen daardoor doodsbang werd om nogmaals in zijn bed te plassen. En wat is het logische gevolg van bang zijn om in je bed te plassen? Natuurlijk. Dat je daardoor vaker in je bed plast. De oplossing van vader had een averechts effect.

Welke conclusie trok vader uit het feit dat zoon vaker in zijn bed plaste? Dat hij blijkbaar nog niet hard genoeg strafte. En dus deed vader er nog een schepje bovenop. De keer daarna gaf hij zijn zoon een pak 'voor de billen', niet veel later sloeg hij zijn zoon met een riem en op het laatst zette vader zijn zoon in de winter met blote voeten in een teil water, net zolang tot zich op het water een dun laagje ijs vormde. Uiteindelijk liep de jongen, na maanden door zijn vader op deze manier geterroriseerd te zijn, machteloos van huis weg.

Beste bedoelingen

Van buitenaf is het makkelijk om dit patroon te doorzien en het gedrag van de vader te veroordelen, maar als je je in de positie van vader verplaatst, was het tragisch wat er gebeurde. Vader zelf voedde zijn zoon met de *beste bedoelingen* van de wereld op. In je bed plassen is toch niet fijn? Dat vader zijn zoon wilde 'helpen' niet meer in zijn bed te plassen is niet verkeerd, zijn aanpak was verkeerd. Voor de duidelijkheid: het gaat mij er niet om, om vader vrij te pleiten. Vader is als volwassene verantwoordelijk voor wat er gebeurt. Dat staat uiteraard als een paal boven water. Maar dat is niet de kern van dit verhaal. Waar het mij om gaat, is de tragiek van de situatie te definiëren. In vaders optiek handelt hij met de beste bedoelingen voor zijn zoon en daar kunnen we een wijze les uit halen. De kans is namelijk groot dat ook onze 'beste bedoelingen' averechts werken. Als er iets is wat ik als ouder geleerd heb te wantrouwen, dan zijn het mijn eigen goede bedoelingen. Zodra ik zeg of denk dat ik iets met de beste bedoelingen doe, is de kans groot dat ik dat doe omdat een bepaalde aanpak averechts werkt en dat ik mezelf gerust moet stellen met de gedachte dat mijn kind het ooit wel zal begrijpen. 'Later snap je wel waarom, ik heb het beste met je voor.' Wat voor zin heeft het als je als ouder dingen doet die je kind niet begrijpt? En zelfs áls het al zo is dat hij het later wel zal begrijpen, wat levert mij dat op dit moment op? Ik heb liever dat mijn zoon en ik elkaar in het hier en nu begrijpen. Beste bedoelingen hebben een twijfelachtige werking. Precies daarom heten ze ook 'beste bedoelingen'. Als ze zouden werken, zouden het geen 'bedoelingen' meer zijn.

Bij elke actie die wij ondernemen ten opzichte van onze kinderen, is het van belang om te beseffen dat zij onze acties met een tegenreactie teniet kunnen doen. Als er sprake is van lastig gedrag, is het dan ook van belang om te beseffen dat het lastige gedrag weleens een reactie op onze acties zou kunnen zijn. Met name wanneer er sprake is van gedrag dat in de loop der tijd verergert, is de kans groot dat jij en je kind gevangenzitten in een zichzelf versterkend proces.

Is je dochter steeds vervelender aan tafel?
Misschien ben jij steeds strenger.

Komt je zoontje steeds vaker uit bed?
Misschien ga jij steeds langer voor hem zingen.

Valt het je op dat je kind je een steeds grotere mond geeft?
Misschien gedraag jij je steeds koeler en hooghartiger.

Houdt je dochter meer en meer dingen geheim?
Misschien bemoei je je steeds meer met haar.

Patrooninterventie

Natuurlijk is het niet zo dat al het lastige gedrag van een kind dat in de loop der tijd erger word, een gevolg is van ons handelen als volwassene. Kinderen staan ook aan invloeden bloot die niets met ons te maken hebben. Maar zodra er sprake is van een versterking van gedragingen aan beide kanten, is de kans groot dat er sprake is van een zichzelf versterkend proces. Doorgaan met de bestaande 'oplossing' is in dat geval een voorbeeld van vastdenken. In dat geval is het beter om te stoppen met oplossen op de manier zoals je tot dan toe hebt gedaan en – voor je overgaat tot een nieuwe 'oplossing' die het probleem alleen maar erger maakt – eerst eens te observeren wat er gebeurt als je het bestaande patroon doorbreekt en even *niets* doet.

Uiteraard kan je je zoon of dochter ook vragen om mee te denken over hoe je zo'n patroon zou kunnen doorbreken. Een vader van een dochtertje van vier jaar vertelt: 'Gisteren vroeg ik Janneke wat ze wilde en ze zei "de speeltuin". Maar vervolgens weigerde ze haar schoenen aan te trekken. Hoe meer ik deed – uitleggen, nogmaals vragen, even de tijd geven, een eindtijd afspreken, "als de grote wijzer op de 6 staat", zeggen dat we zo niet konden gaan, haar vertellen dat ik dan maar misschien alleen moest gaan – hoe meer zij begon te huilen. Uiteindelijk was ik bloedchagrijnig en lag zij op de grond dramatisch te huilen. Net toen ik dacht: oké, dan gaan we maar niet, besloot ik nog één ding te proberen. Ik zei (oprecht): "Janneke, ik snap het niet meer. Wat moet ik nou doen om te zorgen dat jij je schoenen aantrekt?" Het was enige seconden stil. Waarop zij zei: "Papa, je moet het gewoon lief vragen." Innerlijk ontplofte ik natuurlijk. Ik dacht: maar dat heb ik net potdomme tien minuten lang gedaan. En toch had ze gelijk. Ik was misschien wel begonnen met het vriendelijk te vragen, maar langzamerhand was ik steeds onvriendelijker geworden. Dus ik vroeg lief, alsof al het voorgaande niet had plaatsgevonden: "Janneke, wil je even je schoenen aantrekken?" "Jaa," riep zij blij en hup, die schoenen waren aan. "Zie je nou wel, papa?" zegt ze daarna ook nog tegen me.'

Vertraging

De vierde en laatste denkfout die leidt tot een vastdenkpatroon, heeft te maken met het verschijnsel vertraging. Als wij een actie ondernemen, kan het zijn dat we op korte termijn een gewenst resultaat behalen. Het duurt namelijk even voordat een tegenreactie is ontstaan en daadwerkelijk in werking is getreden. En zodoende denken we op de korte termijn dat onze acties hun vruchten afwerpen, maar op de langere termijn wordt het probleem alleen maar groter. Er is nog steeds sprake van een vicieuze cirkel van actie-reactie, alleen is er sprake van een dusdanige vertraging, dat we dat patroon niet meer waarnemen. We denken dat we in een lineaire wereld leven (ik doe iets – het heeft effect – zie je wel, het werkt), maar in feite leven we in een circulaire wereld (ik doe iets – er ontstaat vertraagd een tegeneffect – dat effect doet mijn actie teniet). Zo'n vertraagde reactie, met name als die zich over een langere tijd uitstrekt, soms zelfs jaren, wordt heel wat moeilijker om te doorzien.

Op de middelbare school zat een jongen bij mij in de klas, die – samen met zijn twee jaar jongere broer – thuis erg kort gehouden werd. De jongens waren deel van een groot gezin en ik trok een tijdje intensief met beide op. Wat me opviel als ik bij hen op bezoek was, was hoe ongelooflijk streng alles eraan toeging. Niet roken, niet drinken, op tijd thuis zijn, niet uitgaan; vooral vader zat erbovenop en regeerde het huishouden met ijzeren hand. Ik herinner me dat ik op een ochtend tijdens een tussenuur, we waren een jaar of zestien, bij de oudste van de twee jongens op zijn kamer was. Op een gegeven moment deed hij zijn vingers voor zijn lippen en gebaarde hij 'stil zijn'. Vervolgens keek hij op de gang of er iemand in de buurt was, deed de deur van zijn slaapkamer dicht en trok een laatje open van een kastje dat naast de

deur stond. 'Waarom doe je dat,' fluisterde ik, 'zoek je iets?' 'Nee', antwoordde hij, 'als mijn vader of moeder de deur open wil doen, gaat ie niet verder dan het kastje.' Ik begreep dat hij blijkbaar iets stiekems wilde doen wat zijn ouders niet mochten zien. Ik was benieuwd. Met samenzweerderige ogen haalde hij vervolgens ergens twee lauwe flesjes bier vandaan. Ik was stomverbaasd. Bier? 's Ochtends om halfelf? Waarom? Ik had weleens een biertje gedronken, dat was het punt niet, maar bier 's ochtends, daar had ik helemaal geen trek in. Maar voor mijn vriend was het blijkbaar een Bijzondere Gebeurtenis. We zouden bier gaan drinken. Zo te zien had hij zich erop verheugd. En... het was voor hem blijkbaar heel spannend. Een evenement.
Uit solidariteit heb ik met hem een biertje gedronken, heel lullig met z'n tweeën op een slaapkamer, ik vond er verder niks aan. Hij en zijn broer hebben zich tot het eind van de middelbare school als keurige jongens gedragen – om je een beeld te geven: ze kwamen tot en met de zesde klas met broeken naar school waarvan de pijpen netjes gestreken waren – daarna gingen ze studeren en, je kan voorspellen hoe dat ging: ze draaiden allebei volledig door. Eenmaal op kamers gingen ze totaal los. Daar waar vader hen gedurende de gehele middelbareschooltijd voor zijn gevoel getraind en gedrild had zich keurig te gedragen, trainde hij hen in feite om te verlangen naar alles wat niet mocht. Er zat alleen enkele jaren *vertraging* tussen. Gedurende de gehele middelbare school moet vader het gevoel gehad hebben dat zijn aanpak werkte en wie weet ook nog wel nadat de jongens uit huis waren.

Ook het verhaal van de docent aan de universiteit, waarmee ik dit hoofdstuk opende – de docent die statistiek gaf en dat naar mijn idee prima deed – wordt inzichtelijk als je begrijpt dat er sprake was van vertraging. Wat was er aan de hand? Zoals gezegd: nadat ik de docent geobserveerd had, kon ik niet anders dan concluderen dat hij de stof (meer dan) duidelijk uitlegde. En toch haalden zijn studenten lage cijfers en werd hij in evaluaties door studenten negatief beoordeeld. Ze waren in de loop der jaren steeds slechter geworden. Wat kon er aan de hand zijn?

In een volgende bespreking met de docent opperde ik de volgende gedachte: zou het zo kunnen zijn dat de studenten, omdát zijn colleges zo helder waren, onderschatten hoe moeilijk de stof eigenlijk was? En zou het zo kunnen zijn dat ze er daarom thuis minder hard aan werkten dan aan andere vakken? En zou het dus zo kunnen zijn dat zijn pogingen om in de loop der jaren steeds beter uit te leggen dus een averechts effect hadden? En zou dus ook de omgekeerde redenering kunnen gelden, dat als hij steeds 'slechter' uit zou leggen, de studenten daardoor harder zouden gaan werken?

De docent stond open voor deze mogelijkheid en dus spraken we af dat hij vanaf dat moment in een nét iets te hoog tempo door de stof zou gaan, niet alles uit zou leggen ('de rest moeten jullie thuis maar bestuderen, neem er wel de tijd voor, het is nogal een complexe materie, pas op dat je het niet onderschat, de meesten halen voor dit onderdeel een onvoldoende') en vooral de indruk zou moeten wekken dat niet hij, maar de studenten zélf aan het werk zouden moeten gaan. Zo gezegd, zo gedaan. Wat was het gevolg van deze andere aanpak? Aan het eind van dat semester haalde bijna 90 procent van de studenten het statistiektentamen. En hij werd als docent beoordeeld als een van de beste docenten. De docent had zijn 'laatste kans' meer dan genomen. Hoe? Door minder zijn best te doen.

Wat was de tragiek in het verhaal van de docent aan de universiteit? Dat ook hij 'met de beste bedoelingen' steeds beter was gaan uitleggen. En ook hij leefde, net als de vader van de jongen die in bed plaste, in eerste instantie in de veronderstelling dat zijn aanpak werkte. De studenten begrepen toch wat hij vertelde? Hij had hun vragen toch correct beantwoord? De docent had alleen niet in de gaten dat de ogenschijnlijke positieve effecten van zijn goede bedoelingen voortdurend gecompenseerd werden door het gedrag van de studenten. Hoe beter hij uitlegde, des te minder de studenten zelf deden. Hoe harder de vader strafte, des te meer de zoon in zijn bed plaste. De verhalen zijn verschillend, het patroon is identiek; alleen was het patroon bij de docent aan de universiteit minder goed zichtbaar, omdat er sprake was van vertraging.

Te moeten constateren dat in veel gevallen niet het kind, maar wij het probleem zijn, is misschien niet prettig – je deed immers al zo je best, ligt het dan ook nog eens aan jou? – maar in feite betekent het een *bevrijding*. Vanaf nu kunnen we simpelweg stoppen met de dingen die niet werken. Ophouden met contraproductief gedrag. Alleen dat al is een verandering, die deuren opent naar nieuwe mogelijkheden en kansen. Precies dat zullen we dan ook onderzoeken met de laatste van de vier vragen: 'Is het probleem niet de bedoeling?'

In eerste instantie associëren we lastig gedrag met problemen: iets wat we op willen lossen, waar we vanáf willen. De kern van omdenken is echter de gedachte dat je een probleem als mogelijkheid benadert. Met de vierde en laatste vraag wil ik je dan ook uitdagen om lastig gedrag als een *mogelijkheid* te zien. Net zoals elke crisis – economisch, maatschappelijk, sociaal – de overgang markeert van het ene paradigma naar het andere, van de ene relatief harmonieuze staat van zijn naar de volgende, is lastig gedrag in veel gevallen de uiting van een *transformatie.*

Omdenken is geen wiskunde. Er zijn geen logische schema's of stappenplannen voor. Mensen zijn autonome wezens. Welke aanpak je ook kiest, als een kind niet mee wil werken, zal het niet meewerken. Hoe weldoordacht je strategie ook is, een kind kan simpelweg besluiten de hakken in het zand te zetten. Kinderen grootbrengen is dan ook vooral een kwestie van *creativiteit.* Je ontkomt er als volwassene niet aan om per kind, per situatie en per moment een 'strategie' te bedenken. Dat alles betekent niet dat we volkomen machteloos zijn. De grootste winst is te behalen bij de omkering van de vraag 'Wat wil jij niet?' (lastig gedrag) naar 'Wat wil het kind wel?' (verlangen).

De grote vraag die deze omkering oproept is natuurlijk: waar verlangen kinderen dan precies naar, wat wil 'het kind'? Op grond van de honderden omdenkverhalen over onderwijs en opvoeding die ik in de loop der jaren verzameld heb, ben ik tot de conclusie gekomen dat er drie dingen zijn waar een kind ten diepste naar verlangt: dat het zich *erkend* voelt, dat het als een *autonoom* wezen benaderd wordt en dat het zich *competent* voelt.

Erkenning, autonomie en competentie zijn dan ook de gebieden die we bij de vierde en laatste vraag zullen onderzoeken. Door als volwassenen aandacht en ruimte aan deze verlangens te geven, kunnen we lastig gedrag omdenken. Het gaat vanaf dat moment niet langer om onze bedoelingen, maar de bedoelingen van het kind. Op dat moment verandert onze rol van opvoeder in bondgenoot.

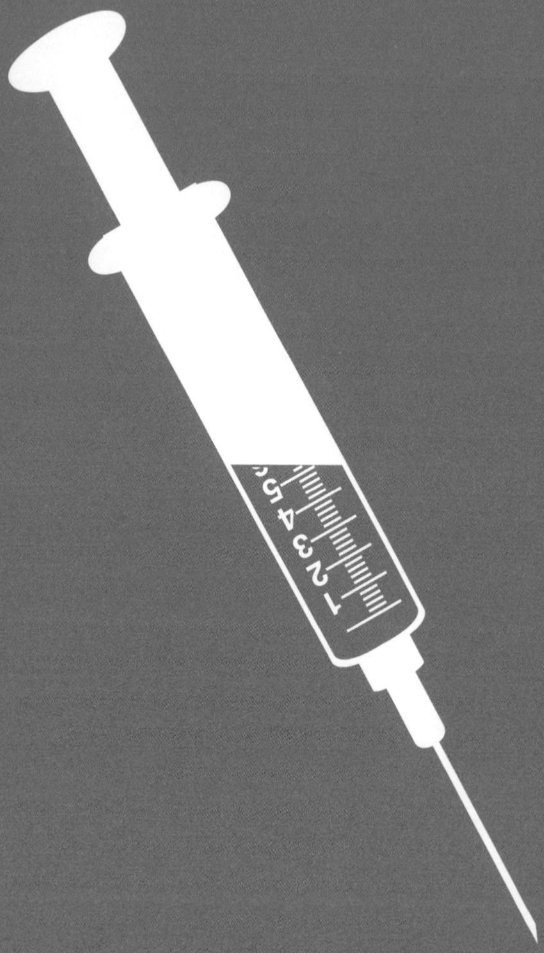

4. Is het probleem de bedoeling?

Erkenning

Een moeder heeft een in haar ogen lastige zestienjarige zoon. Ze kan met hem ruzie over van alles en nog wat hebben. Op een gegeven moment merkt ze hoe ze vrij gemakkelijk met hem een andere, harmonieuze sfeer kan creëren. Hoe? Door er simpelweg in alle rust voor hem te *zijn*. Ze vertelt daarover:

'Het meeste plezier beleef ik aan autoritjes met mijn zoon. Aangezien hij niet heel extravert of gemakkelijk is als het gaat om gevoelens, heeft zo'n autorit bijna altijd een vast stramien. Eerst gaat het tien, vijftien minuten over voetbal. Welke spelers bij welk elftal spelen, welke getransfereerd kunnen worden, welke teams slecht en welke goed zijn en in welke opstelling het Nederlands elftal zou moeten spelen. Ik doe mijn best om me een beetje een beeld te vormen van deze *overload* aan informatie en praat zo goed en kwaad als het kan mee. Vooral door vragen te stellen en tussendoor dingen te roepen als "echt", "joh" en "is dat zo", want echt begrijpen doe ik het allemaal niet, natuurlijk. Na een tijdje valt er een soort natuurlijke stilte en dan is het de kunst om gewoon even de stilte haar werk te laten doen. De radio staat aan, we kijken naar het landschap, auto's die voorbijkomen, en dan, vijf of tien minuten later, ontstaat er als vanzelf een ander gesprek. Zonder dat dat een vooropgezet plan is. Over het leven, school, andere mensen, zijn toekomst, mijn toekomst, wat hij denkt, wat ik denk, en dan, nog vijf, tien minuten verder, gaat het over emoties en gevoelens. We hebben echt heel fijn contact op die momenten. Elke poging het daar eerder over te hebben, zou er waarschijnlijk toe leiden dat het gesprek onmiddellijk dood zou vallen.'

Nogal wat lastig gedrag van kinderen vloeit voort uit het feit dat ze zich niet erkend voelen. Met 'erkenning' bedoel ik dat kinderen zich geaccepteerd en geliefd voelen om wie ze zijn en wat ze voelen. Of ze nou van voetbal houden, klassiek ballet, bepaalde computerspelletjes vaak spelen, op een bepaalde manier hun kamer inrichten, graag met LEGO spelen, het maakt niet uit. De beste manier om kinderen te erkennen is er voor hen te zijn, tijd met hen door te brengen, naar ze te luisteren en ons in hen te verplaatsen.

Waarom het erkennen van een kind zo belangrijk is, heeft alles te maken met de fundamentele menselijke behoefte aan veiligheid, liefde en verbondenheid. Niets is zo ondermijnend voor een mens als de angst om sociaal uitgesloten te zijn, niet bij een groep of gezin te horen. Kinderen die zich erkend voelen, zullen hun omgeving als betrouwbaar, ondersteunend en vriendelijk ervaren. Vanuit deze verbondenheid zullen ook zij op hun beurt, dankzij de werking van wederkerigheid, streven naar diepe, liefdevolle relaties met de mensen met wie zij te maken hebben. Zoals de filosoof Karim Benammar het formuleert: 'Als je iemand liefde geeft, blijft er daarna niet minder over. Integendeel.'[30]

Kennen

Een kind erkennen begint ermee dat je het kind kent. Weet wat zich in hem of haar afspeelt. Voor veel leerkrachten en ouders begint hier al een probleem. Hadden leerkrachten vroeger de tijd om op huisbezoek te gaan – en op die manier niet alleen het kind, maar ook zijn ouders te leren kennen – tegenwoordig is daar vaak geen tijd meer voor. Erg jammer. Voor ouders die gescheiden zijn en die onregelmatig tijd met hun kinderen door kunnen brengen geldt hetzelfde. Als je als ouder niet regelmatig contact met je kinderen hebt, als je ze niet echt kent in hun dagelijkse beslommeringen, is het moeilijk echt contact te krijgen. Het leidt tot dialogen die ook opa's en oma's (en andere relatieve buitenstaanders) nogal eens met kinderen voeren. Ze gaan ongeveer zo:

Volwassene: *'Jee, je bent echt gegroeid, zeg.'*
Kind: *'Hmmm.'*

Volwassene: *'Hoe gaat het nu met je?'*
Kind: *'Goed.'*

Volwassene: *'Hoe gaat het op school?'*
Kind: *'Ook goed.'*

Volwassene: *'Haal je een beetje goede cijfers?'*
Kind: *'Jawel.'*

Stilte.

Volwassene (gaat zelf maar praten om het gesprek op gang te brengen): *'Toen ik op school zat, vond ik leren niet zo belangrijk. Ik vond het soms echt wel vervelend op school. Nu ben ik blij dat ik wel heb doorgezet. Ik hoop dat jij je school ook afmaakt. School is toch echt wel belangrijk voor later.'*
Kind: '...'

Volwassene: *'Heb je al een idee wat je later wil worden, trouwens?'*
Kind: *'Neuhhh. Niet echt.'*

Om kinderen te erkennen, is het van belang dat ze ervaren dat jij ze wilt leren *kennen*. Als ze op voetballen zitten, op welke positie spelen ze dan? Hebben ze een specifieke passeerbeweging? Wat vinden ze van de coach? Met wie in het team klikt het, met wie niet? Wat vinden ze van de trainingen, hoe belangrijk is het om te winnen, hoe gaan ze om met verlies? Het zijn de details die van belang zijn. Ieder kind heeft zijn specifieke verhaal, zijn specifieke ervaringen. Als je die wereld kent, kan er een andere dialoog ontstaan.

Volwassene: *'Deed Peter vandaag weer mee? Was zijn blessure aan zijn enkel eindelijk over?'*
Kind: *'Ja, hij was geweldig. Hij speelde de hele eerste helft en heeft twee keer kunnen scoren.'*

Volwassene: *'Wow! Heb jij nog een voorzet kunnen geven?'*
Kind: *'Ja, het tweede doelpunt kwam door mij. Eerst zo met links een schijnbeweging maken, ik zag al dat Peter inliep, hij weet precies wanneer ik de bal geef, daarna ging ik met rechts zo erlangs, precies op tijd gaf ik de voorzet en pang, hij schoot hem hard in de rechterhoek. Keeper was kansloos.'*

Met het voorgaande wil ik niet zeggen dat het onmogelijk is een vertrouwelijk gesprek te voeren als je een kind niet of nauwelijks kent. Dat is natuurlijk niet zo. Er zijn volwassenen die op een fantastische manier in staat zijn binnen enkele seconden het vertrouwen van een kind te winnen en de meest intieme gesprekken te voeren. Het is goed mogelijk om een kind te erkennen, terwijl je het (nog) niet goed kent. Wat wél nodig is, is dat het kind ervaart dat jij hem of haar oprecht wilt *leren* kennen.

Observant

In principe is het niet zo moeilijk om kinderen beter te leren kennen. Het enige wat we hoeven te doen is actief te kijken en luisteren naar kinderen. Voor veel ouders en docenten is dat een lastige rol. We zijn geneigd om als we met onze kinderen in een en dezelfde ruimte zijn, ons als opvoeder te gedragen. Met name als er problemen zijn, zijn we geneigd ze instructies te geven, ze te onderwerpen aan een kruisverhoor of ze uit te leggen hoe ze zich horen te gedragen. Hoezeer we misschien ook gelijk hebben met onze adviezen en goede bedoelingen, het effect is dat wij informatie uitzenden en dat zij die informatie moeten ontvangen. Als we leren minder informatie uit te zenden en ons in plaats van als instructeur meer als *observant*, als een betrokken luisteraar op te stellen, kan dat tot nieuwe situaties leiden. Een vader vertelt daarover:

'Mijn dochter en ik hebben al jaren een zakelijke verstandhouding en dat beviel me niet. Zij is nu 15, eens in de week is zij twee dagen bij mij, meestal in het weekend, en in die twee dagen gaan we allebei grotendeels onze eigen gang. Als we al gesprekken voeren, gaan die over de afwas of het zakgeld. Op een dag zat ze met een vriend en een vriendin in de keuken aan tafel en ze hadden het over uitgaan, dingen die op school speelden, et cetera. Het was een opgewonden gesprek. In plaats van weg te gaan of me er meteen mee te bemoeien, besloot ik om eens een keer niets te doen en het gesprek gewoon te volgen. Gewoon te luisteren. Ik vroeg wat ze wilden drinken en of het oké was dat ik er even bij kwam zitten. Dat was prima. Ik schonk wat in, schoof bij hen aan en hield mijn mond. Ze waren zo door het onderwerp gegrepen dat ze opgewonden doorpraatten. Uiteindelijk hebben we zo meer dan een uur met elkaar in de keuken gezeten. Het enige wat ik deed was af en toe nog wat bijschenken en soms een vraag stellen. In dat uur ben ik meer van mijn dochter te weten gekomen dan het hele jaar daarvoor. Van haar vrienden ook, trouwens.'

Herkennen

Een eerste stap om een kind te erkennen is het te willen kennen. Een tweede stap om een kind te erkennen is hem of haar bij elke ontmoeting te laten voelen dat je van hem of haar houdt, dat je blij bent dat hij of zij er is. Je zou dat ook *herkennen* kunnen noemen: dat je kind zich bij elke ontmoeting 'herkend' weet. Dat het (nog steeds) mag zijn wie het is. Dat jij hem of haar 'herkent' als het kind waarvan je blij bent dat het er is.

Je kind elke keer, bij elke ontmoeting, het gevoel geven dat je blij bent dat het er is, is makkelijker gezegd dan gedaan. Soms spelen er zoveel 'kwesties' dat het niet altijd even makkelijk is je kind hartelijk te begroeten. Soms ben je gewoon boos, geïrriteerd of gefrustreerd. Onze jongste zoon – hij is nu achttien – heeft een grote vriendengroep en hij doet niets liever dan ze bij hem thuis ontvangen. Heel gezellig, het zijn leuke vrienden, maar het geeft ook veel gedoe. Hoe ziet dat eruit? Lampen aan als je 's morgens beneden komt, die hebben de heren dan natuurlijk weer vergeten uit te doen 's nachts, de verwarming nog aan. Allemaal zonde van het geld. Alsof je je portemonnee zo, hopla, uit het raam leegschudt. Dat soort dingen zeg je dan een keer – 'Vergeet je niet het licht uit te doen als je naar bed gaat?' – die zeg je dan nog een keer, en nog een keer en nog een keer, en op een gegeven moment heb je ze tien keer gezegd en dan wordt iets wat eerst een molshoop leek ineens een gigantische berg. Wat zeg ik, de Mount Everest. Jij en je vrouw werken jullie een slag in de rondte om het huishouden draaiende te houden, en wat doen de heren? Laten ze 's nachts voor-de-zoveelste-keer de verwarming aan!

Als je niet oppast komt je zoon op een dag met wat vrienden van school thuis en lig je als een waakhond achter de deur klaar om dit 'heikele punt' te bespreken. Zodra de deur opengaat: gedoe, preek, ruzie. Misschien zelfs in aanwezigheid van zijn vrienden. Helemaal vernederend. Zeker als het gaat om vrienden die er de vorige keer niet eens bij waren.

Er zijn altijd wel periodes dat bepaalde vraagstukken telkens weer terugkomen, zich van week tot week voortslepen. Elke keer als je je kind ziet, is zo'n 'probleem' dan onmiddellijk het onderwerp van gesprek. Voor jou niet leuk, maar uiteraard voor je kind al helemaal niet. Wat gebeurt er in zijn of haar brein? Jouw aanwezigheid wordt gekoppeld aan een probleem. Zodra het jou ziet, is er een probleem. Na een paar keer herhalen, doet de conditionering perfect haar werk: jou zien betekent een probleem zien. Jij *bent* in zijn of haar beleving het probleem. Het gevolg? Antipathie. Andersom geldt voor jou precies hetzelfde. Jouw zoon ís in jouw beleving het probleem. Hij roept op zijn beurt bij jou gevoelens van antipathie op.

Contempt

Tekenen van antipathie zijn dodelijk voor elke relatie. De psycholoog John Gottman deed jarenlang onderzoek naar echtparen. Wat is het geheim van paren die lang bij elkaar blijven, vroeg hij zich af. Wat doen zij anders dan stellen die uit elkaar gaan, zouden zij een geheim hebben dat te leren zou zijn?[31] Gottman ontdekte dat de manier waarop partners met elkaar communiceren een sterk voorspellende waarde heeft. Stellen die positief met elkaar communiceren – interesse en genegenheid tonen – doen het statistisch structureel beter dan stellen die op een negatieve manier met elkaar communiceren. Gottman stelde vast dat zich in een verslechterende relatie vier stadia voordoen: van *'criticism'* (kritische houding), *'defensiveness'* (afwerende houding) en *'stonewalling'* (het bouwen van een muur) tot het vierde en laatste stadium *'contempt'* (minachting, afschuw). In dit laatste stadium vertonen stellen gedrag als met de ogen rollen, zuchten en wegwerpgebaren maken. Het tragische van dit vierde en laatste stadium is dat de relatie zelf zozeer verstoord is, dat conflicten inhoudelijk niet meer op te lossen zijn. De wederzijdse antipathie is zo groot, dat alleen al het zien van de ander zulke sterke gevoelens van afkeer en walging oproept, dat elke poging van een buitenstaander om de zaak inhoudelijk te beslechten – de betrokkenen zelf hebben de strijd meestal al opgegeven – zeer waarschijnlijk tevergeefs zal zijn. De inhoud is niet het probleem, de relatie zelf is het probleem. John Gottman beweert dan ook dat hij, na een korte observatie van een stel, soms zijn drie, vier minuten al genoeg, met 94 procent zekerheid kan voorspellen of dat stel over drie jaar nog bij elkaar zal zijn of niet. Op grond van zijn onderzoek stelt hij dat uitingen van minachting daarbij de belangrijkste indicator zijn.

Alhoewel Gottman geen onderzoek gedaan heeft naar relaties tussen volwassen en kinderen, durf ik te veronderstellen dat ook voor deze relaties geldt dat – indien een relatie verslechtert – deze zelfde vier stadia te zien zijn en dat ook hier het laatste stadium een zorgwekkend teken is. Zodra je als ouder of kind signalen van minachting uitzendt, is het uiterst moeilijk om nog een warme en open relatie te creëren. Voor ons als volwassenen is het dan ook van groot belang deze gevoelens van antipathie te voorkomen. Zodra een kind met de ogen rolt, is uiterste alertheid geboden. Niet alleen met betrekking tot het gedrag van het kind, maar vooral met betrekking tot ons eigen gedrag. Wat doen wij, waardoor het kind ons minacht?

Hypergevoelig

Als een jongen in de klas – laten we hem Fred Fluitsma noemen – zijn boeken voortdurend vergeet, kan je daar als leraar natuurlijk enorm geïrriteerd door raken. Als je niet oppast is alleen al het zien van zijn hoofd genoeg om je humeur van 10 naar 1 te laten zakken. Voor je het weet, merkt zo'n jongen dat. Zo stelt hoogleraar en puberexpert Eveline Crone: '[Pubers zijn] *hypergevoelig* voor de emoties op de gezichten van anderen: als we jongeren van rond de 15 in de hersenscanner leggen en hun boze en blije gezichten laten zien, zien we hun gezichtsherkenningssysteem veel emotioneler reageren dan dat van jonge kinderen en achttienjarigen en volwassenen. Het verklaart waarom pubers zo enorm gevoelig kunnen zijn voor afwijzing. Als je boos naar een puber kijkt, werkt dat ook heel sterk door bij hem of haar, maar als je blij naar ze kijkt dus ook. Vandaar dat pubers zo snel de slappe lach krijgen.'[32]

Dit beseffend is de kans groot dat zo'n jongen die zijn tas vergeten is en waar jij je aan ergert, op zo'n moment waarschijnlijk zelfs *sneller* dan jijzelf in de gaten heeft dat jij je ergert. Hij is er immers uiterst sensitief voor, heeft er een antenne voor. Als je dan ook nog eens een schampere opmerking maakt – 'Zo, Fluitsma, deze keer misschien toevallig wel je huiswerk bij je?' – is de kans groot dat hij jouw gevoelens van cynisme en antipathie met dezelfde of zelfs sterkere gevoelens van antipathie zal beantwoorden. Na verloop van tijd zullen de wederzijdse gevoelens van afkeer zo sterk zijn, dat het niet meer mogelijk is normaal met elkaar om te gaan. Jij hebt de pik op Fred, Fred heeft de pik op jou.

Zodra kinderen en volwassenen dit soort gedrag ten opzichte van elkaar vertonen, is er sprake van een serieus probleem: de relatie is diepgaand verstoord. Kinderen die zuchten of met de ogen rollen vallen dan ook niet in de categorie 'molshoop', maar in de categorie 'berg'. Voor alle betrokkenen is het psychologisch uiterst belastend. Leerkrachten die dit soort gedrag jarenlang moeten 'inslikken', doen zichzelf in emotioneel opzicht veel geweld aan. Het tast je gevoel van zelfrespect en waardigheid aan. Het kost heel veel energie er weerstand tegen te bieden en zuigt op den duur alle plezier uit je werk. De enige manier om het voor jezelf nog enigszins dragelijk te houden, is cynisch te worden, een muur om je heen te bouwen of jezelf zo autoritair op te stellen dat leerlingen het wel uit hun hoofd laten dergelijk gedrag te vertonen. Precies dat zijn de strategieën die veel docenten in de loop der jaren dan ook ontwikkelen. Al was het maar om te voorkomen dat ze bezwijken. Omgekeerd geldt ook dat leerlingen die door een bepaalde leraar of lerares gedurende langere tijd en in aanwezigheid van hun klasgenoten voortdurend met gevoelens van minachting behandeld worden, daarmee een traumatische ervaring kunnen opdoen. Uiteraard geldt dit laatste niet voor alle leerlingen. De uitzondering wordt gevormd door kinderen die erg populair zijn en goed in de groep liggen. Als een docent zo'n leerling met gevoelens van minachting probeert te bejegenen, kan zo'n leerling deze benadering als een *ereteken* dragen. Alsof hij of zij tegen de klas zeggen wil: 'Zien jullie hoe meneer De Boer mij probeert klein te krijgen? Hoe zielig is hij wel niet? En hoe sterk moet ik dan wel niet zijn?' Een kind op deze manier kleineren is daarmee een vorm van vastdenken die getuigt van de eerder beschreven denkfout dat een kind een straf als beloning kan interpreteren. Hoe meer je zo'n kind kleineert, des te meer bewondering hij zal oogsten bij zijn klasgenoten.

Je zou natuurlijk kunnen analyseren wat er allemaal niet goed gaat, hoe dat komt, wat je eraan zou kunnen doen en over dit alles een serieus gesprek met Fred kunnen voeren, kortom, de zaak inhoudelijk benaderen, maar de kans is groot dat dit weinig effect heeft. De relatie is zozeer verstoord, dat dit niet zal werken. Sterker nog, de kans is groot dat zich een zichzelf versterkend patroon zal ontwikkelen: hoe goed de intenties van beide partijen ook zijn, het serieus met elkaar aan tafel zitten, alleen al het feit dat je met elkaar aan tafel zit, maakt dat je elkaar beleeft als 'probleem'. Je praat met iemand waar je moeite mee hebt over waarom je moeite met elkaar hebt. Nee, dat is een leuk gesprek tussen Fredje en meneer De Boer.

Timing

Hoe kan je een patroon van negatieve conditionering dan wél doorbreken? Simpel. Door te beseffen dat de *timing* van groot belang is. Wanneer, op welk moment, bespreek je wat je dwarszit? Het antwoord is eenvoudig. Niet op het moment dat je elkaar ziet. Doe het gewoon wat later. Zorg dat je het kind – ondanks je gevoelens van irritatie en antipathie – eerst begroet, dat je eerst contact maakt en dat je pas daarna 'het probleem' aan de orde stelt.

Sinds ik ben gaan begrijpen hoe vervelend ik in de ogen van mijn kinderen wel niet moet zijn als ik – voordat ik ze ook maar begroet heb – meteen ergens over begin te mekkeren, heb ik me heilig voorgenomen om ze, wat er ook speelt, altijd eerst te begroeten. Altijd, elke keer, elk moment dat we elkaar zien, probeer ik eerst te laten merken dat ik blij ben dat ze er zijn, dat ze bestaan. Ik vraag hoe het met ze gaat, maak een grap, vraag of ik iets voor ze kan doen, whatever. Ik kan me voorstellen dat je nu het beeld hebt dat het bij ons een hyperblije boel is met toeters en bellen en voortdurend hallelujah-begroetingen. Daar hoef je je geen zorgen over te maken. We houden meer van het paradoxaal begroeten. Zo vind ik het een van de mooiste dingen om 'Hé, sukkel' te roepen naar mijn jongste zoon als hij thuiskomt en hem dan goedgeluimd te horen antwoorden: 'Hé, mislukt figuur.' Maar welke toon je ook kiest, als je laat merken dat je de ander waarneemt en waardeert, wordt dat bijna altijd positief beantwoord. Zo niet, ook geen punt.

Misschien denk je: elkaar leuk begroeten, wat kan daar nou het effect van zijn? Toch is het effect daarvan niet te onderschatten. In het eerste geval, waarin je meteen negatief begint, is er sprake van een negatief, zichzelf versterkend patroon. Het is niet de begroeting zelf die zo'n sterk effect heeft, maar vooral de *herhaling* daarvan. Dit effect kunnen we in ons voordeel gebruiken, door dag in, dag uit eerst op een positieve manier contact te maken. Laat merken dat je blij bent dat de ander er is. Met of zonder boeken. Begin daarna, misschien zelfs pas uren later, over wat je dwarszit. Als dat dan nog nodig is, tenminste: in de helft van de gevallen lost het 'probleem' zich vanzelf wel op, mogelijk zelfs omdat de ander er zélf na een tijdje over begint en zich misschien wel meer schaamt en heviger verontschuldigt dan jij had verwacht. Eerst contact, dan conflict.

Nietsdoen

Het mooie van op deze manier contact maken, is dat je daardoor laat merken dat je blij bent dat de ander er is. Los van zijn of haar gedrag. Als de ander 'er mag zijn', komen de eventuele problemen, het lastige gedrag, later vanzelf wel aan de orde. Ze zijn er nog wel, ze zijn alleen in verhouding niet meer zo'n big issue. Precies dit is ook de reden waarom veel mensen zoveel steun kunnen hebben aan een hond in huis. Honden zijn blij als je thuiskomt. Ze verheugen zich op je gezelschap. Los van wat je zegt, presteert, hebt meegemaakt. Een hond kan gewoon blij zijn dat jij er bent. Hoe heerlijk moet het voor een kind wel niet zijn, als jij hem of haar dat gevoel kan geven?

Een kind heeft er niets aan om, jaren nadat het 't ouderlijk huis verlaten heeft, te horen 'dat je altijd van hem hebt gehouden'. Een kind heeft er wel wat aan om dat elke dag te *ervaren*. De manier waarop je dat kan doen is eenvoudig. Laat het bij de begroeting merken. Keer op keer. Precies dit is het ook wat leerkrachten doen met wie je een sterke band voelt. Ze geven je het gevoel dat ze je waarderen om wie je bent. Ze verheugen zich op je aanwezigheid.

Een leraar vertelt daarover: 'Een meisje in de tweede klas van het vmbo wilde niet werken, thuis niet, op school niet, nergens. Als ik de klas een opdracht gaf, ging iedereen aan het werk, maar zij weigerde consequent in beweging te komen, keek stoïcijns voor zich uit en deed helemaal niets. Dit gedrag vertoonde ze niet alleen bij mij, ze deed het bij alle leerkrachten. Op een dag gaf ik de klas een opdracht en ging daarna naast haar zitten. "Wat komt u hier doen?" vroeg ze me. "Lekker even nietsdoen, net als jij," antwoordde ik volledig ontspannen. In alle rust keek ik voor me uit. Uiteraard was ik benieuwd hoe ze zou reageren – zou ze me geen zeikerd vinden? – maar wat deed ze, nadat we twee, drie minuten zo hadden gezeten? Ze pakte een pen en ging in alle rust aan het werk. Hierop vroeg ik haar, quasiverbaasd: "Wat doe je nu?!" Haar reactie? "Opdrachten maken, dat moest toch." Ik antwoordde: "Tja, als jij nou ook al gaat werken, dan ga ik wel weer in mijn eentje ongezellig terug naar mijn bureau." De les erop gaf ik de klas opnieuw een opdracht, maar nu gebeurde er iets anders. Op het moment dat iedereen aan het werk ging, liep zij naar voren en ging met haar boek en schrift achter mijn lessenaar staan. "Wat kom je hier doen?" vroeg ik haar. "Lekker even werken, net als jij," antwoordde ze. In alle rust begon ze aan de opdracht. Ik schoot in de lach en zij ook. We hadden een klik. De rest van het jaar heeft ze bij mij altijd gewerkt. Dit in tegenstelling tot de andere lessen. Daar weigerde ze nog steeds consequent om opdrachten te doen. Toen ik haar een keer vroeg naar het "waarom" daarvan, antwoordde ze: "U bent tenminste normaal, die anderen zijn allemaal zeikerds."'

Gevoelens

Na 'kennen' en 'herkennen' is er een derde manier waarop we kinderen kunnen erkennen, en wel door middel van het accepteren en respecteren van hun *gevoelens.* Met het accepteren van gevoelens bedoel ik dat we hun gevoelens kunnen waarnemen, zonder als volwassene meteen een advies of analyse te hoeven geven. Net zoals je een kind leert kennen door gewoon te luisteren en vragen te stellen, kan je zijn gevoelens erkennen door ervoor open te staan en ze waar te nemen. Dat is echter makkelijker gezegd dan gedaan.

Als je om je heen kijkt, zie je dat we dagelijks geneigd zijn het te doen: als een kind gedemotiveerd is, hebben we de neiging het te motiveren. Is een kind verdrietig, dan maken we het aan het lachen. Is een kind gefrustreerd, hysterisch en boos, dan hebben we de neiging zijn boosheid te sussen. In mijn vorige boek *Ik ben oké, jij bent een sukkel* ben ik uitgebreid op dit verschijnsel ingegaan en heb er een woord aan gegeven: contrasteren. Zodra we lastig gedrag waarnemen, hebben we de neiging ons ertegen te verzetten en zelf het tegenovergestelde gedrag te vertonen. Uiteraard met als doel het probleem op te lossen, een verdrietig kind aan het lachen te maken of een gedemotiveerde leerling wat perspectief te geven. Helaas werkt het bijna altijd averechts. In de meeste gevallen zal het kind nog harder huilen en de leerling nog meer gedemotiveerd raken. Zie je het al niet zo zitten, word je ook nog eens geconfronteerd met iemand die blijmoedig tegen je aan zit te praten. Daar word je toch helemaal depressief van? Stel je maar voor dat je 's morgens moe de keuken binnenkomt, je hebt misschien een licht ochtendhumeur, en je partner roept je vrolijk en vooral net iets te hard 'goedemiddag' toe. Dat is toch verschrikkelijk?

Sympathie

Met een kind meevoelen – 'meevoelen' is de letterlijke vertaling van het woord *sympathie*, dat een samenstelling is van de twee Griekse woorden 'sym' (samen) en 'pathos' (gevoel) – is een van de krachtigste manieren om het te erkennen. Is je dochter wanhopig, verdrietig en radeloos omdat haar vriendje de verkering heeft uitgemaakt? Ga haar niet adviseren, ga niet beargumenteren dat ze eigenlijk 'een beter iemand verdient' en dat 'die jongen toch al niets voor haar was'. Alles wat je doet om haar gevoelens minder erg te maken, zal haar verdriet alleen maar groter maken. Je kan als ouder je dochter op zo'n moment geen groter geschenk geven dan simpelweg ook meeverdrietig te zijn. Zonder interpretaties, zonder adviezen, zonder analyses, zonder oordelen, zonder beschouwingen over hoe je zoiets verwerkt. Voel gewoon met haar mee, wees verdrietig met haar en ze zal zich begrepen voelen.

Emoties zijn voor ons als volwassenen misschien lastige dingen – vaak weten we zelf ook niet wat we voelen – maar voor kinderen en pubers zijn ze dat in nog sterkere mate. Net zoals we als mens woorden moeten leren voor dingen, moeten we ook woorden leren voor onze emoties. Een kind voelt wel van alles, maar wát voelt het precies? Is het angst, woede, verbazing? Je zou ook kunnen zeggen dat we allemaal als emotionele analfabeten geboren worden. We voelen wel van alles, maar wat is het precies? En zelfs als we van alles voelen, dan nog zijn we vaak niet in staat om die gevoelens te uiten. Met name voor pubers is het leven wat emoties betreft vaak uiterst verwarrend.

Zo kan ik me een verschrikkelijk onhandige situatie herinneren, die ik meemaakte toen ik – nadat ik was blijven zitten – voor de tweede keer in de tweede klas zat. Ik was ouder en groter dan de rest van de klas. Mogelijk daardoor vroeg een jongen die bij mij in de klas zat op een dag of ik op zijn feestje wilde komen. ‘Leuk,’ antwoordde ik.

‘Moet je wel een vriendin meenemen,’ vervolgde hij.

Ik schrok. Een vriendin? Ik had helemaal geen vriendin! Omdat ik niet wilde toegeven dat ik geen vriendin had, antwoordde ik: ‘Is goed, geen probleem.’ Meteen na deze toezegging sloeg de paniek toe. Ik moest een meisje zien te regelen.

Ik kon maar één ding bedenken. Er was een meisje waarmee ik op een avond, lang lang geleden, wat gezoend had. Via via wist ik haar nummer te achterhalen en belde haar op. ‘Vind je het leuk om zaterdag mee te gaan naar een feestje?’ Tot mijn totale verbijstering antwoordde ze ‘Ja’. ‘Zal ik je om acht uur ophalen?’ stelde ik voor.

‘Oké,’ antwoordde ze.

‘Tot zaterdag.’

‘Tot zaterdag.’

Het meisje was een heel lief meisje, het feestje was een ramp. Er waren naast ons tweeën maar vier mensen aanwezig: mijn klasgenoot met zijn vriendin en een vriend, die op zijn beurt ook een vriendin bij zich had. Het ‘feest’ speelde zich af in een garagebox. In de hoek stond een pick-up. Op de grond lagen drie matrassen. Twee van de matrassen werden na binnenkomst meteen door de twee andere ‘stellen’ liggend in bezit genomen. Niet wetend wat te doen gingen wij ook maar liggen. Wat was de bedoeling? Moest dit een orgie worden? Ik vond het allemaal verschrikkelijk en ik

zag dat het meisje dat ik had meegenomen het al even verschrikkelijk vond als ik. We zeiden geen woord. Uit de pick-up kwam muziek.
Twee uur hebben we daar, zonder elkaar onwelgevallig aan te raken, gelegen. Een beetje zoenen. Met dichte monden. Dat was het zo'n beetje. Het arme kind was totaal gespannen. Maar ja, ik was dat ook. Ik had het idee dat zij dacht dat ik haar bewust naar dit sekshol had gelokt. Maar ik was er voor mijn gevoel zelf ook naartoe gelokt.
Om tien uur deed mijn vriend de pick-up uit en het licht aan. Einde feest. Iedereen vertrok. 'Tot ziens.'
'Ja, tjo.'
Ik ben met het meisje mee naar haar huis gefietst. Onderweg zeiden we beiden niets. Bij haar huis aangekomen zeiden we elkaar gedag en dat was het dan. Ik heb haar daarna nooit meer gesproken. Toen mijn vriend me later vroeg hoe ik het feest vond, antwoordde ik 'Leuk'.

Emotioneel alfabetisme

Waarom ik dit alles vertel? Om aan te geven dat ik op die leeftijd perfect wist wat er gebeurde, mijn eigen gevoelens – als iemand me ernaar zou vragen – perfect onder woorden had kunnen brengen, maar ondanks dat alles was ik niet in staat mijn gevoelens uit te spreken, laat staan ernaar te handelen. Voor mijn gevoel overkwam het me allemaal.

Om emoties van een kind de ruimte te geven is geduld vaak van groot belang. Voor kinderen en zeker voor pubers zijn emoties lastige dingen. Het is niet altijd even makkelijk ze te voelen, laat staan ze te benoemen. Vaak zullen kinderen – en met name pubers – hun gevoelens ook niet meteen laten zien, omdat het ze kwetsbaar en onzeker maakt. Er rechtstreeks naar vragen kan dan ook irritatie of weerzin oproepen. Ook benoemen of invullen hoe ze zich voelen – hoe treffend je observatie misschien ook is –

werkt vaak alleen maar averechts. Geduld is dan ook een belangrijke voorwaarde om als ouder toegang tot de emoties van je kind te krijgen.

Emoties voelen of over emoties praten, is nog wat anders dan emoties benoemen, er woorden aan geven. Voor een kind is het herkennen en benoemen van emoties – als het gaat om erkenning – van groot belang. Een (groot) deel van lastig gedrag komt voort uit het onvermogen van kinderen om precies te benoemen wat ze voelen. Zodra een kind zijn emoties begrijpt, snapt het immers ook zijn gedrag beter. Alleen al het verschil kunnen benoemen tussen je 'verdrietig', 'boos' of 'teleurgesteld' voelen is van cruciaal belang. Voor ons als volwassenen is daarbij een belangrijke rol weggelegd. Net zoals het onze rol is om kinderen woorden als 'auto' voor een auto, 'fiets' voor een fiets en 'step' voor een step te leren, is het ook onze taak kinderen woorden te leren voor emoties. Door ze daarbij te helpen, leren we hun het emotionele abc.

Emoties 'oplossen'

Hoe kunnen we kinderen helpen een 'emotioneel alfabet' te ontwikkelen? Om dat te doen is het allereerst van belang dat emoties er mogen zijn, dat ze erkend worden en dat we ze zélf onder woorden kunnen en willen brengen. Om het gehele register aan emoties te kunnen benoemen, is het van belang om in te zien dat er niet zoiets bestaat als goede of foute emoties. Emoties zijn er, in alle gradaties van het menselijk handelen. Van haat tot liefde en van wraak tot vergevingsgezindheid. Alhoewel dit logisch en simpel lijkt, hebben we in het dagelijks leven voortdurend de neiging emoties van kinderen te ontkennen, te onderdrukken, te negeren of – en dat is de valkuil waar we als ouder het snelst in vallen – op te willen lossen.

Stel, een kind huilt omdat een ander kind hem geslagen heeft. Wat is de beste en in principe meest eenvoudige reactie? Een beetje meedoen in verdrietig zijn en iets zeggen in de trant van: 'Huil maar even.' Maar wat is (nogal eens) onze neiging? Om iets met de emotie van het kind te gaan *doen*. We willen het probleem dat deze *emotie* er is *oplossen*. Het mag er niet zijn en moet worden weggewerkt. Vervolgens ontwikkelen we allerlei strategieën om dat doel te bereiken.

De emotie verklaren door de oorzaak te achterhalen is een van de strategieën. 'Wat is er gebeurd dan?' Om vervolgens het kind te adviseren over hoe het anders had kunnen handelen. 'Je moet ook gewoon weglopen als andere kinderen vervelend beginnen te doen.' Of: 'Je mag best van je af slaan als ze vervelend tegen je doen.' Wat is de boodschap die het kind krijgt? Als ik verdrietig ben, is dat fout en dat ik verdrietig ben komt door mij. Ik ben dubbel fout, dus. Een andere 'oplossing' is het kind adviseren de emotie te verdringen. 'Stop nou maar met huilen, je bent een grote meid, zo erg is het nou ook weer niet.' Boodschap: je moet in het leven sterk zijn, als je zwak bent hou ik niet van je.

Ook het kind 'helpen' door het bijvoorbeeld mee te sleuren naar 'de dader' om die eens flink zijn vet te geven, getuigt van eenzelfde benadering. Hoezeer je het beste met je kind voorhebt door voor hem of haar op te komen, de boodschap blijft hetzelfde: als je huilt is dat niet goed. Het is ongewenst.

Er zijn ontelbare manieren om de gevoelens van kinderen niet serieus te nemen. We kunnen ze uitlachen als ze boos zijn, voor schut zetten met een leuk geintje, vragen of ze al verkering hebben in aanwezigheid van hun vrienden of simpelweg hun gevoelens onderdrukken met uitspraken als 'Wie denk jij nou dat je bent?', 'Je moet gewoon flink zijn!' of 'Hou toch eens op met dat gejank!' Als ouder hebben we vaak last van de emoties van onze kinderen. Ze maken ons onrustig en geven ons het gevoel machteloos te zijn. Door de strijd met emoties aan te gaan, hopen we dat we er wat minder last van hebben. Maar emoties zijn niet te sturen. Kinderen voelen wat ze voelen. Daar kunnen we van alles van vinden, maar emoties zijn er nou eenmaal. Tegen kinderen zeggen dat bepaalde emoties er niet mogen zijn, is in hun beleving hetzelfde als zeggen dat zíj er niet mogen zijn als ze bepaalde emoties ervaren.

Emotioneel coachende ouders

Emoties van kinderen onderkennen is een cruciale voorwaarde om een kind op een gezonde manier groot te brengen. John Gottman verrichtte in de jaren tachtig en negentig van de vorige eeuw een meerjarig onderzoek onder meer dan honderd gezinnen: hij volgde hen vanaf het moment dat de kinderen vier jaar oud waren tot hun adolescentie. Zijn belangrijkste vraag was hoe ouders met de gevoelens van henzelf en die van hun kinderen omgingen. Was er ruimte voor emoties en hoe werd er met die emoties omgegaan? Op basis van zijn observaties onderscheidde hij gezinnen waarin de ouders hun kinderen 'emotioneel coachten' en die waarin ouders dat niet deden. Ouders die hun kinderen emotioneel begeleidden, waren in zijn definitie ouders die de emoties van hun kinderen én zichzelf accepteerden, erkenden en benoemden. In deze gezinnen waren emoties onderdeel van het dagelijks leven, ze mochten er zijn en hadden een naam. In andere gezinnen was dit gedrag niet waarneembaar.

De verschillen tussen kinderen die wél en kinderen die geen ouders hadden die hen emotioneel begeleidden, waren opzienbarend. Gottman stelde vast dat kinderen met 'coachende' ouders lichamelijk gezonder waren, hoger scoorden bij intelligentietesten, beter konden opschieten met vriendjes en vriendinnetjes, minder gedragsproblemen vertoonden en minder geneigd waren geweld te gebruiken. Verder vertoonden deze kinderen op latere leeftijd meer positieve en minder negatieve gevoelens.

Als het om de invalshoek van dit boek gaat, omgaan met lastig gedrag, is het interessant te vermelden dat Gottman stelt dat emotioneel coachende ouders weliswaar duidelijke grenzen stellen, maar niet gefixeerd zijn op lastig gedrag. Hij zegt daarover: 'In veel opvoedkundige benaderingen ligt de nadruk op gedrag: hoe kan ik wangedrag corrigeren? Er is weinig aandacht voor de gevoelens waar het wangedrag uit voortvloeit. Natuurlijk moeten ouders grenzen stellen aan gedrag, maar ze mogen – om dat te bereiken – geen grenzen stellen aan de emotie die eraan ten grondslag ligt. (…) Volgzaamheid, gehoorzaamheid en verantwoordelijkheid ontstaan vanuit een gevoel van liefde en verbondenheid, dat kinderen in hun gezin voelen.'[33]

Spiegelen

De beste manier om emoties te erkennen is niet door ze (meteen) te benoemen, maar het kind vooral te laten ervaren dat jij kan navoelen wat hij of zij voelt, dat je je kan verplaatsen in de gevoelens van het kind. De manier waarop je dat het best doet, is door die gevoelens te spiegelen: dezelfde gevoelens niet alleen zelf te ervaren, maar ze ook het kind te tonen. Door dat te doen ervaart het kind dat jij voelt wat hij of zij voelt. Als je dit leest, lijkt het misschien een trucje, maar iedere ouder die van zijn kind houdt, zal als vanzelf de gevoelens van zijn kind spiegelen: als je ziet dat je kind op zijn knieën valt, dan doet het pijn aan je eigen knieën. Als het kind op zijn tong bijt, dan voel je het bijna aan je eigen tong. Als een kind blij van school komt, omdat het een goede spreekbeurt heeft gegeven, dan ben je als het ware zelf blij. Met en voor je kind. Spiegelen is niet iets wat je bewust moet gaan doen, als een soort 'opvoedingsinstrument', het is iets wat we als ouders spontaan doen.

Spiegelen is in feite het meest basale en natuurlijke gedrag tussen ouder en kind. Als het goed is hoeven we er niet zo op te letten en gaat het eigenlijk vanzelf. Naar de werking en het effect van spiegelen zijn inmiddels honderden, zo niet duizenden onderzoeken verricht en allemaal duiden ze erop dat spiegelen een onlosmakelijk onderdeel is van het gedrag van niet alleen mensen, maar ook apen, dolfijnen, honden en vele andere dieren. Door gedrag en emoties te spiegelen kunnen we voelen wat een ander voelt en beschikken we over een magisch middel om diepgaand contact te maken. Met name tijdens de eerste dagen, weken en maanden geven moeders en hun pasgeboren kinderen blijk van een uitmuntend, fijngevoelig en intens spiegelen van elkaars emoties.[34] Elke keer dat een kind ziet dat zijn of haar emotie door een volwassene weerspiegeld wordt, herkent het zijn eigen emotie in een ander. Het kind zal zich daardoor in zijn of haar beleving *erkend* voelen. De emotie is er, mag er zijn en is (dus) een onderdeel van wat het kind ervaart. Door elkaar te spiegelen leggen we onzichtbare draden van verbinding. We voelen ons één.

Zoals gezegd: spiegelen is een spontaan, natuurlijk onderdeel van het menselijk gedragsrepertoire. Het is iets wat we van nature kunnen. Als het goed is, hoeven we er niet al te veel op te letten. Waar we wél op kunnen letten, is dat we de hele tijd de neiging hebben om uit opvoedkundig oogpunt níét te spiegelen. Wat het erkennen en (kunnen) spiegelen van emoties betreft, is enig onderzoek naar onszelf en ons eigen 'emotionele register' niet overbodig. We hebben voortdurend de neiging om de tegenovergestelde emotie te kiezen. In mijn boek *Ik ben oké, jij bent een sukkel* noem ik dat *contrasteren.* Is iemand boos? We hebben de neiging te kalmeren. Is iemand verdrietig? We hebben de neiging te troosten.

Taboe

Daarnaast kent elke cultuur en daarbinnen elke laag van de bevolking en elk gezin wel een '*taboe-*'emotie. Vaak uitgesplitst per sekse. Jongens huilen niet en meisjes moeten vooral lief zijn (lees: zijn niet agressief, competitief of luidruchtig). In sommige gezinnen is het voor een kind absoluut '*not done*' om te laten merken dat je trots bent op jezelf. Doe maar gewoon, dan doe je al gek genoeg. Extase. Ook zo'n dubieuze emotie. In totale blijdschap door het huis rennen. Waarom? Wat is daar het nut van? 'Rustig, rustig, Fabienne, je doet helemaal opgewonden. Dat is nergens voor nodig. Je hebt ook helemaal een rood gezicht. Gedraag je even als een groot meisje, haal even adem en ga even zitten.' In andere gezinnen is woede een taboe-emotie. Woede hoor je niet te voelen en als je het voelt, moet je het in elk geval leren te beheersen. Boos worden is iets voor 'simpele zielen' die zichzelf 'niet in de hand hebben' en zich niet beschaafd, zoals het hoort, met woorden kunnen uitdrukken. 'Rustig maar, Victor, je hoeft niet zo boos te doen, dat is nergens voor nodig, je kan het gewoon rustig zeggen, ik luister heus wel.' Als je boosheid ervaart, is dat dus een teken van zwakte (je hebt jezelf niet in de hand) of zelfs een gebrek aan intelligentie. Ook 'verdriet' wordt in sommige gezinnen als een 'foute' emotie gezien. Sterke mensen zijn niet verdrietig. Sterke mensen zijn sterk. 'Goed zo, Annejet, een dubbele schedelbasisfractuur, maar je hebt niet gehuild. Je bent papa's sterke meid.' Haat en jaloezie: ook al zulke verdachte emoties. 'Babette, je hoeft niet jaloers te zijn op Marie-Louise. Eerst had jij verkering met Henkjan, nu vindt Henkjan even een ander meisje lief. Dat kan gebeuren. Hoort gewoon bij het leven. Er zijn nog genoeg leuke jongens voor jou over. Janpeter, is dat niks voor jou?!' Eigenlijk is de enige 'goede' emotie liefde. Eerlijke, zuivere, hemelse liefde. Niet te veel, natuurlijk, da's ook weer niet goed. Alles met mate. Gedoseerde liefde. Dat zou ideaal zijn.

Over met mate gesproken. Ik heb een vrouw gekend die werkelijk álles wat haar kinderen deden wat ook maar met enige emotie gepaard ging, voortdurend temperde met een langgerekt, traag uitgesproken 'Mwoah'.
'Kijk, mama, ik kan fietsen zonder handen!'
'Mwoah.'
'Mama, je kijkt zo zorgelijk, is er iets?'

'Mwoah.'
'Mama, ik wil zo graag naar Disneyland, vind je dat ook leuk?'
'Mwoah.'
'Kijk daar, mama, een auto-ongeluk, die man staat niet meer op, volgens mij is er iets heel ergs gebeurd!'
'Mwoah.'

'Mwoah' is natuurlijk verschrikkelijk, maar het kan nog verschrikkelijker. Een vriend vertelde me dat hij, toen hij voor zijn eerste baan was aangenomen, trots en dolblij zijn vriendin had gebeld om die als eerste het goede nieuws te vertellen. Wat was haar reactie? 'Hm, moet ik nou een gat in de lucht gaan springen, of zo?'

Emoties als 'fout' of 'goed' bestempelen, is natuurlijk net zo onzinnig als de regen als goed of slecht benoemen. Emoties zijn er nou eenmaal. Of je nou wilt of niet. Ze zijn deel van de menselijke ervaring. Hoe verlicht we ook zijn – of denken te zijn – zodra we gaan leven, dingen willen, plannen maken, onderdeel van een sociaal netwerk zijn, gaat dat alles gepaard met gevoelens. Door wat we meemaken zijn we boos, verdrietig, blij, gefrustreerd, jaloers, depressief, lusteloos. Soms ervaren we intensere emoties dan op andere momenten, soms voelen we tijden helemaal niet zoveel, maar emoties horen nou eenmaal bij het leven. Door de emoties van een kind te *censureren*, zeggen we – zonder zoveel woorden te gebruiken – dat het kind niet klopt. Het deugt niet. Het voelt iets anders dan wat het op dat moment zou *moeten* voelen. En welke les trekt een kind daaruit? Dat het die emotie maar het beste niet meer kan voelen, omdat het anders niet voldoet. Als ik huil ben ik een 'zwak meisje'. Als ik in extase ben, ben ik 'kinderachtig'.

Omdenken

Op welke manier zouden we lastig gedrag van kinderen door hun emoties te erkennen kunnen omdenken? Hoe zou dat er in de praktijk uit kunnen zien? Ter illustratie twee voorbeelden. Eén met pubers, één met kleine kinderen.

Toen ik in de vierde klas van de middelbare school zat, kregen we voor Frans les van een invalster. Deed ze het goed? Niet echt. Het probleem was dat ze voortdurend ruzie had met bijna iedereen in de klas. Zelfs de meest brave leerling hoefde bij wijze van spreken maar uit het raam te kijken of de poppen waren al aan het dansen. 'Ja jij, wat doe je daar? Waar zit je naar te kijken?'
'Nergens, juf.'
'Een grote mond? Ga d'r maar uit!'
Ze schreeuwde, liep voortdurend rood aan en had de kinderen duidelijk niet in de hand. Op een dag liep het dusdanig de spuigaten uit, dat ze eerst één, toen twee, daarna drie kinderen en uiteindelijk de volledige klas de gang op stuurde. 'Allemaal wegwezen, ga je maar melden bij de rector, iedereen moet morgen voor straf een kwartier eerder op school komen, dat krijg je ervan als jullie zo vervelend doen.' We waren verbaasd, verontwaardigd en lacherig. 'Wat een raar mens,' vonden we. 'Is zeker overspannen, of zo.'
Even later kwam de rector op de gang en vroeg wat er aan de hand was. Verontwaardigd vertelden we dat we er allemaal uitgestuurd waren, naar hem gestuurd waren en ons morgen voor straf een kwartier eerder op school moesten melden. We verwachtten dat de rector ons tegen zou spreken en de juf bij voorbaat in het gelijk zou stellen, maar dat gebeurde niet. In plaats daarvan vroeg hij ons om mee te komen naar zijn kamer.
Nadat we met bijna dertig leerlingen opeengepakt in zijn kamer stonden, deed hij de deur dicht, zuchtte diep en sprak ons serieus toe. 'Wat ik jullie ga zeggen moet onder ons blijven. De invalster voor Frans is niet echt een goede lerares. En dan druk ik me voorzichtig uit. Ze heeft met alle klassen ruzie, niet alleen met jullie.

Ik heb met haar gepraat, zij beseft dit en wil zelf graag stoppen met lesgeven, maar ik heb haar gevraagd of ze nog een tijdje wil blijven. We zijn hard op zoek naar een nieuwe lerares, maar kunnen niemand vinden. Gelukkig is zij zo aardig om ons voorlopig uit de brand helpen. Ik ga jullie dan ook geen straf geven, ik wil jullie wél vragen of jullie haar jullie excuses aan willen bieden voor jullie gedrag, ook al slaat dat nergens op, dat begrijp ik. Zeg maar dat jullie allemaal straf van mij hebben gekregen, maar alsjeblieft, gedraag je de komende twee, drie weken een beetje bij haar totdat we een nieuwe leraar of lerares gevonden hebben. Willen jullie dat doen?'
We waren volledig ontregeld. Niet eerder had iemand op school op zo'n volwassen manier met ons gesproken. Wat was het gevolg? Dat we de volgende les onze excuses aanboden bij de invalster en ons vanaf dat moment keuriger dan ooit gedroegen. De lessen werden er bijna gezellig van. Ook de rector hield woord. Enige weken later, zoals beloofd, kregen we een nieuwe lerares. Van de invalster namen we gepast, bijna op een volwassen manier, afscheid. Zoals pubers dat kunnen, als ze serieus genomen worden.

Omspiegelen

In *Ik ben oké, jij bent een sukkel* beschrijf ik hoe je met behulp van de strategie van het rolverwisselen, emoties van anderen kan laten kantelen. In de kern komt deze benadering erop neer dat je de emoties van de ander versterkt spiegelt. Is iemand verdrietig? Jij bent verdrietiger. Is iemand boos? Jij bent bozer. Terwijl ik dat boek aan het schrijven was, werd ik geconfronteerd met een situatie waarin ik deze strategie kon uitproberen. Ach, dacht ik, als ik er toch over aan het schrijven ben, waarom zou ik het dan niet uitproberen? Aldus geschiedde.

Voor een onderzoek moest ik bloed laten afnemen. Terwijl ik in de wachtkamer zat, hoorde ik vanachter een groen gordijn een meisje kermen en piepen. 'Ik wil niet, nee, nee, ik wil naar huis.'

Daarna een stem van een oudere vrouw, ik schatte in dat het haar moeder was: 'Maar als je nu geen bloed laat afnemen, moet je morgen naar het ziekenhuis. Wil je dat dan?' 'Nee,' gilde het meisje, 'dat wil ik ook niet!'

'Maar wat wil je dan?'

'Naar huis.'

Zo ging dat een tijd door totdat moeder de strijd opgaf en het gordijn even later openging. Moeder nam afscheid van een wat bedrukt kijkende zuster. Dochter had zich niet laten overhalen om bloed te laten prikken. In stilte hees moeder haar dochter in haar jas. Ik had met beiden te doen. Zowel de moeder als de dochter. Wat een gedoe. Alhoewel ik me er wat onhandig bij voelde, besloot ik me ermee te bemoeien.

'Mevrouw, meisje, ehhh... ik moet vandaag voor het eerst in mijn leven bloed laten prikken en ik vind het heel erg eng, misschien begrijpen jullie mij, zat ik zo te denken, voor jullie is het zo te zien ook een beetje eng, dus misschien dat jullie met mij mee willen gaan om me gerust te stellen.' Tot mijn verbazing stopte het meisje meteen met snikken. Hoopvol keek moeder haar aan. 'Wil jij die meneer misschien helpen?' vroeg moeder. Verlegen knikte het meisje van 'ja'. Met z'n drieën begaven we ons naar de ruimte achter het groene gordijn.

Nieuwsgierig keek het meisje naar het bandje dat de zuster om mijn arm deed en de buisjes die klaargelegd werden om met bloed gevuld te worden. 'Wat gaat er nu gebeuren?' vroeg ik zo bang mogelijk aan de zuster. 'Nou gaan we zo die naald in uw arm zetten, dat is een klein prikje, daar voelt u bijna niets van.'

'Een klein prikje, zegt u,' probeerde ik zo goed mogelijk te jammeren, 'het ziet er echt heel eng uit, ik durf er niet eens naar te kijken.'

Al die tijd volgde ik vanuit mijn ooghoeken nauwlettend de gedragingen van het meisje. De zuster pakte de naald. Expres keek ik op dat moment de andere kant op. 'Wanneer gaat u prikken, zuster?'

'Meneer, u bént al geprikt.'

Verschrikt keek ik om. 'Bén ik al geprikt? Maar het deed helemaal geen pijn, hoe kan dat nou? Is dit alles?'
Nadat de buisjes gevuld waren, stond ik op en bedankte de zuster. Ik was benieuwd hoe het nu verder zou gaan. 'Ga jij nu ook?' vroeg de zuster aan het meisje. Er viel een korte stilte. Het meisje moest heel hard nadenken. Daarna schudde ze haar hoofd. 'Nee.' Shit, dacht ik, niet gelukt... Maar daarna kwam een verrassend vervolg. 'Nog niet, ik wil eerst nog bij iemand anders kijken, mag dat?'
'Natuurlijk mag dat,' antwoordde de zuster en ze wenkte naar een meneer die aan de beurt was.
Ook deze man speelde het spel meteen goed mee. 'Ben ik echt al aan de beurt, mevrouw?' beklaagde de man zich overtuigend. Te zien aan zijn bouw was hij bootwerker, bouwvakker of stratenmaker en zou hij zonder problemen de helft van zijn bloed laten draineren; desondanks was hij overtuigend in zijn rol.
Uiteraard was ik benieuwd hoe het afliep en dus bleef ik buiten wachten. Niet veel later kwamen moeder en dochter naar buiten lopen. Het meisje had een pleister op haar arm. Ze keek me blij en trots aan. Nadat ze voorbijgelopen was, draaide ze zich nog even om. 'Ziet u wel dat het wel meeviel?'

Experiment

Als mensen zich in hun gevoelens erkend weten, kunnen ogenschijnlijk vastgeroeste situaties vrij snel opengebroken worden. Zelfs als beide partijen besloten hebben de hakken in het zand te zetten. Om in zo'n situatie effectief te kunnen bemiddelen, kan het van doorslaggevend belang zijn om beide partijen te motiveren rekening te houden met elkaars gevoelens.

Een vrouw vertelt dat zij als maatschappelijk werkster op een school te maken krijgt met een puberende jongen die thuis regelmatig conflicten heeft. Als ze vraagt waar die conflicten over gaan, vertelt de jongen dat hij van zijn vader nooit complimenten krijgt

voor de dingen die hij doet. Als ze na het gesprek zijn vader belt en hem vraagt wat volgens hém de oorzaak van de conflicten is, vertelt de vader op zijn beurt dat zijn zoon nooit uit zichzelf doet. In het volgende gesprek vraagt de maatschappelijk werkster aan de jongen of hij zin heeft in een experiment. Dat heeft hij wel. Ze vraagt hem of hij de komende week uit zichzelf wat in het huishouden wil doen, bijvoorbeeld de afwas doen of de vuilnisbak buitenzetten, zonder dat zijn vader daarnaar hoeft te vragen. En als hij dat dan gedaan heeft, goed op te letten hoe zijn vader reageert. De jongen stemt met haar voorstel in.
Meteen na het gesprek met de jongen belt de maatschappelijk werkster de vader. Ook hem vraagt ze of hij zin heeft in een experiment. Ze vraagt hem deze week eens niet te reageren op de dingen die zijn zoon niet doet, maar alleen te reageren op wat hij uit zichzelf wél doet. En als zijn zoon iets uit zichzelf mocht doen, hem daar dan ook voor te complimenteren.
Als de maatschappelijk werkster de week erop aan de jongen vraagt hoe de week is verlopen, zegt hij dat hij in tijden niet zo'n leuk contact met zijn vader heeft gehad. En zijn vader? Die vertelt precies hetzelfde.

Wederkerigheid

De behoefte aan erkenning en verbondenheid is geen kwestie van eenrichtingsverkeer. Zoals kinderen de behoefte hebben erkend te worden door anderen, hebben zij op hun beurt ook de behoefte die anderen te erkennen. Liefde werkt in twee richtingen. Alhoewel het misschien soms lijkt alsof kinderen egocentrisch en egoïstisch zijn, met name hun vermogen tot empathie en hulpvaardigheid is vaak opvallend groot. Dat kinderen vanuit zichzelf empathisch en hulpvaardig kunnen zijn, is al vanaf jonge leeftijd zichtbaar. Kleine kinderen gaan huilen als ze hun moeder zien huilen en bieden spontaan troost als ze zien dat een ander kind valt en zich bezeerd heeft. Dankzij empathie zijn kinderen tot bijzondere daden in staat.

'Op school was het rooster veranderd. Het gevolg was dat de speeltijd van de kinderen korter was geworden. En zo ontstond een probleem, want voor Mark – een leerling met een meervoudige handicap – was altijd veel tijd nodig om hem voor het speelkwartier uit zijn rolstoel te halen, aan te kleden en weer terug in zijn rolstoel te zetten. De hulpleerkracht stelde dan ook voor dat Mark voor deze korte periode in de klas zou blijven.
In eerste instantie leek dit de enige mogelijkheid, tot een van de klasgenootjes, Elke, suggereerde om Marks jas achterstevoren aan te trekken, zodat al het technische werk met de rolstoel overbodig werd. "Wat zullen de andere kinderen dan wel niet zeggen?" repliceerde een klasgenoot. "Zal hij er niet gek uitzien met die jas achterstevoren?" Deze vraag bracht Elke tot het voorstel dat niet alleen Mark, maar ook alle andere kinderen uit de klas hun jas achterstevoren aan zouden doen.
Zo gezegd, zo gedaan. Die dag gingen niet alleen Mark en alle kinderen van zijn klas, maar ook de juf en de hulpleerkracht naar buiten met de jas achterstevoren aan. Het leverde een bizar, humoristisch en ontroerend beeld op. En Mark? Hij straalde.'

Kinderen voelen zich graag verbonden met anderen. Een van de manieren om je verbonden te weten met anderen, is het besef dat wat je doet nuttig en nodig is. Je kan een lastig kind aanspreken op zijn vervelende gedrag, maar misschien is het wel veel productiever om in zo'n geval het kind om hulp te vragen.

Eind jaren vijftig. Een jongen studeert af aan de kweekschool. Zijn eerste baan als leraar krijgt hij op een katholieke school in Overijssel. 'Twee maanden voor de zomervakantie kon ik invallen voor een docent die plotseling erg ziek was geworden. De nonnetjes die er de scepter zwaaiden, waren te typeren als streng, cynisch en wantrouwig. Ze waarschuwden me voor mijn klas, al jaren een zeer lastige groep. Streng aanpakken, luidde het devies. Er zat één jongen in de klas, die haalde het bloed onder je nagels vandaan. Frans de B. heette hij. Vooral hem moest ik goed in de

gaten houden. "Als hij vanaf het begin weet dat je de baas bent, heeft dat een positief effect op de hele groep." Dat advies knoopte ik goed in mijn oren.
De eerste de beste schooldag vroeg ik Frans of hij even iets uit mijn auto wilde halen. Op een manier dat iedereen het kon zien, hield ik quasionverschillig mijn sleutelbos omhoog. Frans keek me ongelovig aan. Hij iets uit de auto van de meester halen? Je kon aan zijn gezicht zien dat zoiets hem nog nooit was gevraagd. Verlegen maar trots als een pauw kwam hij naar voren, nam de sleutelbos in ontvangst en haalde (natuurlijk) de gevraagde spullen uit de auto. Frans blij, meester blij, klas blij. De nonnetjes hadden uiteraard een andere kijk op de aard van het menselijke contact. De dag voor de zomervakantie kreeg ik te horen dat ik het volgend seizoen niet meer terug hoefde te komen. "Uw gedrag past niet bij de identiteit van onze school." Achteraf gezien onbegrijpelijk dat ze me nog zo lang getolereerd hebben.'

Een lastig kind om hulp vragen is een van de sterkste interventies om lastig gedrag in coöperatief gedrag te veranderen. Door kinderen aan te spreken op hun hulpvaardigheid verleggen we de aandacht van hun negatieve gedrag, naar hun positieve intenties. De neiging iets voor anderen te betekenen is zo sterk, dat zelfs vermeend 'zeer lastig gedrag' in één klap veranderen kan. Een oud omaatje liep 's avonds laat van de bushalte naar huis. Daarbij stuitte ze in een donker stuk van de route op een groepje hangjongeren. In eerste instantie schrok ze. Daarna liep ze op de groep af en zei: 'Jongens, mag ik jullie wat vragen? Kunnen jullie misschien even met mij meelopen naar huis, anders moet ik zo 's avonds laat alleen over straat.' Uiteraard deden de jongens dat. Ze stapten direct in de rol van beschermers. 'Tuurlijk lopen we even met u mee. Welke kant moet u op?' Aldus kwam oma veilig thuis.

Over de kracht van empathie zijn prachtige en ontroerende verhalen te vertellen. Dankzij het fascinerende vermogen van de mens zich in de ander te verplaatsen, zijn kinderen én volwassenen tot daden in staat waarmee ze zichzelf weten te ontstijgen. Zelfs als het gaat om criminelen. In de krant stond niet lang geleden het verhaal van twee peuters die het hart van een inbreker wisten te vertederen. De man brak binnen in een eengezinswoning in Schwanewede (Duitsland) en bedreigde de babysitter. Wat deden de twee kleine kinderen? Beiden boden hun spaarpot aan. Verbouwereerd stak de inbreker zijn pistool, dat hij de babysitter onder de neus hield, terug in zijn zak en verdween zonder verder iets te zeggen.[35]

Door kinderen te erkennen, verandert de relatie die we met hen hebben. Zodra kinderen mogen zijn wie ze zijn en voelen wat ze voelen, is het contact warmer en opener. In principe is dat makkelijk om te doen, maar in de praktijk is het tamelijk lastig. Als volwassenen hebben we de neiging om met kinderen zoals ze zijn of hun emoties, zodra we ze waarnemen, iets te *doen*, om emoties te verdringen, negeren, analyseren, oplossen of verzachten. Vaak met de beste bedoelingen. We willen onze kinderen behoeden voor vervelende ervaringen. Om ons in kinderen te kunnen verplaatsen, moeten we dan ook de discipline opbrengen om niet in de valkuil te stappen dat we iets met hen zouden moeten doen. Als het ons lukt uit onze rol van opvoeder te stappen en ons alwetende inzicht over hoe je met emoties om moet gaan los kunnen laten, zijn we op hetzelfde moment één met ons kind. Voor een kind betekent dit meer steun dan welk goedbedoeld advies ook. Er zijn, niets doen, voelen wat een kind voelt: dat is het enige wat we hoeven te 'doen'.

Zodra we ons werkelijk openstellen voor wat een kind voelt, heeft dat niet alleen effect op de ander, maar ook op onszelf. Het brengt ons in aanraking met gevoelens, gedachten en denkbeelden die we niet eerder kenden. Door die gevoelens in onszelf toe te staan, hebben we niet alleen een betere verstandhouding met onze kinderen, maar (vooral) ook met onszelf.

M
E
ON
MRC
M−
M+
÷
OFF
7
8
9
×
√
4
5
6
−
%
1
2
3
+
CE/C
0
•
=

Autonomie

Autonomie

Naturalis

Een moeder gaat met haar drie kinderen een dagje uit naar het museum Naturalis in Leiden. Het is druk en moeder voelt de onrust al opkomen. ‘Hoe hou ik dit spul bij elkaar? Straks vliegen ze alle kanten op. Ik wil zelf toch ook van het museum genieten?’ Aangezien de vrouw geen zin heeft om voortdurend commando’s als ‘kom hier’, ‘blijf af’, ‘ga mee’, ‘let op’ en ‘luister’ op haar kinderen te moeten afvuren, krijgt zij een plotselinge ingeving. Ze draait de rollen om. De kinderen gaan op haar letten! Zo gezegd, zo gedaan. Bij betreding van het museum instrueert ze de kinderen dat ze goed op mama moeten letten, ‘omdat ze elkaar anders kwijtraken’. Voor de zekerheid geeft ze hun ieder een briefje mee met haar mobiele nummer. Voor het geval dat. Wat is het effect? In de zalen gaat iedereen z’n eigen gang. Moeder geniet, de kinderen genieten. Moeder houdt de kinderen in de gaten, maar moeder ziet dat de kinderen haar ook in de gaten houden. Iedereen blijft als vanzelf bij elkaar in de buurt en zodra moeder aan het eind van het museumbezoek postvat bij de uitgang, komen haar kinderen onmiddellijk naar haar toe. Moeder rapporteert na afloop: ‘We zijn drie uur binnen geweest. Na afloop had ik al mijn energie nog over. En de kinderen? Die zaten op de terugreis tevreden op de achterbank van de auto, omdat ze goed op mama hadden gelet.’

Kinderen zijn dan wel geen volwassenen – zij zijn minder groot, hebben minder ervaring en minder kennis – maar dat wil niet zeggen dat ze niet in staat zijn zelf beslissingen te nemen en verantwoordelijkheden te dragen. Als kinderen zich tegen volwassenen verzetten, doen ze dat niet omdat ze zich per definitie af zouden zetten tegen 'volwassenen' of een andere 'generatie'. Er bestaat niet zoiets als een biologisch bepaalde 'generatiekloof'. Veel lastig gedrag dat kinderen vertonen, is het gevolg van het feit dat ze in opstand komen tegen een voor hun gevoel onnodige en vooral oneerlijke beknotting van hun gevoel van autonomie. Kinderen verzetten zich niet tegen volwassenen, ze verzetten zich tegen de macht die volwassenen gebruiken. Aan de andere kant kunnen kinderen zich, als ze zich in hun autonomie gezien en gewaardeerd weten, vaak zeer zelfstandig en verantwoordelijk gedragen.

Identiteit

Kinderen zijn geen kopie van ons, geen bezit van ons en ook niet ons personeel. Kinderen zijn van zichzelf. Ze leven met ons, niet voor ons. Vanaf het moment dat de navelstreng doorgesneden is, is een kind een zelfstandig wezen. Weliswaar afhankelijk van onze zorg en aandacht, maar een wezen op zich, met een eigen naam, identiteit, persoonlijkheid en toekomst. Het leven van onze kinderen is met ons leven verweven en verbonden, maar niet onlosmakelijk *verknoopt*. De autonomie van het kind is misschien nog wel het meest indrukwekkend beschreven in het gedicht *On Children* van Khalil Gibran.

Your children are not your children.
They are the sons and daughters of Life's longing for itself.
They come through you but not from you,
and though they are with you yet they belong not to you.

You may give them your love but not your thoughts,
For they have their own thoughts.
You may house their bodies but not their souls,
For their souls dwell in the house of tomorrow,
which you cannot visit, not even in your dreams.
You may strive to be like them,
but seek not to make them like you.
For life goes not backward nor tarries with yesterday.

Kinderen hebben vanaf zeer jonge leeftijd een sterke behoefte om als autonoom wezen gezien te worden, en dat kunnen we als 'lastig gedrag' beoordelen, maar we kunnen er ook op een positieve manier mee omgaan. Er 'ja' tegen zeggen. Vanaf het moment dat we die invalshoek kiezen, kunnen we de behoefte aan autonomie gebruiken als een hefboom om lastig gedrag om te denken.

Laten we beginnen met een ogenschijnlijk voor de hand liggende vraag: wat is precies autonomie? En staat autonomie niet op gespannen voet met het feit dat jij verantwoordelijk bent voor een kind en dus soms besluiten moet nemen tegen zijn of haar wil in? Een kind kan toch niet de baas zijn?

Lichamelijke integriteit

De autonomie van een kind kent drie verschillende aspecten. Autonomie van het kind begint uiteraard met de fysieke autonomie: een eigen kamer, de mogelijkheid zich af te sluiten, de afwezigheid van lijfstraffen en geen lichamelijk ongewenste handelingen. Wettelijk is er wat dat betreft al veel geregeld. Kinderarbeid is afgeschaft, als ouders hun kinderen seksueel misbruiken of mishandelen is dat strafbaar. Toch komen er daarna al snel twijfelgevallen. Kinderen besnijden: is dat wel of niet toegestaan? Ouders die hun kinderen slecht te eten geven: is dat alleen hun eigen verantwoordelijkheid? Je kind voor straf opsluiten in zijn kamer?

Of, nog een beetje onschuldiger: tante Ursula die haar neefje met haar borsten plet en hem een kleffe, natte zoen geeft? Kinderen 'gezellig' op schoot trekken, terwijl ze dat niet willen? Kinderen verplichten nette kleren aan te doen, terwijl ze daar geen zin in hebben? Kinderen verplicht handjes laten geven aan de visite, terwijl ze het met zichtbare tegenzin doen? Kinderen de haren kammen terwijl het pijn doet?

Er is geen hard en duidelijk antwoord op de vraag wat wel en niet is toegestaan. Aangezien de overheid zich stevig bemoeit met de manier waarop ouders met hun kinderen omgaan, ligt het in de lijn der verwachting dat de wettelijke grenzen de komende jaren steeds duidelijker getrokken zullen worden. Voor dit betoog is dat van minder belang. De vraag is hoe wij op een zo constructief en respectvol mogelijke manier met de behoefte aan autonomie van het kind om kunnen gaan. Wat dat betreft zou ik er een pleidooi voor willen houden om kinderen zo autonoom mogelijk te behandelen. Na het kind erkennen is omgaan met het kind als autonoom wezen de meest effectieve manier om lastig gedrag te voorkomen en, als het zich voordoet, om te denken in constructief gedrag. Je bewust niet bemoeien met een kind, het kind laten, is een manier van met het kind omgaan, die we in waarde niet kunnen overschatten. Dat begint met een kind fysiek in zijn waarde laten.

Zo maakte mijn moeder toen ik klein was mijn gezicht schoon, door wat van haar spuug op een zakdoekje te doen, dat ze uit haar schort tevoorschijn haalde. Ze hield mijn gezicht stevig vast en met flink wrijven met de zakdoek werkte ze eventuele vlekken weg. Was het een erge lijfstraf? Nee, helemaal niet. Als kind vond ik het vies en onsmakelijk, maar het ergste vond ik het feit dat ze het deed terwijl ik zelf luid en duidelijk aangaf het niet te willen.

Uiteraard blijft in twijfelgevallen de regel gelden dat verzorging centraal staat. Wil het kind, ook na rustig uitleggen, geen DKTP

of polioprik? Heeft het kind kiespijn en durft het, ook na geduldig uitleggen, de tandarts geen verdoving te laten zetten? In dat geval: wél doen! Maar zelfs in die gevallen kan je met het kind bespreken wat er aan de hand is en het betrekken – als autonoom wezen – in de manier waarop de dingen zullen (moeten) gebeuren. Een vriend van mij heeft een zoontje van 7 jaar, dat als gevolg van kiespijn niet kon slapen. De tandarts constateerde een gaatje, er moest geboord worden. De jongen vond het verschrikkelijk; hij trok wit weg en verzette zich zo hevig toen de tandarts een spuitje met verdoving wilde geven, dat de ouders onverrichter zake naar huis gingen. Die nacht kon de jongen opnieuw niet slapen van de kiespijn. Vader besprak het probleem met zoon aan de ontbijttafel.
'Wat zullen we doen?' vroeg vader. De jongen had geen idee. Hij zat klem tussen zijn kiespijn enerzijds en de tandarts anderzijds. 'Ik wil wel nog een keer naar de tandarts gaan,' zei vader, 'maar dan gaan we niet terug voordat hij de kiespijn heeft kunnen behandelen.' De jongen begreep dat. 'Maar wat als je dan straks weer niet wilt?' vroeg de vader. 'Wat moet ik dan?' De jongen dacht na. Daarop antwoordde hij: 'Dan moet je me maar gewoon vasthouden als ik het spuitje krijg.' 'Dat is goed,' zei vader. 'Ben je dan na afloop niet boos op me?' 'Nee,' zei de jongen. En aldus geschiedde.

Psychologische integriteit

Of je de fysieke integriteit van een kind wel of niet respecteert, is vrij gemakkelijk te bepalen. Het kind heeft een eigen lichaam, wij hebben een eigen lichaam: het is in veel gevallen duidelijk wanneer de grens overschreden wordt. Heel wat lastiger wordt het als het gaat om een tweede vorm van autonomie, de *psychologische integriteit*. We hebben nogal eens de neiging ons bovenmatig te bemoeien met de binnenkant van een kind, met wat hij of zij denkt en voelt.

Observeer voor de aardigheid eens op een crèche, kinderdagverblijf of verjaardagspartijtje hoe ouders, peuterleidsters of docenten over kinderen praten. Je zal zien dat een groot deel van de observaties te maken heeft met de binnenkant van het kind. Uitspraken als 'dat durft hij niet', 'hij wil zich gewoon groter voordoen dan hij is' of 'ze heeft gewoon moeite met tegenslag' zijn niet van de lucht. Als volwassenen hebben we voortdurend de neiging kinderen psychologisch te analyseren. Te duiden wat er aan de binnenkant plaatsvindt.

Nou is dat op zich niet zo erg – als volwassenen onder elkaar hebben we die neiging ook en ook kinderen doen dat over elkaar en over ons; dat alles is niets anders dan gezond roddelen. Overal waar mensen bij elkaar betrokken zijn en op elkaars huid zitten, wordt geroddeld. Het is een normaal onderdeel van de sociale interactie – maar het wordt wél problematisch als onze observaties (volkomen) onjuist zijn, en al helemaal als we onze aannames ook nog eens uitspreken in aanwezigheid van onze kinderen. Vooral dat laatste kan voor een kind erg kwetsend overkomen. In aanwezigheid van een meisje van veertien op een lacherige toon tegen de visite vertellen dat ze 'gewoon heel onzeker is over haar uiterlijk', maar dat dat niet erg is 'want dat was jij ook op die leeftijd' is minstens even beledigend als het kind in zijn fysieke integriteit kwetsen. Ook uitspraken van docenten die zich met de binnenkant van een leerling bemoeien – 'Gerritsen, proberen we weer indruk op de meisjes te maken?' – getuigen van een vorm van ongewenste psychologische bemoeienis.

Ik-boodschappen

Kinderen als autonoom benaderen hoeft niet te betekenen dat we als ouders niet duidelijk aanwezig mogen zijn. Integendeel. Als we hen als autonoom wezen zien, betekent het dat we ervan uitgaan dat we ook onszélf als autonoom wezen zien. En die twee werelden kunnen best eens met elkaar botsen. Sterker nog, die botsingen zijn een gezond onderdeel van het samenleven met elkaar. Het is alleen de uitdaging die botsingen er zo uit te laten zien, dat de psychologische autonomie van het kind daarbij ongeschonden blijft. Dat we het over onszelf hebben en niet over het kind. Het is de kunst *ik-boodschappen* in plaats van jij-boodschappen te geven, de eigen gedachten als vertrekpunt te kiezen in plaats van de (vermeende) gedachten van het kind. Wat dat laatste betreft gaat het nogal eens mis.

Om een eenvoudig voorbeeld te geven: stel, een vader is zijn zoontje van vier in de supermarkt kwijt en vindt hem na een lange tijd zoeken weer terug. Door welke emoties is de vader dan gegaan? Waarschijnlijk iets in de orde van zorgen, paniek en daarna opluchting. Als de vader als psychologisch autonoom wezen denkt en handelt, zal hij tegen zijn zoon dan ook iets zeggen in de trant van 'Wat ben ik blij dat ik je teruggevonden heb, ik ben zo verschrikkelijk ongerust geweest, ik was bang dat ik je niet terug zou vinden'. Welke conclusie zou zijn zoon waarschijnlijk trekken? Mijn vader houdt van mij, heeft zijn best gedaan mij terug te vinden en is opgelucht dat dat gelukt is. De volgende keer moet ik misschien wat beter opletten dat ik mijn vader niet kwijtraak.

Toch is dat vaak niet wat er in de praktijk gebeurt. In de praktijk laten we onze primaire emoties vaak niet zien, maar wel onze secundaire: boosheid en irritatie. We zijn geneigd iets te zeggen in de trant van: 'Waarom ben je nou weggelopen? Had je niet even kunnen nadenken? Het is ook zo vervelend om met jou de stad in te gaan. Ik weet niet of ik dat nog een keer doe.' Wat zal het kind concluderen? Mijn vader heeft een hekel aan mij, ik doe alles fout, straks mag ik niet meer mee.

Ik-boodschappen creëren verbinding en harmonie, jij-boodschappen afstand en conflict. Door te leren jij-boodschappen door ik-boodschappen te vervangen, kunnen we lastig gedrag voorkomen en omdenken. Ook hier geldt als vertrekpunt: bemoei je niet met je kind, accepteer het zoals het is en heb het vooral over *jezelf*.

Als je het over je eigen gevoelens hebt, hoeft dat niet altijd de toon van zachtheid, teleurstelling of verdriet te hebben. Ik-boodschappen kunnen zeer heftig zijn. Stel dat je kind van drie een ander kind van dezelfde leeftijd met een hockeystick hard op het hoofd slaat. Je kan dan voorzichtigjes een ik-boodschap proberen te geven in de trant van: 'Jan-Peter, ik schrik wel een beetje als je dat doet, ik denk dat Willem-Kees erg veel pijn heeft en dat vindt mama niet fijn om te zien.' Maar de kans is groot dat een dergelijke boodschap niet binnen zal komen bij Jan-Peter. In dit geval is het logischer en effectiever om van de schrik heftig te schreeuwen en iets te roepen als: 'Aargh. Wat doe je?!' Jan-Peter kan vervolgens na zo'n heftige kreet prima de conclusie trekken dat jouw uitroep een gevolg was van zijn onbesuisde uithaal met de hockeystick. Dat hoef je hem echt niet meer uit te leggen.

Dus wanneer je ongerust bent als je dochter van zestien om halfvijf 's nachts nog niet thuis is terwijl ze beloofd had er om halftwaalf te zijn, is er ook niks mis mee om je gevoelens van onrust (omdat je je zorgen maakte) én machteloosheid (omdat je niks kon doen op dat moment) zeer heftig te tonen. Door zich niet aan haar afspraak te houden, creëert je dochter een uiterst frustrerende en beangstigende situatie en dat mag ze best weten. Maar ga haar op zo'n moment niet 'opvoeden' door te zeggen dat ze niet deugt, nooit rekening met je houdt of egoïstisch is. Het effect is waarschijnlijk alleen maar averechts. Door het over je eigen gevoelens te hebben, help je haar om over haar eigen verantwoordelijkheid na te denken. En, zoals gezegd, die eigen gevoelens mag je best heftig uiten. Het erkennen van de gevoelens van je kind gaat uiteraard hand in hand met het erkennen van je eigen gevoelens.

Zelf nadenken

We kunnen er dan wel van uitgaan dat kinderen recht hebben op zoiets als psychologische autonomie, maar de vraag is of kinderen zelf die autonomie ook wel altijd nastreven. Het is ergens wel makkelijk als volwassenen voor je nadenken. Zo hebben kinderen nogal eens de neiging om volwassenen als scheidsrechter in te schakelen. Maar kinderen kunnen al vanaf jonge leeftijd leren om conflicten zelf op te lossen. Door voortdurend als scheidsrechter op te treden, ontnemen we hen die mogelijkheid. Door in sommige gevallen simpelweg niet als scheidsrechter op te treden, kunnen we kinderen zelf laten nadenken. Soms door bewust een onverwachte, andere rol te kiezen.

Een leerkracht vertelt: 'Hoe vaak komt het wel niet voor in kleutergroepen: een ontroostbare kleuter die bij meester of juf komt na geslagen of geschopt te zijn door een ander kind. Wat de desbetreffende dreumes in zijn hartverscheurende betoog nogal eens weglaat, is het feit dat hij zelf begonnen is met het slaan en schoppen. Maar dat terzijde. Lange tijd kon ik me verschrikkelijk ergeren aan dit soort gedrag van beide kleuters en aan de ellenlange monologen die ik vervolgens moest houden over dat slaan en schoppen niet mag en dat beiden maar even niet meer met elkaar mogen spelen. Sinds kort probeer ik een nieuwe aanpak. Wat doe ik? Ik ga helemaal mee in het verdriet van de huilende kleuter en beloof hem dat wij met z'n tweeën de andere kleuter net zo hard gaan terugslaan en -schoppen. Ik neem de verbaasde kleuter aan de hand, samen gaan we naar de andere kleuter. Aldaar aangekomen vertel ik wat ons plan is. Hoe het verder gaat? Wel, de huilende kleuter heeft ondertussen zijn tranen al gedroogd en ziet de absurdheid van de situatie in. Ook de andere kleuter staat wat onwennig te lachen. Wat is dit nou voor rare oplossing? In de verte rolt een bal en voor ik het weet, rennen de twee kleuters erachteraan.'

Kinderen kunnen prima zelf nadenken over hun gedrag en de consequenties daarvan. Voor ons als volwassenen is het de uitdaging die rol niet over te nemen, het alleen over onszelf te hebben en ondertussen alles in het werk te stellen om kinderen en jongeren zelf te laten nadenken. Absurditeit en humor – zoals in het voorbeeld hiervoor – zijn wat dat betreft prima middelen om het zelfdenkend vermogen van kinderen te stimuleren. Zo vertelt een vrouw dat zij en haar man na de scheiding in hetzelfde dorp blijven wonen, alleen heeft haar ex-man een huis met een veel groter stuk grond dan zij. Op een dag komt haar dochter ontroostbaar thuis. Moeder vraagt wat er aan de hand is, waarop dochter vertelt dat de mensen in het dorp roddelden dat haar vader expres een groter perceel had gekocht, om te laten zien dat hij meer van de kinderen houdt dan moeder. Dochter was intens verdrietig. Zou dat echt waar zijn? Moeder was verontwaardigd. Hoe konden de mensen dat nou zeggen? Dat sloeg toch nergens op? Zou ze nou tegen haar dochter moeten zeggen dat het nergens op sloeg? Waarschijnlijk zou dat niet werken. En dus pakte ze de rekenmachine. 'We gaan de mensen die dat zeggen helpen. We gaan voor ze uitrekenen hoeveel papa méér van jou houdt dan ik van jou hou. Eens even kijken, papa heeft een perceel van 10.000 vierkante meter, dat van mij is 500 vierkante meter, 10.000 gedeeld door 500 is precies 20. Zeg maar tegen de mensen die dat zeggen, dat ze gelijk hebben en dat papa 20 keer meer van jou houdt dan mama.' Eerst keek de dochter haar moeder verbaasd aan, daarna schaterde ze het uit. Haar verdriet was onmiddellijk over.

Een kind mag voelen wat het voelt, denken wat het denkt, de normen en waarden ontwikkelen waar hij of zij in gelooft en heeft het recht daar al dan niet over te praten. Zoals een eigen fysieke ruimte voor een kind van groot belang is (zijn kamer), geldt dat ook voor een eigen psychologisch privéleven. Is die deur soms dicht? Prima. Ieder kind heeft recht op eigen twijfels, geheimen en onzekerheden. Zoals we niet ongevraagd de kamer van onze kinderen moeten betreden, moeten we ons ook niet ongevraagd met de psychologische wereld van onze kinderen bemoeien. Eerst kloppen, zeggen wie er voor de deur staat en dan netjes wachten op een antwoord.

We kunnen het leven van onze kinderen niet overnemen, regisseren of bepalen. Kinderen zullen, als autonoom wezen, hun eigen conclusies, inzichten en meningen moeten zien te vormen. En we helpen hen daar het best bij als we niet voor hén denken, maar voor onszelf denken: als we onze eigen gevoelens, twijfels en overwegingen uitspreken. Het kind kan vervolgens prima zijn eigen conclusies trekken. Ik-boodschappen zijn een teken van dialoog, autonomie en erkenning, jij-boodschappen zijn een teken van macht, afhankelijkheid en ontkenning.

Verantwoordelijkheid

Een derde en laatste vorm van autonomie heeft te maken met *verantwoordelijkheid*: de mate waarin we kinderen de ruimte geven zelf besluiten te nemen over hun eigen leven. Die behoefte is, van jongs af aan, zeer sterk. Wie is de baas? Wie bepaalt?

Al op zeer jonge leeftijd ontdekken kinderen dat er zoiets bestaat als 'ik' en 'de ander'. Het ontwikkelen van een eigen ik, een eigen identiteit gaat dan ook gelijk op met het besef een autonoom wezen te zijn: jij bent niet de ander, dus jij hebt ook een andere identiteit dan de ander. Je bent een zelfstandig wezen, met eigen gevoelens en gedachten, die onafhankelijk van de ander kunnen bestaan. Voor kinderen is deze toenemende autonomie uiteraard van groot belang. Hoe meer ze hun autonomie kunnen ervaren, des te meer zullen ze beseffen een zelfstandig individu te zijn met een eigen identiteit.

Om die eigen identiteit te kunnen ervaren, zullen kinderen regelmatig het conflict met volwassenen opzoeken. Een conflict is op oppervlakteniveau misschien wel een lastige situatie, maar voor een kind bevat het een zeer bevredigend element: door 'nee' te zeggen, ervaart het zichzelf als autonoom wezen. Alsof het kind ermee zegt: 'Jij kan als volwassene wel allemaal dingen van me eisen, maar ik ben mijn eigen baas, je hebt geen macht over me, ik kan gewoon "nee" zeggen.'

Ik ben twee, dus ik zeg nee

De behoefte aan autonomie is zo sterk, dat het op dit gebied met kinderen soms gierend uit de hand kan lopen. Driftbuiten, woedeaanvallen, hakken in het zand. Dat begint al met peuters van een jaar of twee, drie. Bladen voor jonge ouders hanteren allerlei termen voor deze periode: sommige noemen het de koppigheidsfase, de peuterpuberteit, de ik-ben-2-dus-ik-zeg-nee-fase, andere spreken van *the terrible two's*. Zelfs als niemand of niets hen ook maar een strobreed in de weg legt, buiten de zon schijnt en de vogels vrolijk fluiten, kunnen ze zich uiterst onredelijk gedragen. In deze periode moeten kinderen als het ware uitvinden wie ze zelf zijn. Het lastige is dat kinderen op deze leeftijd vaak nog niet goed weten wat ze precies voelen en willen en tegelijkertijd een toenemende behoefte hebben om zelf te beslissen. Niet alleen voor ouders, maar ook voor kinderen zelf is deze periode dan ook zeer verwarrend.

Deze toenemende behoefte aan autonomie is zo sterk, dat het gevecht om zelf te mogen beslissen, bijna belangrijker lijkt te zijn dan de uitkomst van het conflict. Zo is er een veelbekeken filmpje op YouTube van een vader die met zijn zoontje van een jaar of drie naar buiten gaat. De vader wil lopen, de zoon wil met de auto. De dialoog gaat ongeveer als volgt:
Vader: 'We gaan naar de supermarkt, we gaan lopen.'
De zoon wijst op de auto: 'Nee. Auto.'
Vader: 'Nee, we gaan lopen, kom.'
Zoon: 'Nee.'
Vader: 'Jawel.'
Zoon: 'Nee.'

Vader: 'Ja. We gaan lopen. Echt.'
Zoon: 'Nee.'
Dan houdt de vader even een korte pauze, denkt na en draait de rollen om. 'Oké, auto.' Waarop zoon zonder nadenken ook de rollen omdraait. 'Nee. Lopen.'
'Jij je zin,' zegt vader. Beiden lopen tevreden naar de supermarkt.

Je mag niet eten

Als het gaat om de autonomie van kinderen is met name wel of niet willen eten een groot probleem. Voor je het weet wordt eten een machtsstrijd. Kinderen kunnen een groot gevoel voor humor hebben en zijn soms in staat om te spelen met het verschijnsel autonomie. Een vrouw vertelt over haar zoon van vier: 'Onze jongste zoon eet, sinds hij vast voedsel krijgt, amper zijn warme eten. Zijn avondmaal is meestal niet meer warm te noemen, zo lang treuzelt hij. Regelmatig voer ik hem nog, om er in elk geval nog iets in te krijgen. Ik heb al verschillende tactieken geprobeerd: niets zeggen, gezellig kletsen, lief aansporen, boos worden, op de gang zetten met zijn bord, als iedereen al klaar is niet blijven wachten maar van tafel gaan en opruimen zodat hij nog alleen zit. Helaas. Niets helpt. Tot ik het over een compleet andere boeg gooide. Deze keer zei ik dat hij vooral *niet* moest eten, omdat hij anders veel te groot wordt. En als hij te groot wordt, moet ik weer nieuwe kleren kopen en wordt hij net zo stoer als papa. En dat willen we natuurlijk allemaal niet. Wat schetst mijn verbazing? Ik was nog niet uitgepraat, of hij ging eten! Grote happen. En met smaak! Ongelofelijk! Zijn hele bord leeg, wat in geen tijden was voorgekomen. Ik stond werkelijk perplex dat het zo ontzettend simpel is. En het verhaal wordt nog gekker: vandaag vroegen beide kinderen of ik weer wilde zeggen dat ze niet moesten eten. Kennelijk vinden ze dit spel zelf ook zo plezierig.'

Reversed psychology

Alhoewel het kenmerkend is voor kinderen van twee- en driejarige leeftijd om de grenzen van de 'nee' op te zoeken, is dit gedrag niet aan deze leeftijdsgroep voorbehouden. Ook oudere kinderen – om over pubers nog maar te zwijgen, die komen verderop aan bod – kunnen zeer dwars zijn om hun eigen autonomie te bevechten. Ervaren ouders, juffen en meesters kunnen hier soms zeer behendig mee omgaan door, net als de vader hiervoor, het gewenste gedrag te verbieden, de strategie van de omgekeerde psychologie, de *reversed psychology*, toe te passen. Het kind geraakt nu in een tweespalt. Als het gehoorzaamt, krijgt het wat het wil, maar als het zijn zin krijgt, krijgt het niet wat het wil.

Er was een jongen van acht jaar die nieuw op school kwam. De jongen weigerde vanaf het begin van de week zijn jas uit te doen. Waarom? Totaal onduidelijk. De meester vroeg hem uiteraard waarom hij zijn jas per se aan wilde houden, maar de jongen gaf een vaag en ontwijkend antwoord. De meester weigerde voor de jongen een uitzondering te maken, maar hoe meer aandacht er naar het vraagstuk ging, hoe vastbeslotener de jongen leek om zijn jas aan te houden. Dat ging zo door, totdat hij na een paar dagen les kreeg van de juf, die op donderdag en vrijdag met deze klas werkte. Ze had uiteraard van de meester gehoord van het eigenaardige gedrag van de jongen. De juf kreeg het, zonder enig conflict, voor elkaar dat de jongen na binnenkomst binnen een minuut zijn jas uitdeed en net als iedereen op de gang hing. Hoe? Door hem te verplichten zijn jas aan te houden.

Werkt dit ook bij pubers? Ach, het antwoord is natuurlijk – zoals altijd – soms wel, soms niet. Als het gaat om communicatie bestaan er nou eenmaal geen wetmatigheden. Er zijn geen 'interventies' die altijd werken. Wat we wel kunnen doen, is het verzamelen van zo veel mogelijk manieren om met situaties om te kunnen gaan. Het gaat vooral om creativiteit. Zeker bij pubers kan reversed psychology dan ook prima werken. Zo beschrijft de gezinstherapeut Paul Watzlawick dat hij een gesprek heeft met een moeder van wie de zoon halverwege het eindexamenjaar weigert nog langer school te bezoeken. Wat is het argument van de jongen? 'Ik hoef niet naar school, ik ben intelligent genoeg om zonder die domme lessen het examen te halen, het is een verspilling van mijn tijd.' Dat klinkt stoer, maar ondertussen leert hij nauwelijks en haalt hij wel onvoldoendes. Watzlawick adviseert de moeder om met de directeur van de school onder één hoedje te spelen. Hij stelt voor dat de directeur de jongen verbiedt nog langer naar school te gaan. Aldus geschiedt. Nadat moeder de directeur van haar plan op de hoogte heeft gebracht, vindt er een gesprek plaats tussen de jongen en de directeur. De directeur valt meteen met de deur in huis. 'Ik heb slecht nieuws. Je bent van school gestuurd.' De jongen is verbaasd. 'Waarom? Ik heb toch niks gedaan?!' De directeur antwoordt: 'Precies dat is het probleem. Je doet niks. Je vindt de lessen dom en denkt het alleen wel te kunnen. Ik betwijfel of dat zo is, maar ik zou zeggen: laat het maar zien.' Verbaasd verlaat de jongen de kamer van de directeur om – zoals je mag verwachten – harder te werken dan ooit om te bewijzen dat niet de directeur en zijn moeder, maar hijzelf gelijk heeft. De grap is dat hij dat maar op één manier kan bewijzen. Door zijn examen te halen. Wat dan ook gebeurt.

Wat dit laatste voorbeeld betreft: als ik een lezing of workshop in het onderwijs geef en bovenstaand – of een vergelijkbaar – voorbeeld geef, is er bijna altijd wel een docent die geneigd is op te springen en te betogen dat hij of zij genoeg leerlingen kent waar dit niet bij werkt. En wat ik daar dan van vind. Tja. Ik kan dat natuurlijk alleen maar beamen. Bij het ene kind werkt loslaten, het andere kind heeft regelmaat en structuur nodig. Zoals gezegd: op het gebied van communicatie bestaan er geen wetmatigheden. Het gaat niet om het vinden van dé methode om kinderen groot te brengen. Die methode is er niet. Waar het wel om gaat, is dat je de autonomie van het kind erkent en daar op een creatieve manier mee omgaat. Als je wilt omdenken, is het van belang je arsenaal van mogelijke interventies te verrijken. Het openzetten van de luiken. Het vinden van deuren waarvan je niet wist dat ze bestonden. Er zijn vele wegen die naar Rome leiden en misschien moet Rome ook wel naar jou komen. Of moet je helemaal niet naar Rome willen. Nog makkelijker. *Who knows.*

Autonomie en onderwijs

De behoefte van de mens om als autonoom wezen gezien te worden en zelf te mogen besluiten, staat natuurlijk op gespannen voet met het uitgangspunt van het onderwijs, waarbij de overheid bepaalt wat een leerling moet leren. Je mag dan wel een school kiezen, maar géén school kiezen is geen optie. En als je eenmaal voor een school hebt gekozen, bepaalt die school wat je moet leren. Tegelijkertijd beweert diezelfde overheid dat ze de autonomie van het kind – zelfstandig leren, eigenheid, talentontwikkeling – belangrijk vindt. Niet voor niets. Hoe meer een leerling *intrinsiek* gemotiveerd is om iets te leren, des te meer hij zal leren. Alles wat je leert omdat het moet, maar waarin je fundamenteel niet geïnteresseerd bent, zal je tot het examen onthouden, maar de dag erna ben je het vergeten.

Ondanks deze systeemfout in het onderwijs zijn er allerlei voorbeelden te vinden van geslaagde experimenten waarbij de autonomie van leerlingen op een constructieve manier gebruikt wordt. In het onderwijs is de zelfstandigheid en autonomie van kinderen inmiddels een vanzelfsprekende waarde. Iedere weldenkende leraar beseft dat kinderen zichzelf de stof eigen zullen moeten maken. Je kan nog zoveel uitleggen, voorkauwen of herhalen, als het kind niet zelf wil leren, zal alles wat het ene oor in komt, net zo makkelijk het andere oor weer uit gaan. Het feit dat het raamwerk niet deugt, hoeft gelukkig niet te verhinderen dat in de praktijk van alledag nieuwe vormen van leren ontwikkeld worden. Uiteraard zijn er honderden methoden en voorbeelden bekend van scholen en leerkrachten die uitgaan van de autonomie van het kind en daarmee fascinerende resultaten behalen. Het valt buiten het kader van dit boek die uitputtend te behandelen. Er is echter één methodiek die zozeer getuigt van omdenken, dat ik haar graag apart wil noemen en dat is het concept '*flipping the classroom*'.

Flipping the classroom

Wat is het idee van 'flipping the classroom'? In plaats van klassikaal instructies te geven, die individueel geoefend moeten worden, draait de docent dit principe om: de leerling neemt de instructies individueel tot zich, het oefenen gebeurt klassikaal. Hoe ziet het principe er in de praktijk uit? De docent neemt zijn instructies met een camera op en plaatst ze op internet. De kinderen kunnen vervolgens in hun eigen tijd de instructies bekijken, als het moet zo vaak als ze willen: ze kunnen de opname stilzetten, aantekeningen maken, terugspoelen, et cetera. De gemeenschappelijke tijd in de klas wordt niet meer gebruikt voor uitleg van de stof, maar is nu volledig beschikbaar voor het oefenen en herhalen van de stof.

Het concept 'flipping the classroom' is afkomstig van Salman Amin Khan, een in Bangladesh geboren Amerikaan. Khan startte als onderwijzer op internet de Khan Academy: een gratis online platform. Vanuit een klein kantoor bij hem thuis produceerde hij in de loop der tijd meer dan 3.000 video's over allerlei academische onderwerpen. Op dit moment, we spreken van mei 2012, heeft het YouTube-kanaal van de Khan Academy meer dan 330.000 volgers. In 2012 nam het Amerikaanse tijdschrift *Time* Salman Khan zelfs op in haar lijst van de 100 meest invloedrijke mensen wereldwijd. Het concept vindt inmiddels wereldwijd navolging; niet alleen op universiteiten en hogescholen, maar ook in het middelbaar onderwijs. Jelmer Evers, docent aan UniC Utrecht, vertelt erover: 'Op deze manier kunnen leerlingen de lessen volgen in hun eigen tijdspad. Zo heb ik van leerlingen gehoord dat ze naar mijn les hebben geluisterd op hun iPod tijdens het hardlopen. Ik had ruim vijftig leerlingen in de examenklassen en één filmpje over de examenstof is wel 10.000 keer bekeken. Dat geeft aan dat leerlingen er behoefte aan hebben om thuis een les te bekijken. Eigenlijk ook best logisch, want ze kunnen het filmpje pauzeren wanneer ze willen of opnieuw afspelen totdat ze het snappen. Dat ik leerlingen op deze manier les mag geven, zie ik echt als een intellectuele uitdaging.'

Het principe 'flipping the classroom' roept een interessante vraag op: wat is nog precies de toegevoegde waarde van een docent, als de rol van instructeur in de klas niet meer nodig is? Je kan je voorstellen dat bepaalde lesstof zelfs beter door meester-vertellers, acteurs, professionals uit een bepaald werkveld of specialistische deskundigen kan worden verteld en opgenomen. Waarom wereldwijd duizenden docenten iedereen op zijn of haar manier stof laten uitleggen – vaak ook nog eens middelmatig, routinematig, saai of onduidelijk – als dat ook op een zeer professionele manier, met een goed script, goede opnameapparatuur en special effects, kan worden gedaan?

Ongetwijfeld zullen docenten dit als een bedreiging van hun vak ervaren, maar de vraag is of het voor leerlingen niet een ongekende mogelijkheid betekent: langs deze weg kan je in aanraking komen met stof die gepassioneerd en met deskundigheid verteld wordt en je kan die bovendien bekijken zo vaak als je maar wilt en wanneer je maar wilt. De populariteit van sites als TED bewijzen de potentie van dergelijke platforms. Als je vanuit het oogpunt van de autonomie van de leerling redeneert, betekent het concept van 'flipping the classroom' dan ook een ongekende mogelijkheid.

Zippo

Het aardige is dat als gevolg van internet, kinderen en jongeren spontaan allerlei kennis tot zich nemen waar geen leraar meer aan te pas komt. Je kan je afvragen of er niet meer buiten de muren van de school, dan daarbinnen geleerd wordt. Dankzij internet spreken de meeste kinderen al Engels voordat ze het op school gehad hebben. Vooral het gemak waarmee geleerd wordt is onvoorstelbaar. Zo was niet zo lang geleden een kennis bij ons op bezoek. Zijn Zippo-aansteker deed het niet. Het leek of het vuursteentje klem zat. Mijn jongste zoon vroeg of hij mijn iPad even mocht hebben, surfte naar YouTube, typte 'Zippo' in en vond binnen een minuut een instructiefilmpje dat een of andere jongen van een jaar of zestien ergens in de VS had gemaakt, waarbij hij stap voor stap liet zien hoe je een haperend vuursteentje weer aan de praat krijgt. Binnen twee minuten deed de Zippo van mijn kennis het weer. Geweldig, toch? Hoezo willen jongeren niet leren? Ze leren graag. Sterker nog, ze willen met alle liefde elkaar onderwijzen. Gratis en voor niets. Zolang het gaat over dingen die zij zelf boeiend vinden. Zoals een echte Zippo.

Smartphone

Wat moderne media betreft, zijn de rollen van docenten en leerlingen in veel gevallen inmiddels omgedraaid: de gemiddelde leerling heeft meer verstand van internet, Facebook, Twitter en WhatsApp dan de gemiddelde docent. Om over games nog maar te zwijgen. Wat dat laatste betreft is de kloof tussen leerling en docent nogal eens onoverbrugbaar.

Ook wat betreft het gebruik van mobieltjes zijn de rollen in veel gevallen omgedraaid. Jongeren hebben vaker de nieuwste types, weten beter hoe ze bediend moeten worden en wat je er allemaal mee kan. Helaas beschouwen de meeste leraren en leraressen mobieltjes als een natuurlijke vijand, als 'krengen' en 'ondingen'. Begrijpelijk. Het zijn potentiële verstoorders van de aandacht en rust die nodig zijn om 'het didactische proces' zo goed mogelijk te laten verlopen. De vraag is of deze houding niet een gemiste kans is. Zou de smartphone niet een geweldig hulpmiddel kunnen zijn bij het leren?

Bijvoorbeeld. De mobiele telefoon zou als memo gebruikt kunnen worden. Middels sms'jes zouden leerlingen thuis en op school automatisch herinnerd kunnen worden aan huiswerk, toetsen of lesuren. Nooit meer te laat geïnformeerd dat een lesuur niet doorgaat, altijd op de hoogte van je laatste proefwerk, plus de precieze stof die je moet kennen. Als je erover na gaat denken, zijn de mogelijkheden eindeloos. De moderne mobieltjes zijn immers niet alleen rinkelende vijanden, het zijn ook – en vooral – technologisch hoogwaardige apparaten, die de school niet hoeft te kopen, maar die de meeste leerlingen zelf al bij zich hebben. Heel wat moderner dan bord, spons en krijt. In de VS werken twee docenten, Lisa Nielsen en Willyn Webb, aan een boek over het gebruik van mobieltjes in het onderwijs. De kern van hun filosofie? '*Embrace the technology instead of taking their phones.*'

Curriculum

Wat kinderen en jongeren wanneer 'moeten' leren, zou niet door de overheid, maar primair door henzelf bepaald moeten kunnen worden. Kinderen zijn van nature leergierig. Ze willen meedoen met 'de wereld'. De vorm waarin ze meedoen verschilt alleen per kind. Voor het ene kind betekent 'meedoen' dat het zo snel mogelijk wil leren lezen en schrijven. Voor het andere kind dat het wil timmeren of dansen. De overheid kan wel 'minimale eindtermen' definiëren, maar wat als die termen niet door kinderen geambieerd worden?

Er is geld, we hebben lokalen, er zijn docenten, er zijn jonge mensen die ambities hebben en toch is er (vooral onder jongens) een enorme schooluitval. Die uitval kan je proberen terug te dringen door middel van inspectie en boetes, maar het is veel beter om te beseffen dat we met elkaar fundamenteel iets niet goed doen. De cruciale vraag is niet: 'Hoe kunnen we zorgen dat jongeren leren wat ze moeten leren?', de cruciale vraag is: 'Wat willen jongeren (vanuit zichzelf) wél leren?' Door die vraag te onderzoeken, zou je weleens op heel andere 'vakken' kunnen komen dan de vakken die nu onderwezen worden. Zo betoogt cultuurhistorica en voormalig docent maatschappijleer en geschiedenis Mirjam Hommes: 'In de puberteit wordt prestatie binnen de groep belangrijker dan schoolcijfers, wat zich uit in stoer gedrag en het uitdagen van elke vorm van gezag. Ook dat hoort bij het natuurlijke leerproces, alleen krijg je daar geen cijfers voor. Uiteindelijk zal iedere uitdager niet met zijn juf, meester of ouders verder moeten leven, maar met die groep. Leren je daarbinnen te handhaven, je plek te kennen en de mogelijkheden te vinden om daar zelf vorm aan te geven, zijn levenslessen waar het onderwijs niet in voorziet. Zonde om je dat in je vrije tijd via comazuipen en andere confrontaties eigen te maken: het zou gewoon in de praktijk kunnen als die sociaal-maatschappelijke leerstof meebeoordeeld zou worden in het curriculum.'[36]

Vroeger was het cruciaal een goed diploma te behalen. Die tijd is voorbij. Natuurlijk is het in een kenniseconomie belangrijk om goed opgeleid te zijn. De vraag is alleen welke kennis op welk moment verworven moet worden. Leren is een levenslang project geworden. Werken en ook spelen – onderzoeken, proberen, prutsen – zijn minstens zo belangrijk als kennis opdoen. Laten we ons niet te druk maken over of ieder kind op een bepaalde leeftijd wel beschikt over een centraal vastgestelde hoeveelheid minimale kennis. Laten we ons liever druk maken over de vraag wat kinderen vanuit zichzelf willen leren. Laat kinderen vanuit zichzelf voor het maximale gaan. Als wát er geleerd wordt aansluit bij waar een kind of jongere zelf behoefte aan heeft, is er sprake van écht leren. Hier volgt een illustratie.

Antalya

Op een hotelschool was er een tweedejaarsgroep die voornamelijk uit Turkse meisjes en jongens bestond. De groep liep niet lekker: lesuitval, spijbelen, motivatieproblemen. De leerlingen leken elkaar op een negatieve manier te beïnvloeden en het docententeam belegde een vergadering. Wat te doen? Na met de studenten gepraat te hebben, bleek al snel dat de meeste eigenlijk het liefst meteen aan het werk zouden gaan. Het plan ontstond om deze leerlingen hun derdejaars stage niet in Nederland, maar bij wijze van uitzondering in Turkije te laten lopen. In de tussentijd zouden ze dat jaar geen lessen meer volgen, maar fulltime aan het werk gaan. Ze zouden er zelfs geld mee kunnen verdienen. In hun vierde jaar zouden ze dan moeten laten merken dat ze alles geleerd hadden wat voor de opleiding nodig was om hun examen te halen en eventueel extra lessen zelf moeten zien te regelen.

De groep reageerde enthousiast op het voorstel van het docententeam en nadat met veel gedoe alles geregeld was – vooral door de leerlingen zelf – werkte het jaar daarop een groep van vijf Turkse leerlingen in een hotel dat een oom van een van hen bezat in Antalya. De school onderhield vanaf afstand contact met de leerlingen en al snel bleek dat de groep zonder verdere hulp het volledige hotel draaiende kon houden. Tijdens het hoogseizoen opende de eigenaar zelfs een nieuw hotel 20 kilometer verderop, waardoor hij zelf nauwelijks meer aanwezig was, maar dat motiveerde de leerlingen des te meer. Vanaf dat moment runden ze met z'n vijven het hele hotel. Alles wat ze eerder op school met tegenzin hadden moeten leren, de pr, het management, de ontvangst en afhandeling van de gasten, de aansturing van de keuken, maakten ze zich nu met plezier eigen. Teruggekomen in Nederland waren de lastige leerlingen veranderd in verantwoordelijke volwassenen.[37]

Loslaten

Waarover kinderen besluiten kunnen nemen verschilt per leeftijd. Op het moment dat kinderen geboren worden zijn ze vrijwel hulpeloos en machteloos. Alle besluiten met betrekking tot ons kind zullen we zelf, naar eigen inzicht, moeten nemen. Met het ouder en zelfstandiger worden van kinderen ontstaat er een subtiel samenspel tussen ouder en kind, waarbij je als ouder steeds wat meer ruimte geeft aan het kind om zelf besluiten te mogen nemen. Het tempo van loslaten luistert nauw. Te lang vasthouden is niet goed, maar te snel loslaten ook niet.

Helaas bestaan er geen wetmatigheden om te bepalen welk kind je wanneer, waarover verantwoordelijkheid geeft. Sommige kinderen kunnen en willen snel verantwoordelijkheden dragen, andere kinderen niet. Daarnaast is het zo dat de mate waarin we onze kinderen verantwoordelijkheid kunnen geven, sterk samenhangt met de mate waarin wij onszelf als volwassenen als een autonoom wezen zien. Als je je kinderen als een verlengstuk van jezelf ziet, als je het idee hebt dat jij als ouder gefaald hebt, als je kinderen falen, is het onmogelijk om je niet voortdurend met ze te bemoeien. Om kinderen als een autonoom wezen te kunnen behandelen, is het dan ook noodzakelijk om in te zien dat zij totaal anders kunnen zijn dan wij. En dat is niet altijd even makkelijk. Hoe moet het voor een uiterst muzikaal gezin zijn om een kind te hebben dat geen enkel gevoel voor muziek heeft? Hoe moet het zijn voor een intellectueel gezin waar doorleren de standaard is, om een kind te hebben dat niet of nauwelijks leren kan?

Van kinderen houden betekent per definitie dat we ze zullen moeten loslaten en het risico moeten nemen dat het (dus) weleens mis kan gaan. Kinderen leren hun eigen lessen. Met vallen en opstaan. Tegelijkertijd zijn we als ouder (mede)verantwoordelijk voor het inschatten van risico's. Met de fiets alleen naar school, oké, maar wat als een elfjarig meisje over de wereld wil zeilen? Dan kan een heel land maanden in de war zijn. De cruciale vraag is dan ook: hoe bepalen we wanneer we een kind op een verantwoorde manier los kunnen laten? Ik wil je daartoe een aantal hulpmiddelen aanreiken.

Niets doen

Het eerste hulpmiddel om los te kunnen laten is het meest voor de hand liggende: gewoon *niets doen*. In nogal wat gevallen is er geen enkel risico aanwezig. Vaak staan we er gewoon niet bij stil dat we het kind zijn autonomie kunnen geven. We zijn zo gewend zelf bepaalde dingen te doen, dat we de mogelijkheid dat het kind het zelf zou kunnen doen simpelweg over het hoofd zien. Een vrouw beschrijft:

'Elk bezoek aan de supermarkt met mijn zoontje van 2 jaar resulteerde in een continue reeks van opmerkingen als "nee", "niet doen", "afblijven", "terugleggen", "niet aankomen", "hebben we niet nodig", enzovoort. Tot ik op het idee kwam zelf alleen nog maar het winkelwagentje te duwen en zoonlief alle boodschappen te laten pakken. Kind blij, moeder rustig en bovendien leerde hij de woorden van alle boodschappen en wist na een paar weken feilloos de weg in de supermarkt.'

Ook als een besluit van een kind een verkeerd besluit lijkt te zijn, wil dat niet altijd zeggen dat het ook verkeerd is. Als een kind iets wil wat ons niet bevalt, kunnen we ons ertegen verzetten, maar we zouden ook kunnen onderzoeken in hoeverre we niet ons voordeel met het 'slechte' besluit zouden kunnen doen. Misschien is het zo dat er, net als in het voorgaande voorbeeld, bij nadere beschouwing helemaal niets aan de hand is.

'Donderdagavond halftwaalf. Tandenpoetsen. Mijn vriend heeft een mededeling. "De kinderen willen met mij op vakantie. Alleen."
"Alleen?"

"Ja, alleen. Zonder jou."
"O!" antwoord ik. Au! Dat doet pijn. Allerlei gedachten schieten door mijn hoofd: Ik hoor er inmiddels toch ook bij? Wij kunnen het zo goed met elkaar vinden, zijn kinderen en ik. Waarom mag ik dan niet mee? En waarom willen ze mij niet? Maar ik zeg niets. Ik voel de pijn, de afwijzing, het er niet bijhoren; oude thema's in mijn leven. Ik laat het even zo. En langzamerhand ebt de pijn weg. Kan ik wat objectiever naar de situatie kijken. Want wat zeggen zijn kinderen in feite? Alleen maar dat ze wat meer tijd met hun vader willen doorbrengen. Dus: dit zegt niets over mij. Of over het contact tussen zijn kinderen en mij. Het gaat zelfs helemaal niet over mij.
Ik realiseer me dat het goed is om mijn eigen pijn te voelen. Vervolgens kan ik met een andere blik kijken. Kan ik zien dat ik helemaal niet word afgewezen. En op dat moment kan ik hun hun eigen vakantie gunnen. Met hun vader. Ik voel me niet meer afgewezen. En dat maakt me weer blij.'

Consequenties

Een tweede hulpmiddel om los te kunnen laten is het op een realistische manier in beeld brengen van de *consequenties* van een besluit. Zo las ik het verhaal van een vrouw die in Ierland geboren was en die op negenjarige leeftijd tegen haar vader had gezegd dat ze later nieuwslezeres voor de BBC wilde worden. Haar vader luisterde serieus, daarna zei hij: 'Dat lijkt me geweldig. Als dat is wat je wilt, ga ervoor, ik hoop dat het je lukt. Ik heb ook een vraag. Heb je erover nagedacht dat je dan ook een Britse uitspraak zal moeten hebben? Als je dat echt wilt, zal je dat goed moeten oefenen.'

Ervoer het meisje deze 'feedback' als een belemmering? Integendeel. Ze ervoer het als stimulans. Ze vertelt over haar vader: 'Omdat hij zo serieus zei dat ik aan mijn uitspraak moest werken, wist ik dat hij erin geloofde dat ik dit écht zou kunnen bereiken. Het voelde niet als twijfel, het voelde als een rotsvast geloof in mij, dat ik zou kunnen bereiken wat ik wilde, als ik maar mijn best ervoor zou doen.' Het aardige is (uiteraard) dat deze vrouw later nieuwslezeres voor de BBC geworden is.

Als kinderen beseffen dat ze over een bepaald onderwerp echt alleen mogen beslissen en dat we hen – ook als we het met hun besluit niet eens zijn – niet zullen tegenwerken, is de kans groot dat ze onze overwegingen en adviezen uiterst serieus zullen nemen. Ze beseffen dat we niet bezig zijn hen om te praten, maar te *informeren*. Hoe meer we in staat zijn kinderen los te laten, des te serieuzer ze zullen luisteren naar onze overwegingen.

Melanie, een meisje van 14 jaar, wil met vijf meiden van haar leeftijd kamperen in Renesse. Zonder ouders. Er gaan ook jongens mee van de zwemclub. Haar ouders vinden het niks, maar voelen ook niet de behoefte het meteen te verbieden. Ze vragen haar wél te vertellen wie er precies meegaan en of ze het allemaal wel vertrouwt: zijn het aardige jongens en meisjes, hebben ze ervaring met kamperen, heb je vaker met ze opgetrokken, hoe zijn ze als je met ze uitgaat? Melanie reageert eerst geïrriteerd – jullie moeten ook alles weten – maar haar ouders leggen haar uit dat ze dat ook om haar eigen bestwil doen. 'Wie weet kom je in een situatie waar je later spijt van hebt.' Uiteindelijk gaan de ouders akkoord en maken ze met Melanie de afspraak dat ze – als het uit de hand loopt – meteen zal bellen en dat ze haar dan komen halen. Iedereen blij. Maar de volgende dag vertelt Melanie tijdens het avondeten dat ze besloten heeft om niet te gaan. Ze denkt dat het niet leuk wordt, dat haar kampeergenoten geen maat zullen kunnen houden en het een 'dronken troep' wordt. Ze gaat liever nadenken over een andere vakantie. Achteraf bleek het een zeer verstandig besluit. Een van haar vriendinnen was aangerand en een paar van de jongens waren midden in de nacht van de camping gegooid.

Realiteit als bondgenoot

Ten slotte heb ik nog groot nieuws. Er is nog een derde hulpmiddel om te kunnen loslaten. We zijn bij het grootbrengen van onze kinderen niet alleen. We beschikken over een sterke, onzichtbare bondgenoot. Hij is elke dag bij ons. Hij zal er ook altijd zijn, wat we ook doen. Zelfs als we zouden willen dat hij er niet is, is hij aanwezig. Hij is soms liefdevol, warm en weldadig, maar vaker genadeloos, onontkoombaar en pijnlijk confronterend. Soms zullen zelfs wij schrikken van zijn onbuigzaamheid ten opzichte van onze kinderen. Zijn lessen kunnen hard zijn en als er niet naar geluisterd wordt, zullen ze harder en harder worden. Net zolang tot we ze begrijpen. Ik heb het hier niet over een religie, Hogere Macht of spirituele waarheid, ik heb het hier over de meest helende kracht die er in het leven is, zowel voor kinderen als volwassenen. Onze krachtigste bondgenoot is De Realiteit. De dingen zoals ze zijn. De werkelijkheid.

We hoeven onze kinderen niet alles te leren. Ze kunnen zelf leren. We hoeven ze niet eerst in een veilige, beschermde omgeving – op de crèche, op school of thuis – voor te bereiden op de harde werkelijkheid, zodat ze zich er daarna veilig in kunnen bewegen. We kunnen ze zelf laten ervaren wat de gevolgen van hun gedrag zijn. Natuurlijk gaat dat stapje voor stapje en moeten we ze daarin begeleiden en ook wij zullen daarbij moeten leren wat ze al wel en wat ze nog niet kunnen. Zo zal je als ouders van een klein kind, zodra het kan lopen, snel genoeg in de gaten hebben dat het handig is om voorwerpen die ze kapot kunnen maken buiten hun bereik te plaatsen en stopcontacten waar ze hun vingertjes in kunnen steken te beveiligen. Maar als je wilt dat ze leren lopen en rennen, dan hoort af en toe een blauwe knie erbij. Ik zou zeggen, zolang ze niet verhongeren, verbranden of anderszins onherstelbare schade ondervinden: niet ingrijpen.

Ter illustratie. Er was eens een leerling die zijn huiswerk niet of nauwelijks maakte en er ook schampere opmerkingen over maakte. 'Huiswerk is voor watjes.' In plaats van zich er druk over te maken, deelde de docent de jongen op een dag mee dat hij geen huiswerk meer móćht maken en dat hij de leerlingen dus ook geen huiswerkopdrachten meer zou geven. 'Zonde van het kopieerwerk,' beargumenteerde de docent. Na twee weken kwam de jongen bij zijn docent of hij niet toch, alsjeblieft, net als alle anderen huiswerk mocht krijgen. De docent hield echter zijn poot stijf, met als gevolg dat de jongen het huiswerk van zijn klasgenoten moest lenen om van zijn eigen geld kopieën bij de plaatselijke C1000 te maken. Toen de docent dat hoorde, vertelde hij de jongen dat hij vanaf dat moment zijn huiswerk weer kon krijgen.

Met name als het gaat om zoiets fundamenteels als eten, maken we ons als ouders snel zorgen over of ons kind niet tekortkomt. Eten kan dan ook makkelijk een punt van strijd worden. Wanneer moeten we vasthouden aan wat wij verstandig vinden, wanneer kunnen we loslaten? Zo'n vraagstuk kan nogal wat tijd in beslag nemen. Wat mij betreft is dat niet nodig. Als je zorgt dat er verder geen snoep in huis is, krijgen ze vanzelf wel weer trek. Of, nog beter, zin om weer gezellig aan te schuiven en mee te eten. Zo vertelt een vrouw over haar dochter die de volgens moeder 'befaamde peuterpubertei' bereikte, dat haar dochter tot voor kort alles at, maar op een dag ontdekte dat eten ook geweigerd kon worden. Moeder wilde hierover niet met haar dochter in een strijd verwikkeld raken. Zij vertelt: 'Binnen onze familie is de maaltijd ook een sociale gebeurtenis, we vinden het heerlijk om te koken, te genieten van het eten en het samenzijn. Als ik mijn dochter zou dwingen, zou eten niet meer gezellig zijn, maar gelijkstaan aan strijd. Ik besloot het over een andere boeg te gooien: ze hoefde niet te eten als ze niet wilde. Sterker nog, ik heb de focus verbreed naar "eten doe je met elkaar". Als ze niet wilde eten, hoefde ze niet mee te doen. Maar ja, mijn dochter is een gezelligheidsdier en kwam wel regelmatig bij de tafel staan. Elke keer als dat gebeurde, zei ik tegen haar: "Je hoeft niet te eten, lieverd. Ga maar lekker spelen, als we klaar zijn, komen we bij je.

Ik ga nu verder eten met papa." Bij de tussendoortjes sloegen we haar over en zeiden zorgzaam: "Jij hoeft niet, hoor." Ik was er echt van overtuigd dat het háár beslissing moest zijn om weer te gaan eten.
Ik besloot nog een stapje verder te gaan. 's Ochtends maakte ik voor mezelf ontbijt klaar, en zonder wat te zeggen of te vragen ging ik aan tafel zitten. Hierop liep ze naar me toe en vroeg of zij ook mocht mee-eten. Ik reageerde met: "Gezellig!" en maakte een boterham klaar. Vanaf dat moment heeft ze geen maaltijd meer overgeslagen en haar lust tot nieuwe dingen proeven heeft ze behouden. Inmiddels is ze negen jaar en helpt ze me met koken.'

Als het gaat om kinderen kunnen loslaten, is de realiteit de perfecte bondgenoot. Als kinderen iets willen wat je als 'lastig' ervaart, kan je het ze verbieden, maar je kan het ook toestaan, zodat ze in de realiteit kunnen ervaren wat de consequenties van hun gedrag zijn. Niet uit machteloosheid of rancune – 'Als je zonodig op kamers moet, dan ga je maar, maar je hoeft niet huilend op de stoep te staan, want we laten je er niet meer in' – maar om het kind oprecht de ruimte te geven te onderzoeken wat de gevolgen zijn van zijn of haar gedrag. Met dat bewust laten ervaren van de consequenties van gedrag kan je bij kinderen al op zeer jonge leeftijd beginnen, zoals blijkt uit onderstaand verhaal van een kleuterjuf.

'Elke dag werd er in mijn kleuterklas uitbundig gespeeld. Met glanzende ogen en dynamische bewegingen gingen de kinderen op in hun spel. Wanneer ik aankondigde dat we gingen opruimen, dan werd de groep plots lamlendig en zat met de duim in de mond moe te zijn. In een kringgesprek vroeg ik ernaar. Schrander zei de klassenoudste: "Ja juffie, maar opruimen is zooo stom. En niet nodig. Want straks spelen we weer." Deze overweging vond ik het experiment waard. Misschien had het kind gelijk. En dus ruimden we vanaf dat moment niet meer op. De eerste dagen waren de kinderen opgetogen en loodsten ze hun geschrokken ouders via erg smalle paadjes door de zooi. We konden geen kring meer maken door ruimtegebrek. Als een sneeuwruimer moest je je begeven van de ene naar de andere plek. Op een gegeven moment was het zo erg, dat zelfs mensen van buiten de school kwamen kijken. Maar ik hield vol en greep niet in. Wat gebeurde er na vier dagen? De kinderen begonnen als vanzelf op te ruimen. Ze waren klaar met de troep. Sindsdien hoorde ik deze groep nooit meer een weerklank uiten wanneer ik af en toe voorstelde om met z'n allen op te ruimen.'

Kinderen en jongeren kunnen vaak verrassend goed reflecteren op hun gedrag. Dat hoeven wij niet voor hen te doen. Als we ons er niet te veel mee bemoeien, hoeven wij hun niet te vertellen wat wel en niet werkt, maar zullen ze dat op hun eigen manier doen. Door hun grenzen en mogelijkheden te mogen onderzoeken, zullen zij zichzelf kunnen opvoeden. En dat doen ze vaak stukken beter dan we denken. Zelfs al op zeer jonge leeftijd.

Moeten loslaten

Een vierde hulpmiddel om te leren loslaten heeft te maken met het inzicht dat we op een gegeven moment wel *moeten*. We hebben geen andere keus. De verleidingen van het ouder worden – uitgaan, vriendjes, roken, blowen, feestjes – zijn op een gegeven moment zo sterk, dat je als ouder niet anders kan dan je erbij neerleggen dat ze de leeftijd bereikt hebben waarop je ze echt moet gaan loslaten. Bij het ene kind is dat moment er eerder dan bij het andere kind, maar als het er eenmaal is, is het er. Je daartegen verzetten is een vorm van vastdenken. Het maakt dat er alleen maar meer conflicten komen. Eigenlijk heb je als ouder op dat moment maar één optie. Loslaten. En in de buurt blijven, mocht het alsnog misgaan. Een moeder van een zestienjarige zoon die steeds meer 'grensoverschrijdend gedrag' begon te vertonen, vertelt daarover:

'Hij zette zich tegen ons af door laat thuis te komen, te spijbelen, zijn telefoon niet op te nemen, et cetera. Waar ik écht bang voor was, was dat hij drugs zou gaan gebruiken. Als ik het hem zou verbieden of op de gevaren van drugs ging hameren, had dat waarschijnlijk een averechts effect. Ik moest iets beters verzinnen. Wat als ik mijn zoon tot bondgenoot maakte, hem medeplichtig zou maken aan mijn "belangstelling" voor drugs? Dus zei ik op een dag tegen hem dat ik altijd al eens had willen blowen, maar dat je in mijn tijd moeilijk aan hasj of wiet kon komen. Of híj misschien, als hij een keer met drugs ging experimenteren, dit met mij samen zou willen doen?
Mijn zoon keek me bevreemd aan. Dit kon toch niet waar zijn? Zijn oude moeder, geïnteresseerd in drugs? Hoe gênant kon het worden? Maar ik was nog niet klaar en fantaseerde er lustig op los. We konden een weekend plannen dat er niemand in de buurt was, stelde ik voor. Hij kon de drugs halen en samen met mij uitproberen. Mijn zoons verbazing ging over in verontrusting en verwarring, hij zei dat hij erover zou nadenken, kreeg vervolgens de slappe lach en kneep ertussenuit. Later zou hij het hele voorval als een goeie mop aan zijn vrienden vertellen.
Maar mijn strategie had wel effect. Dankzij mijn overdosis aan belangstelling was het onderwerp drugs geen verboden gebied meer. En na een goed gesprek over de voor- en nadelen ervan, zei mijn zoon op bezorgde toon: "Nou mam, ik heb het voor je uitgezocht: begin er maar niet aan."'

Tot hoe laat je als kind uit mag gaan is een vergelijkbaar strijdpunt. Wanneer is het moment aangebroken dat er geen eindtijd meer hoeft te worden afgesproken? Ook daar bestaan geen wetten en regels voor. Per kind, per situatie ligt dat anders. Wat wél vaststaat is dat er altijd een moment zal komen dat je het wel los zal moeten laten. Strijd voeren heeft simpelweg geen zin meer. Het is niet de vraag of je je kind moet loslaten. Het is alleen de vraag *wanneer*.

'Toen mijn dochter zestien jaar was, had ik voortdurend strijd met haar over de tijd waarop ze thuis moest komen. Ik wilde uiteraard een controleerbare eindtijd afspreken en zij wilde natuurlijk altijd later. Als we een tijd hadden afgesproken, had ze steeds de neiging om (veel) later thuis te komen. Hoe meer ik mijn best deed daar met haar, in mijn ogen redelijke, afspraken over te maken, des te meer weerstand vertoonde ze. Tot ik het er op een dag helemaal mee had gehad. Ik besloot het radicaal anders aan te pakken.
Tijdens het avondeten zei ik tegen haar: "Ik heb er geen zin meer in hier langer strijd over te voeren. Wat mij betreft mag je vanaf nu zelf weten hoe laat je thuiskomt. Zolang jij zorgt dat je de dingen die je moet doen, zoals naar school gaan en je huiswerk maken, ook doet, is het verder aan jou om te beoordelen wat al dan niet kan. Ik beloof je, dan zal ik me verder nergens mee bemoeien." Uiteraard ging mijn dochter akkoord met dit voorstel. Zelf vond ik het erg spannend, ze was per slot van rekening pas zestien en nog steeds mijn kleine meid. Wie weet zou ze in niet zeven, maar wel twintig sloten tegelijkertijd lopen. Maar ja, ik had het gevoel werkelijk met mijn rug tegen de muur te staan. Ik vond de voortdurende strijd niet alleen zinloos, ik hield het simpelweg niet meer vol. Dus zo gezegd, zo gedaan.
De eerste weken ging, zoals ik wel verwacht had, de handrem bij mijn dochter er volledig af. Drie uur, soms pas vier uur 's nachts thuis, wie weet wat ze allemaal uitspookte. Uiteraard maakte ik me daar grote zorgen over. Maar aangezien ze zich verder keurig hield aan haar andere afspraken, had ik geen reden om onze overeenkomst te wijzigen. Na een maand of drie, op een zaterdagavond, een uur of elf 's avonds, hoorde ik de voordeur. Het was mijn dochter. Ik dacht: die is zeker iets vergeten. "Waarom ben je zo vroeg al weer terug?" vroeg ik haar. "O," zei ze, "er was niks meer aan, ik dacht: ik ga maar weer naar huis." Achteraf kan ik nu zeggen, ze is inmiddels allang het huis uit en heeft zelf al kinderen, dat deze avond het keerpunt was. Daarna ging ze ook nog weleens laat uit, maar zo absurd laat als daarvoor heeft ze het

nooit meer gemaakt. Waarom niet? Omdat ze niet meer haar vrijheid hoefde te bewijzen. Ze had die immers al.'

Risico

Een vijfde en laatste hulpmiddel om te leren loslaten is het inzicht dat loslaten een geschenk kan zijn. Natuurlijk houdt loslaten een bepaald risico in, maar wat als we dat risico nou eens bewust zouden *creëren*? Niet om je kind in gevaar te brengen, maar omdat we van mening zijn dat een kind dat risico prima aankan? Als het erom gaat de autonomie van kinderen écht te stimuleren, is er niets mooiers dan hen 'echte dingen' in de 'echte wereld' te laten doen met 'echte consequenties'.

Op een dag vroeg mijn vader me of ik de weekomzet van de markt naar het postkantoortje bij ons in de buurt wilde brengen. In totaal ging het om een bedrag van maar liefst 1.500 gulden. Mijn vader had het geld in een plastic zak gedaan en voor me klaargelegd. Ik was al bezig mijn fiets klaar te zetten, toen mijn moeder tussenbeide kwam. 'Ik vind dat geen goed idee, Ger,' sprak ze verontwaardigd tot mijn vader. 'Je laat een jongen van tien jaar toch niet met zoveel geld over straat gaan? Stel je voor dat hij beroofd wordt of het geld onderweg kwijtraakt?' *
Mijn vader bleef rustig. 'Maak je geen zorgen, hij kan dat best, hij raakt dat geld echt niet kwijt en wie verwacht er nou dat een jongen van tien jaar zoveel geld in een plastic zakje met zich meedraagt? Niemand toch!' Na enig tegensputteren liet mijn moeder me gaan. Even later fietste ik angstvallig met een tasje aan mijn stuur naar het postkantoor. Uit angst dat ik me te opvallend zou gedragen, durfde ik bijna niet om me heen te kijken. In het postkantoor wachtte ik zo gewoon mogelijk mijn beurt af en legde

* Het verhaal speelt zich af in 1969. Aangezien de inflatie vanaf dat jaar gemiddeld zo'n 3,2% per jaar bedroeg, komt dat neer op ongeveer 6.000 gulden oftewel zo'n 2.750 euro naar maatstaven van 2012.

daarna het geld op de balie. De man telde het geld en gaf mij daarna een gestempeld stortingsbewijs mee. Dit bewijs deed ik zorgvuldig, als een kostbaar kleinood, in mijn inmiddels lege plastic tas en zo fietste ik terug naar huis. 'En, gelukt?' vroeg mijn vader me bij thuiskomst.
'Ja,' antwoordde ik, 'hier is het stortingsbewijs.'
'Mooi. Fijn dat je dat voor me gedaan hebt,' reageerde mijn vader, 'dat scheelde me heel veel tijd.'
Uiteraard was ik trots dat het gelukt was. Maar misschien was ik nog wel het meest trots omdat mijn vader er verder geen circus van maakte met dankbetuigingen, schouderklopjes en andere loftuitingen. Juist het feit dat hij het heel *normaal* vond dat ik dit kon, zei me hoezeer hij me als autonoom wezen waarnam en vertrouwde.

Het is van belang om te zien dat de ervaring met mijn vader zo vormend werkte, omdat hij er juist geen pedagogische bedoelingen mee had. Het was niet zijn doel een didactische setting te construeren of me op te voeden. Hij liet mij niet het geld wegbrengen om me te leren geld weg te brengen. Hij liet me geld wegbrengen om het geld weg te brengen. Net zoals de leerlingen van de hotelschool niet een hotel runden om te leren een hotel te runnen, maar om een hotel te runnen. We kunnen kinderen dan ook geen groter geschenk geven dan ze bewust autonomie te verlenen.

De wereld van vandaag en morgen heeft meer en meer behoefte aan autonome mensen. Mensen die zelfstandig kunnen nadenken, weten wat ze willen, zelf besluiten kunnen en willen nemen en de verantwoordelijkheid daarover willen dragen. Het onderwijs en in zekere zin ook de opvoeding zoals wij die kennen, heeft altijd een grote nadruk gelegd op discipline en doorzettingsvermogen. Soms is het leven niet leuk, gewoon even doorzetten, dat hoort er nou eenmaal bij. Met die normen en waarden is niks mis. Ze zijn op zich prima. Ze passen prima bij de wereld van vroeger en voor een deel ook prima bij de wereld van dit moment, maar meer en meer is er behoefte aan een andere mentaliteit.

Discipline en doorzettingsvermogen zijn goed, maar ze zijn niet goed genoeg. Er is méér nodig dan wilskracht alleen. Wilskracht op zich is blind. Waar leidt het toe? Wat kan je ermee? Op welk gebied zou je wilskracht op moeten brengen? Het is van fundamenteel belang dat kinderen de ruimte krijgen om na te denken over wat ze zélf willen, waar hun passie ligt. Als het gaat om autonomie en discipline is het dan ook geen kwestie van of/of, maar en/en. Niet autonomie of discipline, maar autonomie én discipline. Autonomie zonder discipline leidt nergens toe, maar discipline zonder autonomie evenmin. Door die twee met elkaar te combineren, ontstaat er een nieuwe wereld: die van het *meesterschap*.

Over hoe je kinderen tot meesterschap kan inspireren, gaat het in het volgende hoofdstuk. Het is de krachtigste manier om lastig gedrag om te denken. De grap is dat meesterschap en lastig gedrag niet zo heel ver uit elkaar liggen. Sterker nog, als het gaat om meesterschap is lastig gedrag vaak eerder een voordeel dan een nadeel.

Competentie

Competentie

Ik was zes jaar en ik kon zwemmen. Nou ja, zwemmen. Ik kon prima zwemmen in het warme en ondiepe instructiebad, maar durfde de overgang naar het koude, echte zwembad niet te maken. Verschrikkelijk vond ik het. Doodeng. Na een paar weken was de badmeester het zat. Ik moest naar het diepe. Tientallen kinderen waren me al voorgegaan. Ik was de allerlaatste van mijn klasje. 'Je hoeft maar één baantje te zwemmen, alleen maar langs de rand,' probeerde hij me te overtuigen. Ondertussen zou hij klaarstaan met een lange stok met een lus aan het eind voor het geval het misging. 'Kom op, spring,' riep hij, 'we weten allemaal dat je kan zwemmen, er is niets aan de hand.' Verstijfd van angst bleef ik staan. Alle andere kinderen keken naar me. In paniek rende ik weg, de kleedkamer in. Nooit, nooit, nooit zouden ze mij in het diepe krijgen. Nog liever zou ik de rest van mijn leven niet kunnen zwemmen.

Die zomervakantie stonden we met ons gezin aan het Gardameer in Italië. Onze camping had een prachtige, tientallen meters lange houten pier met aan de zijkant een serie trappetjes. Tot het eerste trappetje was het zo ondiep, dat ik van de kant door het water naar het trappetje kon lopen en dan op de pier kon klimmen. Tussen het eerste en tweede trappetje was het iets dieper. Ik kon nog wel naar het tweede trappetje lopen, maar het water stond al wel tot vlak onder mijn kin. De eerste dagen gaf ik mezelf de opdracht van het eerste naar het tweede trappetje te zwemmen. Ik wist: als het misgaat, kan ik altijd nog gaan staan en is er niets aan de hand. Precies dat deed ik die eerste dagen. Zonder problemen zwom ik van het eerste naar het tweede trappetje. De afstand van het tweede trappetje naar het derde was even groot als de afstand van het eerste naar het tweede trappetje. Ik wist inmiddels dat ik deze afstand ook kon overbruggen. Alleen was er één belangrijk verschil: het water tussen het tweede en het derde trappetje was dieper. Ik had voorzichtig al een stukje gelopen achter het tweede trappetje, na een paar stappen verdween mijn mond onder water. Dat was het cruciale punt. Tot dat punt was zwemmen hetzelfde als in het instructiebad: ik zou altijd kunnen staan. Vanaf dat punt was het Gardameer gelijk aan het diepe zwembad. Als ik niet kon zwemmen, zou ik verdrinken. Maar wat was daarnaast het verschil tussen zwemmen van trappetje één naar twee en zwemmen van trappetje twee naar nummer drie? En dus maakte ik op een avond, vlak voor het slapengaan, met mezelf de heilige afspraak: morgen zwem ik van twee naar drie.

De volgende dag rende ik, meteen nadat ik wakker geworden was, naar de pier. Het was koud, er was nog helemaal niemand, de camping lag er doodstil bij. Voorzichtig liep ik het maagdelijke, spiegelgladde water in naar het eerste trappetje. Daarna zwom ik van het eerste naar het tweede trappetje. Daar bleef ik tien seconden, vijftien seconden hangen. 'Je kan het,' zei ik tegen mezelf. In mijn hoofd had ik dit tientallen keren gerepeteerd. Daarna haalde ik adem en liet los. God zegene de greep. Op weg naar het derde trappetje. Eén slag, twee slagen. Ik keek niet naar beneden, maar strak naar voren. Zes slagen, zeven slagen. Ik kon het trappetje al bijna aanraken. Nog een laatste slag en ik was er. Ik klom naar boven en stapte de pier op. Er was niemand aanwezig, maar ik gloeide van trots. Ik had gezwommen. In het diepe.

De dagen erna bleef ik oefenen. Elke dag een stukje verder. Van drie naar vier, van vier naar vijf. De laatste dag van de vakantie huurden mijn ouders een waterfiets. We gingen met z'n vieren ver, heel ver het meer op. Helder blauw water. Ik zat op de rand van de waterfiets. Hoe helder het water ook was, ik kon de bodem niet zien. Ik schatte dat je tussen de waterfiets en de bodem wel een flatgebouw kon plaatsen, zo diep was het. Alsof je uit een vliegtuig zou vallen. Ik sprong van de waterfiets en zwom. Een stukje weg en weer terug. Om de waterfiets heen. Daarna klom ik opnieuw op de waterfiets en sprong het water in. Keer na keer na keer. Ik kon zwemmen. Echt zwemmen. In het diepe.

Doen

De derde manier om lastig gedrag om te denken is gebaseerd op de aanname dat ieder kind zich *competent* wil voelen, het gevoel wil hebben iets te kunnen. Ergens goed in te zijn. Als het kind er mag zijn (erkenning), als het zelf *in control* mag zijn (autonomie), ontstaat er als vanzelf een derde behoefte: zichzelf ontwikkelen. Zoals het begrip erkenning verbonden is aan 'zijn' en autonomie verbonden is aan 'besluiten', zo is het begrip competentie verbonden aan 'doen'.

Hiervoor zagen we dat lastig gedrag een uiting kan zijn van het feit dat een kind zich niet erkend voelt of niet als autonoom wezen behandeld voelt. Veel lastig gedrag zal dan ook verdwijnen als we een kind erkennen en hem of haar autonomie geven. In dit hoofdstuk wil ik onderzoeken in hoeverre lastig gedrag getransformeerd kan worden door het op een derde manier te benaderen: als een (verborgen) competentie.

Als we in staat zijn lastig gedrag van een kind als een (verborgen) competentie te zien, heeft dat ogenblikkelijk twee voordelen. Ten eerste kunnen wij op hetzelfde moment *stoppen* met ergens een probleem van maken. We hoeven het gedrag van een lastig kind niet langer te veranderen of te onderdrukken, we kunnen het simpelweg accepteren. We zijn bevrijd van de last een gebrek van een kind te moeten 'compenseren'. Het tweede voordeel heeft met het kind zelf te maken. In plaats van zichzelf als lastig kind te zien met gebreken en beperkingen, kan het zichzelf als een potentieel *talent* beschouwen. Het hoeft zich niet te schamen voor zijn

'verderfelijke' gedragingen, maar het kan trot
tiële kwaliteiten.

Er zijn twee redenen waarom het voor een kind belang
competent te voelen. Ten eerste omdat je dankzij je competenti
het gevoel hebt de wereld aan te kunnen. Je beschikt over vaardigheden die nodig zijn om problemen die je tegenkomt te kunnen overwinnen. Ten tweede omdat mensen die competent zijn zichzelf kunnen verwezenlijken. Wie competent is beschikt over de vaardigheden om dingen te creëren. Deze twee ervaringen samen – problemen kunnen overwinnen en dingen creëren – leiden tot een gevoel van *zelfvertrouwen*. Je kan je als dat nodig is aanpassen aan de wereld, je kan tegelijkertijd de wereld, tot op zekere hoogte, jouw wil opleggen.
Er is echter nog een derde, misschien wel belangrijkere reden waarom het niet alleen voor kinderen, maar ook voor volwassenen essentieel is om je competent te voelen: het ontwikkelen van competenties hangt nauw samen met je *gelukkig* voelen.

Flow

Als psycholoog was Mihaly Csikszentmihalyi geïnteresseerd in de vraag wat *flow* veroorzaakte. Flow is in zijn definitie de ervaring waar sporters en kunstenaars het over hadden als ze beschreven dat ze het besef van tijd vergeten waren, één waren met wat ze deden en helemaal in het hier en nu waren. Wat deden sporters en kunstenaars waardoor zij als in trance leken op te gaan in wat ze deden en zou die ervaring ook voor 'gewone mensen' bereikbaar zijn?

Op grond van onderzoek kon Csikszentmihalyi bewijzen dat de ervaring flow ontstaat als er aan twee voorwaarden is voldaan. Ten eerste moet iemand zich uitgedaagd voelen om iets te willen kunnen wat hij nog nét niet kan. Een nieuwe competentie willen verwerven is een belangrijke voorwaarde om in flow te geraken.

Maar wát iemand moet willen kunnen, mag tegelijkertijd niet te moeilijk zijn. De competentie die iemand zich eigen wil maken moet nét haalbaar zijn. Is het te makkelijk, dan leidt dat tot verveling, is het te moeilijk, dan leidt het tot stress. Als je wilt leren zwemmen in het diepe is het dan ook de kunst het gebied op te zoeken tussen het tweede en het derde trappetje. Meteen te veel trappetjes willen beheersen leidt tot stress, maar alleen tot het eerste trappetje te hoeven zwemmen leidt tot verveling. De ervaring van flow zit precies tussen die twee gebieden in. De tweede voorwaarde heeft betrekking op het vorige hoofdstuk, autonomie. Flow kan alleen dan ontstaan als iemand in *vrijheid* ergens voor kiest, als iemand iets doet wat hij ook echt wil doen. Je kan iemand niet dwingen ergens 'voor te gaan'. Zoals controle leidt tot gehoorzaamheid, zo leidt autonomie tot zelfsturing.

Motiveren

Het aardige is dat met name de ervaring van flow zo kenmerkend is voor de kindertijd. Kinderen zijn vanuit zichzelf gemotiveerd om te leren, zich competenter te voelen. Zonder dat iemand hen daartoe verplicht, leren ze lopen, fietsen, in bomen klimmen en praten. Daartoe hoeven ze geen opdracht te krijgen. Leren en ontwikkelen zijn voor een kind intrinsieke motivatoren. Waarom leerde ik in de vakantie in het diepe zwemmen? Omdat ik *vanuit mezelf* gemotiveerd was dat te doen. De ervaring zelf maakte me gelukkig. Kinderen kunnen urenlang opgaan in hun 'spel', omdat het ze uitdaagt hun grenzen te verleggen en alle vermogens die ze in zich hebben aan te spreken, en omdat het spel tot flow leidt, is het motiverend. Kinderen spelen om te spelen. Ze klimmen in bomen om in bomen te klimmen. Ze fietsen om te leren fietsen. Daar hoeven volwassenen – behalve tijdig de zijwieltjes verwijderen – verder niet al te veel voor te doen. Zodra er sprake is van intrinsieke motivatie, zijn allerlei opvoedkundige interventies als straffen, belonen of complimenteren dan ook overbodig. Sterker nog, uit onderzoek blijkt dat het belonen van taken die mensen vanuit zichzelf graag doen, maakt dat hun motivatie om diezelfde taak te blijven verrichten *afneemt.*[38] Als volwassenen moeten we vooral voorzichtig zijn met ingrijpen in dit proces. De kans is groot dat onze ingrepen een averechts effect hebben.

Het goede nieuws is dus dat als we kinderen op eigen kracht hun eigen grenzen laten verleggen en hun competenties laten versterken, ze daardoor beloond worden met de ervaring van geluk. We hoeven niet te motiveren, complimenteren of aan te moedigen, ze doen het vanuit zichzelf. Ze worden beloond met de ervaring van geluk. Het enige wat wij hoeven te doen is het te erkennen door af en toe te applaudisseren terwijl ze het doen. 'Kijk, mama, zonder handen.'

Voor ons als volwassenen heeft dit inzicht grote consequenties. Het betekent dat alles wat we doen om kinderen te motiveren in feite onzin is. Zodra ze het voor ons doen, zijn ze niet meer echt gemotiveerd en zullen ze alleen doorzetten zolang ze het gevoel hebben dat het van ons moet, en als ze het wél vanuit zichzelf doen, hoeven we ze helemaal niet te motiveren. Sterker nog, de kans is groot dat onze pogingen om te motiveren hun motivatie doen afnemen. Ze doen dingen omdat ze die dingen willen doen of ze doen ze niet (of half).

Dat neemt niet weg dat we ons als volwassenen wél de vraag kunnen stellen hoe we zo goed mogelijk met deze intrinsieke motivatie om kunnen gaan. Wat zouden we kunnen doen om deze creatieve kracht te koesteren? Welke rol zouden we als volwassenen hierbij kunnen vervullen? Kunnen we kinderen wilskracht aanleren? Maar misschien is er een nog wel belangrijkere vraag dan de vraag wat we zouden doen. Die vraag luidt: 'Wat zouden we kunnen *laten*?'

Demotiveren

Nogal wat volwassenen, zo is mijn ervaring, hebben de overtuiging dat kinderen vanuit zichzelf niet echt gemotiveerd zijn om dingen te leren. Intrinsieke motivatie is in hun ogen misschien een leuk concept voor vernieuwingsscholen of quasimoderne ouders, maar als het erop aankomt in het leven écht iets te bereiken, moet je kinderen 'leren' door te zetten. Vreemd genoeg gaan deze ouders volledig voorbij aan het feit dat kinderen zich uit zichzelf – nog voordat ze ook maar enig idee hebben van wat we tegen ze zeggen – zoiets complex als de vaardigheid van het lopen eigen maken. Moeten we ze aanmoedigen, belonen, motiveren om te leren lopen? Nee, natuurlijk niet. Ze willen het kunnen. Waarom willen ze het? Niet omdat ze het bij geboorte al kunnen en 'als vanzelf' zullen gaan doen. Ze moeten het leren. Stap voor stap. Zo bleken wolfskinderen – kinderen die door dieren zijn grootgebracht – op handen en voeten te lopen. Kinderen leren lopen omdat ze volwassenen zien lopen en het ook willen *kunnen*. Volwassenen zien lopen daagt hen uit om ook zelf te willen leren lopen. Ook zoiets complex als het verwerven van een taal verloopt op dezelfde manier. Het is een intrinsiek gemotiveerd proces. Kinderen die geconfronteerd worden met meerdere talen, zullen om dezelfde reden meerdere talen leren.

Dit intrinsieke leren strekt zich uit naar vele gebieden van het leven van een kind. Nog voordat een kind naar school gaat, maakt het zich de meest complexe vaardigheden eigen. En dan opeens gebeurt er iets raars. Opeens moet het écht gaan leren. Het gaat naar school. En onder dat 'echt' wordt dan verstaan de stof die van school geleerd moet worden en (vooral) het moment dat die stof van school geleerd moet worden. Na niet veel tijd zal duidelijk worden dat sommige kinderen dat sneller doen dan andere kinderen. Die verschillen hebben consequenties. Kinderen die relatief snel leren worden als vanzelf extern beloond met hoge cijfers, complimenten en bewondering. Bij kinderen die relatief langzaam leren dreigt een nieuw probleem: gebrek aan motivatie.

Ze verliezen na verloop van tijd het plezier om te leren en moeten daartoe 'gemotiveerd' worden. Gebeurt dat bij ieder kind? Nee, natuurlijk niet. Er zijn kinderen die het heerlijk vinden om te (blijven) leren. Helaas is het zo dat nogal wat kinderen (en later volwassenen) het vertrouwen lijken te verliezen om te leren. Niet voor niets houden veel managers zich bezig met het vraagstuk hoe zij hun medewerkers zouden kunnen motiveren in zijn algemeenheid en kunnen motiveren om te leren in het bijzonder.

Dat we kinderen (en later medewerkers) moeten motiveren lijkt misschien logisch, maar in feite is het iets vreemds. Het is net zoiets als dat je tegen een boom zou moeten zeggen dat hij moet groeien. Ontwikkelen, groeien en leren is zo eigen aan het leven, kinderen doen het zo vanzelf, dat het de vraag is wat er onderweg precies gebeurd is. Waarom raken we het plezier in het leren kwijt? Wat is er onderweg precies gebeurd waardoor we niet meer intrinsiek gemotiveerd zijn om te leren?

Fixed mindset vs. growth mindset

De psychologe Carol Dweck was gefascineerd door de vraag waarom sommige kinderen leren als een uitdaging kunnen zien, terwijl andere kinderen zelfs bij een relatief makkelijke opdracht al zuchten en steunen. Zij beschrijft: 'Ik stond vooral versteld van de reacties van twee kinderen van tien jaar oud. Toen een jongen de moeilijke vraagstukken onder ogen kreeg, trok hij zijn stoel recht, wreef in zijn handen, smakte met zijn lippen en riep: "Leuk, een uitdaging!" Een andere jongen keek blij op terwijl hij op de vraagstukken zat te zweten en riep vol overtuiging: "Ik hoopte al zó dat ik er iets van zou kunnen leren."'

Op grond van het vergelijken van kinderen die graag leren en kinderen die dat moeilijk vinden, ontdekte Dweck een cruciaal en significant verschil tussen de beide groepen. Kinderen die moeite hebben met leren bleken te beschikken over wat zij een *fixed mindset* noemt: zij hebben het idee dat ze een bepaalde hoeveelheid talenten en kwaliteiten hebben en dat deze als het ware door de natuur gegeven zijn. Je kan je talenten wel benutten, maar ze ontwikkelen is niet mogelijk. Tegenover een fixed mindset onderscheidt Carol Dweck een *growth mindset*, waarbij je ervan uitgaat dat allerlei talenten en kwaliteiten, ook zaken als muzikaliteit en intelligentie, middels oefening en training te verbeteren zijn. Kinderen die graag leerden bleken zonder uitzondering te beschikken over een growth mindset. Net zoals de twee jongens van tien jaar hadden zij de overtuiging dat je moeilijke dingen leren kon.

Als volwassenen is het van belang om onze eigen overtuigingen op dat gebied nog eens goed onder de loep te nemen. Als wij zelf een fixed mindset hebben, als we er ten diepste van overtuigd zijn dat sommige kinderen dom en andere slim zijn, dan heeft dat een groot effect op de kinderen om wie het gaat. Nou lijkt deze stigmatisering misschien demotiverend voor 'domme' kinderen, en motiverend voor 'slimme' kinderen, maar in feite is het kwalijk voor alle betrokkenen. Als je herhaaldelijk tegen je dochter zegt: 'Wat ben je toch een intelligent kind,' is de kans groot dat ze daardoor het zelfbeeld ontwikkelt 'Ik ben een intelligent kind'. Het grote gevaar van een dergelijke fixed mindset is echter dat het voor je dochter daardoor juist moeilijker is om te leren en door te zetten. Dat klinkt misschien onlogisch, maar dat is het niet. Stel je de situatie voor dat iemand die denkt dat ie slim is, iets niet meteen begrijpt. Zal zo iemand dan makkelijk vragen kunnen stellen, het nog een keer proberen en desnoods nog een keer? Nee. Onbewust zal het kind denken: oefenen is voor domme mensen.

Op grond van haar onderzoek ontdekte Carol Dweck dan ook dat mensen met een fixed mindset – ongeacht eventuele talenten – sneller afhaken, minder in staat zijn tegenslag te verwerken, minder zelfvertrouwen hebben, minder gemotiveerd zijn, op de lange duur minder presteren en niet in staat zullen zijn ergens écht in te excelleren. Mensen met een growth mindset daarentegen, beschikken over meer incasseringsvermogen en geduld, hebben een positiever zelfbeeld en zijn in staat zich ergens met volharding in vast te bijten en net zolang door te gaan tot ze hun doel bereikt hebben.

Carol Dwecks onderzoek is van groot belang als het gaat om het begrijpen van de vraag hoe het komt dat sommige kinderen intrinsiek minder gemotiveerd raken om nieuwe dingen te leren, terwijl andere kinderen, ook als ze ouder worden, dat plezier lijken te behouden. Doorzettingsvermogen en daaraan gekoppeld het vergaren van competenties is dan ook niet het resultaat van een soort abstracte hoeveelheid wilskracht die wij het kind zouden moeten leren, maar vooral van de overtuiging of we een fixed mindset of een growth mindset hebben. Als volwassenen kunnen we kinderen helpen om het plezier in het leren te behouden – ik gebruik bewust het woord 'behouden', zoals gezegd: ieder kind is bij geboorte intrinsiek gemotiveerd om te leren – door hun die laatste mindset voor te doen door er zelf diepgaand van overtuigd te zijn dat je (bijna) alles kan leren door gestaag door te zetten.

Wachten

Naast de overtuiging dat er zoiets bestaat als een growth mindset, het vermogen om te leren, is er een tweede manier om kinderen te helpen zich competenter te voelen. Die manier van doen is vooral een kwestie van niét doen. Als volwassenen een kind willen helpen zijn competenties te ontwikkelen, is het net zoiets als een bloembol uit de grond trekken om te kijken hoe hard ie groeit. De poging om te helpen zal het proces eerder vertragen dan versnellen. Wat wel helpt is geduld. Het belangrijkste wat we als volwassenen kunnen doen is ons kind in aanraking brengen met een omgeving waarin van alles te beleven valt (volwassenen die lopen, praten, pianospelen, whatever), dingen doen die we zelf leuk vinden en als we lesgeven aan kinderen dus ook *gepassioneerd* les te geven en wie weet slaat er hier en daar een vonk over.

De tweede manier om een kind te helpen zijn competenties te ontwikkelen is dan ook *wachten*. Simpelweg niets doen. Het kind zich in alle rust laten ontwikkelen zonder jouw ideeën, overtuigingen, wensen en verlangens op het kind te plakken. Laat het kind zichzelf ontwikkelen, zoals uit een appel een appelboom groeit: zoals in elke appel het plan van een appelboom ingesloten ligt, ligt ook in ieder kind een plan opgesloten. Een plan dat zich met de jaren, soms zelfs tientallen jaren, en in wisselwerking met de omgeving zal ontvouwen. Ieder kind is in dat opzicht verschillend.

Bij sommige kinderen is heel snel duidelijk wat ze – ook op de langere termijn – leuk vinden en graag doen. De in 1910 geboren Samuel Barber was familie van de bekende Amerikaanse mezzosopraan Louise Homer. Op zesjarige leeftijd kreeg hij pianoles, een jaar later schreef hij zijn eerste compositie. Op negenjarige leeftijd besloot hij componist te worden. Toen hij negen jaar was, schreef hij zijn moeder: 'Mijn bestemming is het componist te zijn en ik ben er zeker van, dat ik het word. Verlang niet van mij te gaan voetballen, alstublieft.'

De misschien wel meest beroemde danser ooit, Rudolf Nurejev, zag als klein jongetje een ballet en realiseerde zich dat hij later balletdanser wilde worden. En hij werd het. Als kind zong Aretha Franklin samen met haar zusjes in de kerk waar haar vader dominee was en ze wilde later zangeres worden; haar eerste plaatopnames maakte ze toen ze veertien jaar oud was, daarna scoorde ze vele top 10-hits, werd beroemd als the Queen of Soul en was de eerste vrouw die werd opgenomen in de *Rock and Roll Hall of Fame*.

Uithangbord

Kinderen die op jonge leeftijd zo duidelijk weten wat ze willen, zijn uitzonderlijk. De meeste kinderen doen er lang over en weten misschien zelfs als volwassene nog niet wat ze (later) willen worden en op welk gebied ze hun competenties willen ontwikkelen. Voor ons als ouders is het niet altijd even makkelijk om kinderen waar te nemen in dit proces van zoeken, proberen en niet-weten. We zijn geneigd om onze kinderen als een soort *uithangbord* te zien. We willen graag laten zien dat onze kinderen getalenteerd zijn en het goed doen op school, de sportclub of met hun hobby's. Alhoewel we wel beseffen dat de prestaties van onze kinderen niet onze prestaties zijn, is de kans toch groot dat we hun prestaties als een verlengstuk van onszelf zien; hetzij doordat we ze 'goed opgevoed' hebben, hetzij doordat ze beschikken over een aan dat van ons identiek pakketje genetisch materiaal of – nog beter – door een perfecte combinatie van beide. Kinderen die ergens goed in zijn, zijn kinderen die goed zijn opgevoed. Denken we.

Vooral ouders die het gevoel hebben in hun eigen verleden zelf kansen gemist te hebben en als volwassene minder te presteren dan ze hadden kunnen presteren, hebben de neiging de prestaties van hun kinderen te zien als een manier om hun eigenwaarde op te vijzelen. Nou is er natuurlijk niks mis met trots zijn op de prestaties van je kind, maar als die prestaties meer te maken hebben met jou dan met je kind, dan is dat een ongezond uitgangspunt. Je kind is er niet om jouw dromen uit te laten komen.

Ook op een subtieler niveau werkt het door dat we kinderen als uithangbord benaderen. Zonder dat we het in de gaten hebben, zijn we geneigd kinderen competenties op te dringen waarvan wij vinden dat ze die moeten hebben. Met de beste bedoelingen. Stel dat je zelf een extravert en open persoon bent en je hebt een kind dat het tegenovergestelde is: introvert, observerend en analytisch. In zo'n geval is het moeilijk om te accepteren dat je kind, als je op visite bent of gasten ontvangt, zich wat teruggetrokken opstelt, weinig praat en het liefst naar zijn eigen kamer verdwijnt. Het kan je neiging zijn om je kind te helpen zich 'normaal' te gedragen en het 'hulpvaardige' aanwijzingen te geven als 'Kom er maar even bij zitten, hoor' en 'Je hoeft niet zo verlegen te zijn'. Hoe goedbedoeld ook, het is een directe overtreding van de integriteit van het kind.

Gebreken

Hoezeer we ook het beste met onze kinderen voorhebben, we zijn nogal eens geneigd niet zozeer naar hun kwaliteiten te kijken, als wel naar hun gebreken. Met de beste bedoelingen van de wereld, uiteraard. We willen onze kinderen helpen. Een docente aan een ROC kwam na afloop van een bijeenkomst naar me toe met een vraag over haar zoon. Hij zat in de vierde klas van de havo, moest samen met een klasgenoot een werkstuk maken, maar in de praktijk kwam het erop neer dat haar zoon eigenlijk alles in zijn eentje deed. De vrouw vertelde me: 'Het gaat me aan het hart te zien hoe hij zich laat misbruiken door zijn zogenaamde vriend, ik zou mijn zoon zo graag wat assertiever zien, dus probeer ik hem daarbij te helpen. Dat hij zijn mond eens opendoet. Dus dan zeg ik tegen hem dat hij best voor zichzelf mag opkomen, maar die boodschap lijkt totaal niet aan te komen. Nu zeg jij dat ik moet stoppen met hem op te voeden, hem zelf de ruimte moet geven om dingen te leren, maar wat moet ik dan in zo'n situatie doen? Het gaat me aan het hart mijn zoon in die situatie te zien.' Ik antwoordde haar: 'Om te beginnen is de kans groot dat je zoon nog jarenlang bezig zal zijn met leren wat beter voor zichzelf op te komen. In plaats van verontwaardigd te zijn over zijn vriend, moet je die misschien wel dankbaar zijn. Dankzij zulke ontmoetingen kan je zoon tenminste leren wat assertiviteit is. Verder moet je je eens verplaatsen in je zoon. Heeft hij het op school al moeilijk, komt ie thuis, krijgt ie van zijn moeder ook nog eens het advies meer voor zichzelf op te komen. Je bedoelt het onge-

twijfeld goed, maar het werkt simpelweg niet en de kans is groot dat hij je advies niet als hulp, maar als een extra probleem zal ervaren: komt hij al niet genoeg voor zichzelf op, moet ie dat ook nog eens van zijn moeder veranderen.'
De vrouw dacht even na. 'Maar wat moet ik dan doen als ik hem wil helpen?'
'Helemaal niets,' antwoordde ik. 'Je hoeft hem helemaal niet te helpen, wees er gewoon voor hem. Hou van hem zoals hij is, op dit moment. Dat is het enige wat je hoeft te doen. En volgens mij hoef je daar niet je best voor te doen, want uit de manier waarop je over hem spreekt en met hem begaan bent, kan ik niet anders concluderen dan dat je gek op hem bent, toch?'

Wat een kind graag doet en waar het goed in is (en beter in wil worden) is niet meteen duidelijk en kan ook gedurende een leven (meermalen) veranderen. Zo snel als het voor de een duidelijk is wat hij graag doet, zoveel tijd kan het voor de ander kosten. De eerste strategie is dus die van het wachten. Geduld hebben. Kinderen in hun eigen tempo te laten ontdekken wat ze graag willen doen. Soms gaat dat snel, soms gaat dat langzaam. Maar wat het tempo ook is, wij kunnen daar geen directe controle op uitoefenen. Kinderen ontwikkelen zich in hun eigen tempo.

Bekrachtigen

Zoals gezegd houdt dat niet in dat wij machteloos zouden moeten toekijken. Niet alles is wachten, we kunnen ook dingen doen. Een van de makkelijkste dingen om te doen is een kind *bekrachtigen* in wat het goed doet. De strategie is in principe eenvoudig. Kijk naar wat er goed gaat en versterk dat. In de praktijk is dat soms wat lastiger uit te voeren. Als je kind bendeleider is, dan zal je je als ouder grote zorgen maken. Maar het woord bendeleider bestaat uit twee woorden: bende en leider. Als je kind een goede bendeleider is, is het dus een goede leider.

Door in te zoomen op wat goed gaat, kunnen we kinderen stimuleren aan hun competenties te (blijven) werken. Zelfs als die competenties er niet of nauwelijks lijken te zijn. Zo vertelt een leraar: 'D. houdt in groep 8 zijn spreekbeurt over Alfred Heineken. Hij heeft een leuke manier van presenteren, maar zijn hoofdstukken zijn veel te kort. Na 5 minuten is hij klaar. En dat is volgens de norm de helft van de minimumtijd. Na afloop krijgt hij naast een aantal complimenten, van veel kinderen tips als: probeer een volgende keer de hoofdstukken langer te maken, probeer een volgende keer meer informatie te geven, enzovoorts. De leerkracht van D. is eerst van zins om te vertellen dat dit toch echt veel te kort is en te vragen hoe dat kan, maar hij onderdrukt die neiging. Hij zegt: "Nou D., je hoort het. De kinderen willen allemaal dat je nog een keer wat vertelt. En ik ook. Wat doe jij het goed. Daar willen we graag meer van horen. Je hebt talent! Je hebt iets bijzonders gedaan. Dit was een soort trailer, net als van een bioscoopfilm. Je hebt ons nieuwsgierig gemaakt naar de echte spreekbeurt." D. kijkt enigszins verbaasd. De leerkracht vertelt hem dat als hij voor het stuk dat hij nog uit moet breiden, dezelfde manier van voorbereiden gebruikt, het vanzelf goed wordt. "Maak eventueel een aankondigingsposter voor in de klas," concludeert de leraar. D. gaat met een goed gevoel naar huis. Vier weken later houdt hij met veel plezier een bijna perfecte spreekbeurt.'

Bekrachtigen is een bijzondere en vooral zeer *positieve* vorm van complimenteren: door te bekrachtigen benoem je datgene wat een kind goed doet, waarvan je weet dat het dat goed wil doen en waarvan je ook weet dat het kind ook graag wil horen of het goed gaat. Bekrachtigen is in die zin een vorm van positieve feedback: het kind wil iets, stelt zichzelf een doel en jij laat horen (feedback) welke positieve stappen of stapjes het kind heeft gezet. Je benoemt elk positief resultaat.

Hoe krachtig de strategie van het bekrachtigen kan werken, bewijst het verhaal van Jochem. Zijn moeder vertelt: 'Niet lang nadat Jochem geboren was, werd duidelijk dat hij anders was dan andere kinderen. Dat anders-zijn uitte zich vooral in het feit dat hij overal zeer langzaam in was. We hebben hem laten onderzoeken door allerlei instanties, op het laatst keek een psychiater naar hem en die stelde de diagnose dat hij zwaar autistisch was en dat we er maar van uit moesten gaan dat hij de rest van zijn leven gehandicapt zou zijn. "Ga er maar van uit dat hij nooit zal leren lopen." Vanaf dat moment maakte zich een grote woede van mij meester. Alles in me zei dat deze man het bij het verkeerde eind had. Vanaf dat moment hebben mijn man en ik besloten Jochem voortdurend te stimuleren in alles wat hij wél kon. We besloten elk klein stapje, en dat bedoel ik letterlijk, te benoemen en te waarderen. Jarenlang zijn we zo met hem bezig geweest. Op zijn derde kon hij lopen, op zijn negende kon hij zwemmen, op zijn tiende kon hij fietsen, uiteindelijk leerde hij alles. Jochem zelf besefte ook dat hij – als hij iets wilde leren – veel meer moest oefenen dan een ander kind. Hij wist van zichzelf donders goed dat hij een handicap had. Ik weet nog dat hij met ons zijn eerste skivakantie had en dat werkelijk alles mislukte. Zijn klasje ging te snel, hij was bang te vallen, hij bleef achter bij de rest. Op een ochtend stonden de tranen hem in de ogen, zo zwaar was het voor hem. Maar ook die dag ging hij. Hij wist van zichzelf: als ik wil leren skiën, moet ik misschien honderd keer vaker oefenen dan ieder ander. Op het eind van de vakantie skiede hij alleen de blauwe piste af en ik was trots als een aap. Mijn zoon had op eigen kracht bereikt wat hij wilde bereiken. Als we op advies van die psychiater rekening hadden gehouden met zijn beperkingen, had hij al die dingen nooit geleerd. Uiteindelijk heeft hij zonder te blijven zitten zijn middelbareschooldiploma havo behaald, daarna heeft hij vwo gedaan en sinds twee jaar studeert hij economie en management. Mensen die hem nu voor het eerst zien, zien een gewone, gezellige en sportieve jongeman.'

Feedback

Om een kind echt te bekrachtigen, is een vaag en algemeen compliment onvoldoende. Belangrijk is het eerst te weten wat het kind zichzelf ten doel stelt, wat hij graag goed wil kunnen en dan stapsgewijs, zoals ook de moeder van Jochem dat deed, te benoemen wat goed gaat. Als een kind je een tekening van twee mensen (een grote en een kleine, beide met harkjes aan voeten en handen) laat zien en vraagt: 'Wat vind je ervan?', is dat eigenlijk een veel te vage vraag om goed te kunnen beantwoorden. Je kan dan iets zeggen in de trant van 'mooi' of 'goed kleurgebruik', maar wat zegt zo'n opmerking? Het zegt iets over wat jij mooi vindt en dat je kleurgebruik blijkbaar belangrijk vindt. Maar ja, wat is goed kleurgebruik? Is kleurgebruik altijd goed? Zo'n reactie is voor een kind weinig behulpzaam. Het zal hem niet verder helpen. Aan het kind vragen 'Wat vind je er zelf van' zal ook niet helpen. Het kind komt niet voor niets naar jou, blijkbaar wil het jouw oordeel en daar is niks mis mee.

Hoe raar het ook klinkt, op zo'n moment is een tegenvraag de beste reactie. Het is immers van belang te weten wat het kind beoogde met zijn tekening. Als je dat weet – als je weet wanneer naar de maatstaven van het kind de tekening geslaagd is – kan je ook gericht bekrachtigen. Stel, je kind zegt: 'Ik wilde papa en mama zo goed mogelijk tekenen,' dan kan je vervolgens aangeven wat geslaagd is aan de tekening. Dan zou je kunnen zeggen: 'Ah, dat is goed gelukt, ik zie dat de ene groter is dan de ander, dat is in het echt ook zo. Mooi.' Wat je zegt is feitelijk juist en het helpt het kind in het bereiken van zijn doel om papa en mama zo goed mogelijk te tekenen. Dat de handen en voeten op harkjes lijken is niet relevant. Bekrachtigen betekent dat je benoemt wat goed gaat, wat niet goed gaat is irrelevant. Hoezeer je ook de neiging hebt om datgene wat naar jouw overtuiging ontbreekt of (nog) niet goed genoeg is te benoemen, doe dat niet. Het is simpelweg niet relevant. Positief bekrachtigen betekent dat je alleen benoemt wat goed gaat.

Talent

Zodra we bekrachtigen wat goed gaat, verleggen we op hetzelfde moment onze focus van gebreken naar mogelijkheden. Ook bij kinderen die in eerste instantie van alles niet lijken te kunnen, wordt op die manier een verborgen potentiële competentie zichtbaar. Zo kan je kinderen met een stoornis in het autistisch spectrum benaderen als kinderen met een beperking. Ze beschikken bijvoorbeeld (gemiddeld) over minder empathie. Kijk je daarentegen op een andere manier naar een kind met een dergelijke stoornis, dan zal je al snel zien dat deze kinderen andere dingen soms heel goed kunnen. Zo blijkt dat kinderen met een autistische stoornis gemiddeld genomen een groot gevoel voor detail hebben, ze kunnen soms urenlang onverstoord aan een en dezelfde taak werken en beschikken over een groot concentratievermogen. Precies om die reden is er een bedrijf opgericht, genaamd Specialiststerren, waar jongeren met een autistische stoornis werken als tester van software. Wat blijkt? Hun foutenmarge is kleiner dan die van de gemiddelde softwaretester.

Omkeren

Naast wachten en positief bekrachtigen is er – als het gaat om competenties – een derde strategie om lastig gedrag om te denken en dat is die van het *omkeren*. Bij omkeren verander je 'een probleem' in 'de bedoeling', wordt een 'ondanks' een 'dankzij' en verander je 'slecht' in 'goed'.

Mijn oudste zoon zat zichzelf een tijdje in de weg. Het lukte hem niet door te zetten en op tijd met zijn planningen te beginnen. Hij noemde zichzelf 'lui'. Ik vond dat een onnauwkeurige en (te) negatieve beoordeling van zijn gedrag. Ik vertelde hem dat ik van mening was dat hij niet lui was, maar 'zeer efficiënt met zijn energie' omging. Hij moest erom lachen en het werkte. Niet dat hij veel harder ging werken (dat was niet zo zijn stijl als het ging om school), maar hij behaalde keurig zijn tentamens, ging daar op het laatst pas voor werken en kon dat gedrag voortaan als een bewuste keuze zien, in plaats van een weeffout in zijn persoonlijkheidsstructuur.

Context

Is bepaald gedrag positief of negatief? Het hangt er maar van af wat je verwacht. Is een kind heel erg druk? Da's niet handig als je wilt dat hij rustig een boek leest. Maar misschien wil een kind wel helemaal geen boek lezen. Het is dan ook veel interessanter om te kijken naar de potentiële positieve kant van bepaald gedrag. Wat is de positieve kant van 'druk'? Misschien is je kind uiterst energiek, extravert en grappig. Wat is daar mis mee? Laat zo'n jongen cabaretier worden. Hoe grappig is een rustige cabaretier? Elk gedrag, hoe negatief ook, kan in een andere context uiterst positief zijn. Door de positieve kant van gedrag te benoemen, helpen we kinderen zichzelf niet als per definitie 'lastig' te zien, maar hun competenties te ontdekken en benoemen.

Matt Vrijsen van het Pius X College in Bladel, destijds leerling in klas 3, is een computerfanaat. Wekelijks is hij meer dan veertig uur met de computer bezig. Op een dag kraakt hij, tijdens een tussenuur, het wachtwoord van het computersysteem van de school. Niemand kan vanaf dat moment meer inloggen. Het gevolg van Matts actie is dat meer dan 800 computers stuk voor stuk opnieuw geprogrammeerd moeten worden om te voorkomen dat in de toekomst nogmaals iemand op die manier het wachtwoord gijzelt. Maar Matt is niet voor een kleintje vervaard. Direct na de reparatie kraakt hij de computers opnieuw. Is de school boos vanwege Matts activiteiten? Nee. Integendeel. Het hoofd Facilitair zegt dat hij blij is met Matts acties: 'Ik vind het een vorm van positief hacken.' En de directeur verklaart voor de lokale televisie zelfs blijmoedig: 'We kunnen Matt wel zoenen.' Uiteraard leert de school van de eerdere ervaringen. Nadat de systemen opnieuw zijn ingeregeld, wordt deze keer eerst aan Matt gevraagd of hij ze van tevoren even wil testen…

Experts

Kinderen die in de klas 'moeilijk' gedrag vertonen kan je als een bron van problemen zien, maar ook als een bron van mogelijkheden. Zo ken ik een onderwijsbegeleider die een werkvorm heeft ontwikkeld waarbij lastige kinderen als expert worden ingezet. Wat is zijn aanpak? Als er op een school conflicten zijn tussen een docententeam en een bepaalde klas, vraagt hij aan de directie of ze hem de namen willen geven van de drie moeilijkste leerlingen. Met moeilijk bedoelt hij dat ze kritisch zijn, overal commentaar op hebben en dat ook willen verwoorden. Deze drie leerlingen maakt hij vervolgens tot experts in het veranderingsproces. Vervolgens benadert hij deze leerlingen met de vraag of zij ieder individueel een presentatie willen geven over de vraag: 'Wat is een goede leraar?' Hij verzekert hun uiteraard dat hij hen zal steunen en dat ze vrijuit kunnen spreken. Meestal stemmen ze dan zonder problemen in met het experiment.

De onderwijsbegeleider vertelt daarover: 'De presentaties zijn voor de docenten steevast een openbaring en voor de leerlingen een verademing. In het begin durven ze nauwelijks hun verhaal te vertellen. Je moet je voorstellen: de rollen zijn echt omgedraaid. Het hele docententeam zit in bankjes in de klas te luisteren, voor de klas staat een leerling van veertien, vijftien jaar die bekendstaat als een lastige leerling en die moet dan opeens een serieuze presentatie geven over de vraag wat een goede docent is. In het begin is het dan ook heel spannend, maar als de leerlingen merken dat er echt naar ze geluisterd wordt – de regel is natuurlijk dat er niet in discussie gegaan wordt, het is een presentatie, er mogen alleen achteraf vragen gesteld worden – vatten ze gaandeweg meer moed. Al vrij snel praten ze zonder gêne over het onderwerp; alles wat ze zeggen schrijf ik als een belangrijk punt op het bord.

De inzichten van deze leerlingen betekenen bijna altijd een echte bijdrage aan de docenten over de vraag hoe zij met hun gedrag als docent de kwaliteit van het onderwijs sterk beïnvloeden. Vaak is dat veel sterker dan ze denken, zowel in negatieve als positieve zin. De adviezen van deze "lastige" kinderen zijn voor een team

dan ook goud waard. Ik herinner me met name één meisje, dat een groot effect had. De docenten kenden haar als een stugge, dwarse en stille leerling. Zonder iemand aan te kijken beschreef ze tijdens haar presentatie het belang van respectvol blijven, ook als het gedrag van de leerling daar geen aanleiding toe lijkt te geven. Aan het eind van haar presentatie werd ze verrast met een overdonderend applaus.
Het is mooi om te zien hoe trots en rechtop de leerlingen daarna het lokaal uit lopen. Voor het eerst is er echt naar ze geluisterd en hebben ze in plaats van een negatieve een positieve betekenis gehad. Ze voelden zich competent. Dat verschil in sfeer en houding bij de leerlingen aan het einde van zo'n sessie is voor de docenten misschien nog wel het meest indrukwekkend. Daarna gaan de docenten samen met deze "lastige" leerlingen aan de slag met alle aanbevelingen. Het mooie is dat de leerlingen ook na de sessie geneigd zijn zich als coach en raadgever op te stellen.'

Door 'lastig gedrag' om te keren in 'gewenst gedrag' kunnen we kinderen helpen in hun kracht te komen. Als het gaat om hun 'lastige gedrag' hoeven ze zichzelf niet te veranderen, ze mogen het lastige gedrag op een positieve manier gebruiken. Sterker nog, lastig gedrag kan duiden op een *specialisme.* Zo is er een leerkracht die zijn leerlingen in groep 7 en 8 leert om mediator te worden, zodat ze kunnen bemiddelen bij conflicten tussen kinderen. Ze moeten solliciteren naar de functie en omdat er vaak te veel aanmeldingen zijn, moet de leerkracht selecteren. Sommige leerlingen komen volgens zijn collega's niet in aanmerking voor de functie. Wat is hun argumentatie? Dat het kinderen zijn die zélf zoveel conflicten hebben. Maar de docent draait het om. In zijn ogen is een kind dat bij veel conflicten betrokken is geweest, een conflictenspecialist. Zij snappen precies waar ruzies over gaan en zijn bij uitstek dan ook degenen die deze rol goed kunnen vervullen. In de praktijk, zo vertelt hij, werkt het uitstekend: kinderen die zelf regelmatig ruzie hebben, spelen meestal een uitstekende rol als mediator wanneer ze buiten het conflict staan. Het ogenschijnlijke minpunt blijkt ineens een groot pluspunt.

Verleiden

Een volgende strategie is die van het *verleiden.* Laat kinderen doen wat ze leuk vinden, waar ze naar verlangen. Niets is leuker dan kinderen op een leuke manier 'hun zin te geven' en ze tegelijkertijd aan te spreken op hun competenties. Door goed na te denken over waar kinderen naar verlangen, kan de meest vervelende klus erg leuk worden. Een man die bij de scouting betrokken is vertelt: 'Jaren heb ik als kookstaf tijdens de zomerkampen voor een groep welpen (7-11 jarigen) gekookt. De welpen vonden het kamp geweldig. Hutten bouwen, in touwen klimmen, kussengevechten houden, op nachtelijke strooptocht gaan, dat soort dingen. Maar ja, er zijn ook klusjes die gedaan moeten worden, waar niemand zin in heeft. Zoals afwassen. Nationale sport dus om die vervelende klus zo vakkundig mogelijk te ontwijken en te zorgen dat – wat er ook gebeurt – jij niet hoeft af te wassen.
We bedachten er de volgende truc op. We deelden tegoedbonnen uit voor 3 x afwassen. Daarmee konden de welpen zich inschrijven voor een afwasbeurt. Daarmee hadden ze er dus zelf voor gekozen en werd het een traktatie. Natuurlijk hielp het ook dat wij er een feestje van maakten en zorgden voor goeie muziek die ze keihard konden meezingen. Herman van Veen met Alfred Jodocus Kwak was een tophit. Als wij nu een keer aangaven dat er niet hoefde te worden afgewassen na het eten, waren de kinderen teleurgesteld: "Maar ik had toch mijn tegoedbon ingeleverd?!"'

Waar kinderen naar verlangen is niet meteen een-twee-drie duidelijk. Als volwassenen kunnen we hen verleiden en soms kan het zomaar opeens gebeuren dat er een vonk overslaat. Een leerkracht uit het primair onderwijs vertelt over zo'n plotseling overslaande vonk: 'Groep 7 van dat jaar was een van de moeilijkste groepen die ik tot dan toe had gehad. Veel verschillende nationaliteiten, kliekjesvorming, voortdurend gedoe op het schoolplein. Op een dag komt Kevin, een van de moeilijkste jongens van de klas, bij me met een kist vol blokjes. Het was oud lesmateriaal dat we niet meer gebruikten, we hadden er tientallen kisten van staan. Kevin vroeg of hij er een toren mee mocht bouwen, ik vond het oké. Niet veel later had hij alle blokjes gebruikt en vroeg hij of hij nog een kist mocht hebben. Hij wilde kijken hoe hoog hij kon komen. Opnieuw ging ik akkoord.

Omdat andere kinderen aangetrokken bleken tot Kevins pogingen zo hoog mogelijk te bouwen, zei ik voor de grap: "Wedden dat jullie het plafond niet kunnen halen?" Dat heb ik geweten. Achteraf bleek dat het startsein van een wekenlang project. Alles en iedereen raakte in de draaikolk van deze bizarre onderneming. En alles wat ik als leraar tevergeefs aan de kinderen probeerde te leren, ontstond nu als vanzelf: elkaar aanspreken, samenwerken, overleg, experimenteren, fouten mogen maken, verantwoordelijkheid nemen. Met al die verschillende culturen had het wel iets weg van de toren van Babel. Kinderen kwamen eerder op school, vaders bemoeiden zich met constructievraagstukken. De aanzuigende werking van "de toren" was fascinerend. Een aantal weken later schoof Kevin onder groot gejuich het laatste blokje tussen de toren en het plafond. Het doel was bereikt. Het jaar van de toren was mijn mooiste onderwijsjaar tot nu toe. Kinderen van dat jaar die ik op straat of in de stad tegenkom, beginnen er ook steevast over. "Weet je nog, mees, de toren?"'[39]

Als we kinderen in aanraking willen brengen met de weldadige ervaring je steeds wat competenter te voelen, is het van belang te beseffen dat wij daar zelf een belangrijke rol in kunnen vervullen. Zoals de meester in het voorbeeld van de Toren van Babel kinderen uitdaagde, zo kunnen wij onze kinderen uitdagen door ze in aanraking te brengen met ons eigen enthousiasme. Als een kind zich in een volwassene herkent, wordt de behoefte om door te zetten niet zozeer van de volwassene op het kind overgebracht, als wel in het kind *ontsloten*.

Meesterschap

Het natuurlijke gevolg van dingen met plezier en uit jezelf doen – omdat je er intrinsiek voor gemotiveerd bent – is, zoals gezegd, dat er een gevoel van flow ontstaat. Door te wachten, te bekrachtigen, om te keren of te verleiden kunnen we kinderen in staat stellen hun competenties te versterken. Maar er is meer. De ervaring van flow kan leiden tot iets bijzonders: als je ergens steeds beter in wordt, stapje voor stapje oefent en bijleert, ontstaat er na verloop van tijd als vanzelf een vorm van competentie die leidt tot *meesterschap*. Het vermogen iets écht goed te kunnen, een vaardigheid tot in de puntjes beheersen.

Natuurlijk moeten we, als het gaat om kinderen, voorzichtig zijn met het woord meesterschap. Meesterschap is niet het gevolg van een paar weken blokjes bouwen of een zomerkamp lang afwassen. Om echt meesterschap te ontwikkelen, zijn duizenden uren oefening, volharding en doorzettingsvermogen nodig. Er zijn kinderen, zoals Samuel Barber en Rudolf Nurejev, die al op heel jonge leeftijd weten waar ze zich graag op willen toeleggen en bereid zijn daar duizenden uren in te investeren, maar voor de meeste kinderen geldt dat niet. Ze vinden voetballen leuk. Een tijdje. Gaan dan tennissen, spelen een seizoen blokfluit en doen dan weer wat anders. Op zich is daar niks mis mee. Waarom zou een kind zich op één ding moeten concentreren als het die behoefte niet voelt?

Toch is het zo dat we ook kinderen die zich niet langdurig in één competentie willen bekwamen, in aanraking kunnen brengen met de ervaring van meesterschap. De ervaring beter en beter te worden is namelijk in zichzelf bevredigend en een goede basis om ook op latere leeftijd te kunnen doorzetten. Niet omdat doorzetten vanuit een of ander opvoedkundige opvatting zinvol zou zijn, maar omdat doorzetten bevredigend is. Mits, mits, mits... het gaat om dingen waar je als volwassene *vanuit jezelf* gemotiveerd voor bent.

Nadat ik had leren zwemmen aan het Gardameer, werd ik lid van de plaatselijke zwemclub. Was ik goed? Niet echt. Was ik gemotiveerd? Dat wel. Ik vond zwemmen leuk, mijn zus zat ook op de zwemclub, mijn vader was penningmeester. Maar ik was geen briljante zwemmer. Op een dag, ik was op dat moment negen jaar, vertelde mijn vader dat hij via via een man kende, een Duitser, die meegedaan had aan de Olympische Spelen op de 1.500 meter vrije slag. Zou het wat zijn om hem te vragen of hij mij kon trainen? Dat leek me wel wat. Aldus geschiedde. Niet veel later fietste ik naar de flat waar hij woonde. We schudden handen. Door hoe hij me observeerde besefte ik onmiddellijk dat deze man me beter zou leren zwemmen. Alles wat hij deed getuigde van aandacht en concentratie. Toen had ik daar de woorden niet voor, maar nu zou ik zeggen dat ik mijn meester had gevonden. In een mengeling van Duits en Nederlands vroeg hij me wat mijn ambities waren. 'Zo snel mogelijk zwemmen.' Hij dacht even na. '*Und, willst du* er *auch* hard voor *trainieren*?' Dat wilde ik wel. Hij pakte een schrift en schreef voor een week trainingen uit. Ik zou elke dag gaan trainen. Van maandag tot en met vrijdag. 's Ochtends vroeg om zeven uur. Elke dag was een apart blaadje en elke keer als ik ging trainen moest ik het blaadje van die dag uitscheuren, het met een beetje water vochtig maken en het over de rand van het zwembad hangen. De week daarop kon ik terugkomen, dan moest ik vertellen hoe het gegaan was en dan zou hij een nieuw schema voor een week voor me maken. '*Einverstanden*?' Ik was einverstanden. Hij vroeg of ik nog even naar de garage onder zijn flat mee wilde lopen. Daar liet hij me dozen vol popcorn zien. Hij was er vertegenwoordiger in. Ik mocht kiezen, een zakje zoute of zoete. Ik kon niet kiezen. Dat bleek mijn geluk. Ik kreeg van elke smaak een zakje. Zout én zoet. Een week later meldde ik me opnieuw bij hem. Zelfde tijd, zelfde plek. 'Heb je *gut trainiert*?' vroeg hij. Gedetailleerd namen we de oefeningen door. Nauwkeurig luisterde hij naar mijn verslaglegging. Ik vertelde, hij knikte, luisterde en stelde vragen. Daarna maakte hij een schema voor de komende week. De weken daarna herhaalde dit ritueel zich. Elke week bezocht ik hem, we bespraken de trainingen van de afgelopen dagen, deden af en toe iets speciaals – zo testte hij hoe lang ik mijn adem kon inhouden – elke keer kreeg ik aan het eind twee zakjes popcorn mee en elke week werd het trainingsschema wat zwaarder. Ik vond het geweldig en ik zag dat ook hij het geweldig vond. Hij genoot van mijn vooruitgang, alsof het zijn vooruitgang was. Hij wist wat ik voelde, omdat hij het zelf had meegemaakt. Het seizoen daarna won ik bijna alle club- en regionale wedstrijden, werd ik zevende van Nederland op de 50 meter vrije slag en derde op de 50 meter rugslag.

Als een kind zijn meester vindt, gebeurt er iets magisch. Alle ruwe energie die in een kind aanwezig is krijgt opeens richting en vorm. Alsof alles op zijn plek valt. Wat een kind doet, valt opeens samen met wie het kind ten diepste is. Wannéér zo'n moment zich aandient is niet te voorspellen, maar áls het zich aandient, is het meteen duidelijk en onontkoombaar.

Onze middelste zoon vond heel veel dingen leuk, maar hij vertoonde nooit de behoefte ergens helemaal voor te gaan. Was hij een lamlendig kind? Integendeel. Hij had alleen zijn meester nog niet gevonden. Toen hij zeven jaar was gebeurde dat. We vonden een pianoleraar voor hem die werkte volgens de Suzuki-methode; een door de Japanse violist en vioolleraar Shinichi Suzuki ontwikkelde methodiek om een muziekinstrument te leren spelen. Vanaf de eerste ontmoeting klikte het. Deze man was zijn meester. De samenwerking was magisch. De eerste lessen die hij kreeg hadden alleen maar betrekking op zitten: hoe zit je achter de piano, hoe houd je je armen, hoe sla je een toets aan. Gedetailleerd en met aandacht nam zijn leraar elke stap door, precies zoals ook mijn zwemtrainer oog had voor de details, de kleine stappen, alle tussenstapjes op weg naar meesterschap. Onze zoon genoot ervan. Daarna volgde een eerste serie eenvoudige toetsaanslagen en weer (veel) later een eerste liedje, *Twinkle Twinkle Little Star*. Terwijl een vriend van onze zoon binnen de kortste keren *Die Schöne Blaue Donau* en nog enkele andere composities er – tamelijk machinaal – doorheen joeg, leerde onze zoon met gevoel en aandacht één eenvoudige melodie te spelen. Laat ik duidelijk zijn, dit boek is geen reclamespot voor de Suzuki-methode als dé manier om een muziekinstrument te leren spelen. De methodiek zal ook niet bij ieder kind passen en ook onze zoon ontwikkelde niet de behoefte om professioneel iets met muziek te gaan doen of er heel erg goed in te worden. Dat alles is niet van belang. Wat wél van belang is, is dat hij als zevenjarig jongetje met zijn leraar als inspirerend voorbeeld de vonk van meesterschap in zichzelf voelde ontvlammen en met die drijfveer uiteindelijk meer dan tien jaar is blijven oefenen om stapje voor stapje steeds beter te worden. Niet omdat hij moest leren doorzetten, maar omdat het doorzetten op zich bevredigend was. Het leverde de ervaring van flow op, die ontstaat als we streven naar meesterschap.

Met geduldig oefenen en doorzetten is alles te leren. Iedereen die twee benen, twee armen en tien vingers heeft, een normaal verstand en het vermogen tegenslag te incasseren, kan leren zwemmen, pianospelen, autorijden, fietsen, Grieks spreken, violen bouwen, kanaries fokken en sleutelen aan tweedehands Zündapps. Alles is te leren. Als we willen dat kinderen doorzetten, competent worden en ervaren wat het is om meesterschap te ontwikkelen, kan dat alleen als we hen in contact brengen met volwassenen in wie zélf het verlangen naar meesterschap brandt: zwemmers die ooit meededen aan de Olympische Spelen, gepassioneerde pianoleraren, meesters en juffen die meeslepend kunnen vertellen over het IJzeren Gordijn, gepassioneerd een taal kunnen overbrengen of geobsedeerd zijn door de schoonheid van wiskunde. Zonder die betrokkenheid is elke vaardigheid en alle kennis leeg en hol. Primair gaat het er vooral om *van wie* ze leren. Niets werkt voor een kind aanstekelijker dan een volwassene die streeft naar meesterschap.

Deel III
Praktijk

Nogmaals de vier vragen

Nogmaals de vier vragen

Met de vier vragen die de rode draad van dit boek vormen, heb ik je een hulpmiddel willen geven om lastig gedrag om te kunnen denken. Even recapituleren:

1. Wat is het probleem?
2. Is het een echt probleem?
3. Ben jij het probleem?
4. Is het probleem de bedoeling?

Ik kan me goed voorstellen dat je je, na alle voorgaande hoofdstukken, afvraagt: leuk allemaal, geinige theorie, maar hoe doe ik dat in de praktijk? Als ouder of leerkracht is het misschien leuk om 'een theorie' te hebben, maar in de dagelijkse praktijk heb je niet te maken met theorieën, maar met een specifiek kind met zijn of haar bijzondere gedrag in een unieke omgeving. Hoe pas ik dan het concept van de vier vragen precies toe?

Om je te helpen met het vinden van een antwoord op die vraag, wil ik de volgorde in dit laatste deel omdraaien. Ik begin ditmaal niet met de theorie, maar met de praktijk. Ik wil een zestal situaties met je doornemen waarin sprake is van lastig gedrag en verkennen hoe je met behulp van de vier vragen dat lastige gedrag zou kunnen omdenken.

Alle verhalen die ik hierna beschrijf, hebben zich in de praktijk daadwerkelijk zo afgespeeld. Ik heb bewust gekozen voor kinderen van verschillende leeftijden. Het zijn allemaal verhalen die mensen mij in de loop der jaren hebben toegestuurd. De aanpak die zij kozen, heeft voor hen met hun kind in die specifieke situatie gewerkt. Dat wil niet zeggen dat die aanpak in een andere situatie, zelfs als die vrijwel identiek is, ook zal werken. Zie ze dan ook niet zozeer als blauwdruk voor hoe jij in jouw specifieke situatie zou moeten handelen, maar vooral als inspiratiebron. Hoe meer middelen je tot je beschikking hebt, des te creatiever kan je omgaan met lastig gedrag.

Je kan de verhalen die hierna volgen wel als een soort overhoring voor jezelf beschouwen. Zou jij eenzelfde invalshoek kunnen vinden als deze mensen deden? Hoe creatief ben je? Zou je jezelf vergelijkbare vragen kunnen stellen en vergelijkbare antwoorden kunnen vinden?

Voor de duidelijkheid: niet alle vier de vragen hoeven per situatie doorlopen te worden. Soms heb je aan alleen de eerste vraag (wat is het probleem?) al genoeg om te beseffen dat er eigenlijk helemaal geen probleem is. In dat geval zijn de volgende drie vragen irrelevant geworden.

Om je niet meteen te ontmoedigen, zal ik makkelijk beginnen en het langzaamaan steeds een stapje moeilijker maken. Als je binnenboord blijft tot en met het laatste verhaal, mag je jezelf – wat mij betreft – met recht een 'omdenker' noemen. Maar verwacht niet te veel: ze worden gaandeweg steeds moeilijker.

Ready?
Let's go.

Toetsenbord

Een jongen van veertien jaar slaat tijdens het gamen in woede het toetsenbord van zijn eigen, zelf bij elkaar gespaarde computer stuk. Hij vertelt er niets over tegen zijn ouders. Tijdens het avondeten zit hij wat stil voor zich uit te kijken. 'Is er iets?' vraagt moeder. 'Nee,' zegt de jongen, terwijl hij zijn tranen verbijt. 'Volgens mij is er wel iets,' zegt de vader. Dan barst de jongen in huilen uit. Tijdens een game op internet heeft hij verloren, omdat zijn tegenstander vals speelde. Nou is een week werk voor niets geweest. In woede heeft hij zijn toetsenbord stukgeslagen en nou doet ie het niet meer.

Vraag 1. Wat is het probleem?

Is er een probleem? Ja, er is wel een probleem. Er zijn zelfs meerdere problemen: een kapot toetsenbord, vals spel op internet, een zoon die in tranen is. Wat is de kern van het probleem? Ach, een toetsenbord kan je vervangen en mensen die vals spelen zal je altijd tegen blijven komen; uiteraard is het verdriet van de jongen op dit moment het grootste probleem. Dat hij daar niet meteen over kan of wil praten, is zijn goed recht. Ook dat is het probleem niet.

Vraag 2. Is het een echt probleem?

Is zijn verdriet een groot probleem? Nee, natuurlijk niet. Zaken als besodemieterd worden en je besodemieterd voelen, horen nou eenmaal bij het leven. Zolang hij de hulp van zijn ouders niet inschakelt, kan je ervan uitgaan dat hij dit vraagstuk in zijn eentje prima kan afhandelen. Voor de zekerheid kan je als ouder nog even checken of dat echt zo is. 'Alles goed verder? Kunnen we iets voor je doen?' Als de jongen vervolgens aangeeft dat het verder wel gaat, ben je als ouder klaar. Laat het verder gaan. Je zoon is oud en wijs genoeg om zijn eigen oplossing te vinden. Met dat toetsenbord komt het ook wel goed. Of jij betaalt (je maakt er geen punt van), of als je wat krapper bij kas zit of van mening bent dat hij zijn eigen schade moet betalen, laat je het hem zelf betalen. In het ergste geval moet hij ervoor sparen en zit hij een tijdje zonder computer. Is ook prima. Wat mij betreft zijn dat allemaal minor issues. In dit geval verraste de vader zijn zoon door hem meteen na het avondeten een toetsenbord te geven dat hij nog ergens had liggen. Zoon blij, vader blij.

Vraag 3. Ben jij het probleem?
Deze vraag is verder irrelevant.

Vraag 4. Is het probleem de bedoeling?
Idem.

Tennis

Margo is vijf jaar en zit sinds kort op tennisles. Ze vindt het erg leuk en heeft het op de club naar haar zin. Het probleem zit 'm niet in de tennislessen, maar in het tijdig vertrekken. Moeder vindt dat Margo inmiddels groot genoeg is om zich zelfstandig aan te kunnen kleden. Ze legt daarom elke keer Margo's tenniskleren netjes klaar, waarschuwt haar tijdig: 'Margo we vertrekken over een kwartier, zorg je dat je op tijd aangekleed bent!', maar hoezeer moeder ook haar best doet, elke keer is Margo te laat aangekleed en komen ze vijf à tien minuten te laat op de les. Moeder schaamt zich tegenover de leraar, bovendien moeten ze zich onderweg de hele tijd haasten. Moeder heeft al op verschillende manieren geprobeerd dit probleem op te lossen. Zo heeft ze zich op een dag voorgenomen zich niet druk te maken over het te laat komen. Als haar dochter niet op tijd is, dan is dat toch haar probleem? Die dag waarschuwde ze opnieuw drie keer, riep naar boven: 'Ik stap nu in de auto!', wachtte vervolgens 'op haar gemak' in de auto – 'Als we te laat komen, komen we toch te laat,' sprak moeder zichzelf moed in – om zich er vervolgens toch op te betrappen dat haar hand een paar seconden later in pure opwinding langdurig op de claxon drukte. 'Margooooo…' Stel, je bent de moeder van Margo, hoe zou je dit probleem met de vier vragen dan om kunnen denken?

Vraag 1. Wat is het probleem?

Laten we beginnen met de eerste vraag: 'Wat is het probleem?' Die vraag lijkt simpel te beantwoorden ('Margo treuzelt met aankleden'), maar bij nadere beschouwing spelen er meerdere problemen. Zo is er ook het probleem dat er voortdurend strijd is tussen moeder en dochter, moeder zich moet haasten onderweg, Margo te laat komt op tennisles en moeder zich schaamt voor haar dochter. Welk van deze problemen is het 'echte' probleem? Je zou kunnen betogen dat moeder zou moeten leren zich niet te schamen voor haar dochter of in het verkeer op te winden, maar laten we het simpel houden en constateren dat het treuzelen van dochter aan het begin van de keten van gebeurtenissen staat. Als we dat op de een of andere manier zouden kunnen omdenken, zou mogelijk de hele keten van gebeurtenissen kunnen kantelen. Moeder heeft wel geprobeerd zich over het hele gebeuren niet op te winden, maar dat lukt haar blijkbaar niet. Kortom, laten we het probleem als volgt definiëren: dochter treuzelt.

Vraag 2. Is het een echt probleem?

Volgende vraag. Is dit probleem een 'echt' probleem? Je zou kunnen betogen: 'Ach, maak je er niet druk over, zo gaat dat bij kleine kinderen, je komt gewoon te laat, niet te druk over maken.' Maar dat doet geen recht aan moeder. Als het alleen een probleem was tussen moeder en dochter rond aankleden, dan zou je dat misschien kunnen zeggen, maar aangezien het getreuzel een hele keten van gebeurtenissen genereert én aangezien dit gedoe zich elke week afspeelt, zou ik het zeker als een echt probleem beschouwen. Moeder heeft er elke week last van. De problemen die het voor haar dochter en (eventueel) de tennisleraar veroorzaakt, laat ik dan zelfs nog buiten beschouwing. Ja, is het antwoord dus, het is een echt probleem.

Vraag 3. Ben jij het probleem?

Dan de volgende vraag. Ben jij het probleem? Is moeder (dus) zelf het probleem? Hier wordt het interessant. Want de bron van de keten is mijn inziens niet het treuzelen van dochter, maar het feit dat moeder van mening is dat dochter zichzelf aan zou moeten kleden. Waarom is dat zo belangrijk? Hoeveel extra tijd kost het moeder als zij haar dochter gewoon zou helpen? Ze legt toch ook al de kleren klaar?

Nadat moeder zich realiseerde dat ze het idee dat haar dochter zich alleen aan zou moeten kleden zou kunnen loslaten, besloot ze om toch even te helpen. Wat was het resultaat? Moeder en dochter hadden een intiem, gezellig moment van contact, alle stress was verdwenen en Margo kwam elke keer op tijd voor de les. Na verloop van tijd begon Margo zich uit zichzelf alleen aan te kleden en vond moeder het zelfs jammer dat dit gezamenlijke moment voorbij was.

Vraag 4. Is het probleem de bedoeling?
Irrelevant.

Kerst

Voor de kerstbrunch bij oma heeft een moeder een geweldig leuke setje broek en blouse, inclusief leuke kerststrik voor haar zoontje van drie gekocht. De hele familie komt en moeder verheugt zich erop haar zoon in die leuke outfit te zien. Op de heuglijke dag weigert zoonlief, onder luid geschreeuw en met veel stampij, de kleren die moeder heeft gekocht aan te doen. Ook de hulp van vader mag niet baten. Zoonlief zit boos en geïrriteerd in de hoek van zijn kamer. Op de vraag wat hij dan wél aan wil doen, zegt hij: 'Mijn joggingbroek.' Moeder vindt de joggingbroek verschrikkelijk. 'Kijk nou eens, hij is oud, versleten en flets, alle kleur is eruit.' De zoon is niet te vermurwen. 'Hij zit gewoon lekker.'

Vraag 1. Wat is het probleem?
Is hier een probleem? Jazekers. Er is sprake van grote ruzie tussen het kind en (vooral) moeder.

Vraag 2. Is het een echt probleem?
Is het probleem een serieus probleem? Ook dat is het. De hele familie is gestrest. Op deze manier wordt het er tijdens de kerstbrunch niet echt gezelliger op.

Vraag 3. Ben jij het probleem?
Zijn de ouders in dit geval het probleem? Ik zou zeggen: zeker weten. De moeder, omdat ze de autonomie van het kind niet serieus neemt. Waarom zou haar zoon niet zelf mogen bepalen wat hij draagt? Zolang hij er warm gekleed bij loopt, zijn er geen redenen waarom een joggingbroek vanuit gezondheidskundig oogpunt niet zou kunnen. Ze mag hem uiteraard vragen of hij haar een plezier wil doen door iets aan te doen wat zij leuk vindt, maar ze kan hem er wat mij betreft niet toe dwingen. Het heeft alles te maken met 'opvoeden' en niets te maken met 'zorgen voor'. Ik zou zeggen: moeder, laat zoon gaan zoals hij wil. Kinderen zijn niet ons visitekaartje. We mogen ze niet als een verklede aap tentoonstellen. Trouwens, dat doe je met een aap ook niet. En vader, laat je mannelijkheid zien. Ben jij nou – als je je zo halfzacht achter moeder schaart – een voorbeeld voor je zoon? Zielig figuur. *Get up, stand up.*

Vraag 4. Is het probleem de bedoeling?
Irrelevant.

Stoelen

Twee meiden van negen jaar zitten naast elkaar, achter in het klaslokaal. Vlak achter hen staat de zogenaamde nakijktafel. Aan deze tafel staan twee stoelen. Helaas is er bijna geen kind dat na het nakijken de stoel even aanschuift. En van die onaangeschoven stoelen hebben de twee meiden achter in de klas last. Gewoon, omdat het stoort. Op een dag komen de meiden bij de leerkracht om zich over deze onaangeschoven stoelen te beklagen. Om hen te helpen, maant de leerkracht alle kinderen om de stoelen bij de nakijktafel voortaan netjes aan te schuiven. Maar ja, de kinderen doen dat niet. En dus komen de twee meiden niet veel later opnieuw bij de leerkracht om opnieuw te klagen over het onvermogen van hun medeleerlingen de stoelen aan te schuiven.

Vraag 1. Wat is het probleem?
Is hier een probleem? Jazeker. Probleem is misschien een groot woord, maar de leerkracht heeft te maken met een terugkerend punt van irritatie. Hoe zou je het probleem het best kunnen benoemen? Is dat: de leerlingen schuiven hun stoelen niet terug? Hm. Dat zou je kunnen betogen, maar de kans dat ze dat in de (nabije) toekomst wél zullen gaan doen is niet zo groot. Dat de kinderen dat (nou eenmaal) niet doen, zou je beter als een 'feit' kunnen benaderen. Daar zit weinig verandering in. Zijn de twee meiden dan het probleem? Lijden zij aan een overmatige neiging hun omgeving onder controle te houden? Zijn zij geobsedeerd door het idee dat de stoelen netjes teruggezet moeten worden? Misschien ben je van mening dat dat zo is en daar is ook best wel wat voor te zeggen, maar opnieuw geldt: laten we de neiging van deze twee meiden als een 'feit' benaderen. Blijkbaar irriteert het hen en dat is niet een-twee-drie te veranderen. Laten we constateren dat het probleem waar het in dit geval om gaat, de terugkerende irritatie van de beide dames is.

Vraag 2. Is het een echt probleem?
Is het dan een serieus probleem? Nee, ergens niet, natuurlijk. Aan de andere kant: als de twee meiden hier dag in, dag uit over blijven zeuren, is het niet prettig. Dan zou het toch fijn zijn als het op de een of andere manier opgelost zou kunnen worden.

Vraag 3. Ben jij het probleem?
Zou de leraar dan zelf het probleem zijn? Hm. Lijkt me van niet. Is er iets onredelijks wat hij verwacht? Ik zou het niet weten.

Vraag 4. Is het probleem de bedoeling?
Laatste vraag dan. Zou het probleem de bedoeling zijn? Mogelijk wel. En precies die invalshoek koos de desbetreffende leerkracht. Hij schrijft: 'Ik denk even na. Daarna zeg ik tegen de twee meiden: "Eigenlijk heb ik twee kinderen nodig die erg goed stoelen aan kunnen schuiven. Die dus zeg maar "stoelaanschuifdeskundige" zijn. Kinderen die ik dit belangrijke werk toe kan vertrouwen, zonder dat ik ze er telkens aan moet herinneren." En "stomtoevallig" stonden die twee meiden voor mijn neus. "Kunnen jullie deze verantwoordelijke taak aan?" De meiden keken me trots aan. Natuurlijk wilden zij wel helpen! Ik schreef op het bord onder de klassendienst en boekendienst wie de stoelaanschuifdeskundigen waren. Uiteraard hebben zij zich vol verve van deze taak gekweten.'

Handen

Er was eens een gezin met jonge kinderen. De jongste van de twee, een jongetje van drie jaar, wilde voortdurend met zijn handen eten. Eten met bestek vond hij verschrikkelijk. Het gevolg was een ongelofelijke kliederboel aan tafel en een voortdurende strijd tussen de ouders en het jongetje om hem netjes met mes en vork te laten eten.

Vraag 1. Wat is het probleem?
Is hier een probleem? Jazekers. Aan de ene kant is er het jongetje dat met zijn handen wil eten en aan de andere kant de ouders die willen dat hij met bestek eet. Zolang dat conflict niet is opgelost, is er sprake van een probleem.

Vraag 2. Is het een echt probleem?

Is het conflict een groot probleem? Jazeker wel. Het is een 'ongelofelijke' kliederboel aan tafel en dat is voor een keer misschien niet zo erg, maar elke dag zo'n troep is voor de ouders niet prettig.

Vraag 3. Ben jij het probleem?

Zijn de ouders dan zelf het probleem? Tja, deels wel, deels niet. Verwachten dat een kind na verloop van tijd ietsje netter gaat eten is niet zo vreemd. Maar: als het al zo lang niet lukt, waarom zou het dan morgen of overmorgen wél lukken? Een lastig dilemma.

Vraag 4. Is het probleem de bedoeling?

Zou het probleem dan 'de bedoeling' kunnen zijn? Wel, precies dat realiseerde moeder zich. Op een dag stelde ze in een jolige bui voor om de rollen om te draaien: hoe zou het zijn om met het hele gezin op een vaste dag in de week, bijvoorbeeld de vrijdag, een met-de-handen etenmaaltijd te hebben?* Een maaltijd dus, waarbij er geen bestek op tafel zou liggen en er zo gekookt zou worden, dat je alles met je handen op kon eten? Het voorstel werd door alle gezinsleden met groot gejuich begroet en de keren daarna werd er op de vrijdagen door het hele gezin met de handen gegeten. Lekker kliederen, iedereen blij. Wat was het onverwachte bijeffect? Dat het jongetje van drie op de andere dagen van de week – zonder dat er verder ook maar enige strijd over gevoerd hoefde te worden – na verloop van tijd uit zichzelf met mes en vork ging eten. Als vrijdag de met-de-handen-etendag was, at je de andere dagen van de week 'dus' met bestek. Logisch, nietwaar?

---

* Wat is trouwens überhaupt de argumentatie om van het eten met lepel, mes en vork zo'n *big deal* te maken? In de meeste Arabische culturen gebruikt men in plaats van bestek de handen, in sommige Indische culturen is het gebruikelijk om het eten op te scheppen met een stukje brood en in de meeste Aziatische landen eet men met ijzeren, houten of zelfs stenen *chopsticks*.

Vertrouwen

Antoinette heeft een zestienjarige zoon, Nick, die meer en meer zijn eigen gang gaat, blowt, laat thuiskomt, zich niet aan zijn afspraken houdt en omgaat met jongens die half in het criminele circuit verkeren. Moeder probeert haar zoon te vertrouwen, maar dat vindt ze erg moeilijk. Zo is er een keer 50 euro uit haar portemonnee verdwenen en het kan haast niet anders of Nick moet het gedaan hebben. Toen Antoinette hem ermee confronteerde, ontkende hij bij hoog en bij laag. Niet veel later had hij opeens een nieuwe broek. Het label van de winkel zat er nog aan. Maar toen moeder hem vroeg waar hij die vandaan had, antwoordde hij: 'Gekregen.' Nicks vader bemoeit zich niet met de hele situatie. Sinds de scheiding heeft hij nauwelijks contact meer met zijn zoon. Nick lijkt dat contact erg te missen, maar als Antoinette ernaar vraagt, antwoordt hij ontkennend. Nick vindt zijn vader een *loser*. Ondertussen verkeren Antoinette en Nick met elkaar op voet van oorlog. De minste of geringste aanvaring kan tot een heftige confrontatie leiden. De sfeer in huis is dan ook erg gespannen. Moeder en zoon hebben nauwelijks meer contact.

Vraag 1. Wat is het probleem?

De eerste vraag. Wat is het probleem? Tja, da's meteen een lastige vraag, er speelt hier natuurlijk een veelheid aan problemen. De zoon die zich niet aan zijn afspraken houdt, met een bepaald soort jongeren omgaat, het stelen van geld uit moeders portemonnee, het feit dat moeder hem niet kan vertrouwen, de afwezigheid van een zorgzame vader, et cetera. De situatie is typisch een voorbeeld van een complex probleem met een veelheid aan vraagstukken. De meeste daarvan zijn bovendien zo ingewikkeld – zoals de afwezigheid van een zorgzame vader – dat ze waarschijnlijk noch op de korte, noch op de lange termijn op te lossen zijn. Maar wat is op dit moment het meest cruciale probleem? Het stelen van Nick? Zijn vader? In dit geval zou ik die vraagstukken met rust laten. Ik zou het feit dat moeder haar zoon niet meer kan *vertrouwen* als 'het te kantelen' probleem benoemen. Hier moet iets gebeuren.

Vraag 2. Is het een echt probleem?
Tweede vraag. Is dit probleem een echt probleem? Geen twijfel over mogelijk. Dat je je zoon niet kan vertrouwen is een serieus probleem.

Vraag 3. Ben jij het probleem?
Derde vraag. Ben jij niet het probleem? Is Antoinette zelf het probleem? In eerste instantie lijkt Nick het probleem. Hij steelt, gaat met verkeerde vrienden om, blowt, houdt zich niet aan afspraken. Je zou kunnen zeggen: 'Híj moet veranderen, híj is het probleem.' De ellende is alleen dat Nick op korte termijn waarschijnlijk niet zál veranderen. Pubers op deze leeftijd hebben nou eenmaal de neiging te ontsporen. Het feit dat Antoinette er sinds de scheiding alleen voor staat, maakt het risico alleen maar groter. Het cruciale probleem is dan ook niet zozeer Nicks gedrag, als wel moeders aanname dat zij haar zoon zou moeten kunnen vertrouwen. Zolang moeder ervan uitgaat dat zij haar zoon zou moeten kunnen vertrouwen, heeft moeder een probleem. Haar zoon ís nou eenmaal niet te vertrouwen. Simpel. In de ideale wereld van moeder kan zij haar zoon vertrouwen. Maar die ideale wereld bestaat (nu even) niet. Het zal moeder veel meer rust geven als ze accepteert dat ze haar zoon op dit moment niet kan vertrouwen. En – en dat is de essentie van dit verhaal – *dat is niet erg.* Dat Antoinette haar zoon niet kan vertrouwen is geen teken van het feit dat Nick een slecht mens is of dat zij een slechte moeder is of dat de opvoeding niet geslaagd is, et cetera. Dat zij haar zoon niet kan vertrouwen betekent dat zij haar zoon niet kan vertrouwen. Punt. Het is een feit. Verder betekent het helemaal niets. Het is misschien erg, jammer, triest of treurig, maar verder betekent het helemaal niets.

Vraag 4. Is het probleem de bedoeling?
Nadat Antoinette zich realiseerde dat haar overtuiging dat zij Nick zou moeten kunnen vertrouwen in feite de kern van het probleem was, besloot zij die overtuiging om te keren: in plaats van 'Het is slecht dat ik mijn zoon niet vertrouwen', benoemde ze het als 'Het is verstandig dat ik mijn zoon niet vertrouw'. Ze voerde vervolgens een gesprek met Nick waarin ze hem dat vertelde. 'Nick, ik heb je altijd vertrouwd, ik ben ervan uitgegaan dat je eerlijk tegen me was en misschien heb je dat ook wel geprobeerd, maar ik weet dat je de neiging hebt dingen te verzwijgen die ik wel moet weten. Voorlopig kan ik je niet vertrouwen, dus ik zal mijn spullen beter in de gaten houden, meer controleren of wat je zegt waar is of niet en goed in de gaten houden hoe het met je gaat.' Er viel een stilte. Nick zei verder niets. 'Wat vind jij ervan dat dat zo is?' vroeg Antoinette. 'Ja, wel logisch,' antwoordde Nick.

De dagen na het gesprek veranderde de sfeer in huis beetje bij beetje. De gespannen sfeer was verdwenen, Nick en zijn moeder hadden geen heftige aanvaringen meer. Nick leek zich bewust van het feit dat zijn moeder beter in de gaten hield hoe het met hem ging en hij leek zich daar ook prettig bij te voelen. Allerlei andere problemen bleven voorlopig nog wel bestaan, maar tussen Antoinette en haar zoon ging het op den duur steeds beter. Behalve dat ze geen genoegen meer nam met halve of vage verhalen, probeerde ze ook oprecht betrokken te blijven bij haar zoon. Zelf concludeert ze achteraf: 'Ik denk dat het hem goed gedaan heeft om te horen dat ik hem niet vertrouwde en dat dat *niet* betekende dat ik niet van hem hield. Het omgekeerde was eerder het geval: dat ik hem niet vertrouwde was een teken van liefde en betrokkenheid.'

Happy beings

Happy beings

Dit boek zou een magistraal slot kunnen hebben. Een happy ending. Ik zou een lastig kind kunnen beschrijven, bijvoorbeeld Q. Ik zou kunnen vertellen dat de ouders van Q. al gescheiden waren voordat hij geboren was, dat hij in zijn jeugd de school verschrikkelijk vond, dat hij op zijn vijftiende voortijdig en zonder diploma de middelbare de school verliet om in een videotheek te gaan werken en dat hij daarna jarenlang niets anders zou doen dan lamlendig filmpjes bekijken om vervolgens, tadaa, op zijn 31e door te breken als filmregisseur. Daarna zou ik, als een konijn uit een hoed, de naam van de desbetreffende 'lastige jongere' tevoorschijn toveren, ziedaar, we hebben het over de regisseur van onder andere *Reservoir Dogs*, *Pulp Fiction* en *Inglourious Basterds*, de beroemde, succesvolle en gelukkige Quentin Tarantino.

Op dezelfde manier zou ik kunnen beschrijven dat een zekere A. wel redelijk goed kon leren, maar dat hij voortdurend conflicten met zijn leraren had, het autoritaire schoolsysteem haatte en van school naar school ging. Ik zou kunnen vertellen dat hij zijn toelatingsexamen voor de universiteit niet haalde, omdat hij zakte voor Frans en geschiedenis, dat hij na zijn afstuderen slechts een tijdelijke aanstelling als natuurkundeleraar kon krijgen en in zijn vrije tijd wat onderzoekswerk deed en ziedaar, niet veel later werd hij de wereldberoemde grondlegger van de relativiteitstheorie; uiteraard hebben we het hier over het genie Albert Einstein.

Waren er ook meisjes in deze reeks grootheden? Zeker weten. Ook A. was als kind erg lastig, ze liep op haar achttiende weg van huis om haar moeder de rest van haar leven niet meer te zien, maar gelukkig bleek deze A. later een van de meest heilige, onbaatzuchtige en toegewijde vrouwen te zijn die er ooit op deze aarde geleefd hebben; haar naam is namelijk Agnes Gonxha Bojaxhiu, beter bekend als *the one and only* Moeder Theresa.

Al deze verhalen – en meer – zou ik als uitsmijter van dit boek smakelijk kunnen uitserveren, daarmee de boodschap uitdragend dat lastig gedrag een uiting is van een verborgen talent. Sterker nog, ik zou bijna durven beweren dat er een een-op-een-relatie bestaat tussen die twee. Hoe lastiger je kind, des te groter het genie dat eraan zit te komen. Dat idee.

Toch zal ik zo niet eindigen. Om meerdere redenen. Ten eerste – niet onbelangrijk – omdat de stelling dat lastig gedrag een voorbode is van een genie, simpelweg niet houdbaar is. Soms wordt een lastig kind een genie, natuurlijk. De verhalen van Quentin Tarantino, Albert Einstein en Moeder Theresa zijn feitelijk juist en in veel gevallen hangt lastig gedrag daadwerkelijk samen met een talent. Maar heel wat lastige kinderen zullen later geen genie, held of beroemdheid worden. De stelling dat er een correlatie is tussen lastig gedrag en genialiteit is simpelweg niet houdbaar.

Er is echter een tweede, belangrijkere, reden waarom dit boek een ander slot verdient. Die tweede reden hangt samen met de vraag wat wij van een opvoeding verwachten, een vraag die ik in het hoofdstuk Oudedagsvoorziening heb proberen te beantwoorden. Door verhalen van 'succesvolle' lastige kinderen op te voeren, lijkt het alsof ik daarmee zou zeggen dat een lastig kind weliswaar allerlei gedoe en ellende met zich meebrengt, maar dat het op termijn een soort *rendement* oplevert.

Is dat de boodschap die ik uit wil dragen? Nee. Natuurlijk niet. Het gaat me er in dit boek niet om het grootbrengen van kinderen te zien als een soort investering die zich ooit, op de lange termijn, zal uitbetalen. Waar het me om gaat is volwassenen middelen in handen te geven om in het hier en nu lastig gedrag om te kunnen denken. Het gaat om de tocht, niet om de bestemming. Het gaat niet om de vraag of het ooit goed zal komen, het gaat om de vraag of het in het hier en nu goed is. Met alle gedoe van dien.

Om dat laatste te benadrukken wil ik dan ook niet afsluiten met een verhaal van een beroemde X. of Y., maar met een verhaal over een 'gewone' jongen met een 'gewone' moeder. Niet de uitkomst of opbrengst van hun verstandhouding is het onderwerp van het verhaal, maar hun verstandhouding zelf; de manier waarop moeder en zoon, zo goed en zo kwaad mogelijk, met elkaar proberen samen te leven.

'Mijn oudste zoon gaf op de middelbare school de nodige problemen. Hij voerde niet veel uit, ging meestal met de hakken over de sloot over. Een zes vond hij meer dan genoeg, waarom harder werken als het niet nodig is? En als je twee vijven mag hebben op je rapport, staan er twee vijven. Ik heb zelf een andere instelling. Voor mij is een acht het minimale streven. Ik zat hem dus achter de broek om zijn cijfers op te krikken. Regelmatig gaf ik hem een preek en zo ontstonden de conflicten. Soms waren we dagenlang niet *on speaking terms*.
In die tijd speelde hij ook in een bandje. Zijn ambitie was om professioneel drummer te worden. Hij stak er veel tijd in, wat in mijn ogen natuurlijk ten koste ging van zijn cijfers. Op een dag vroeg hij me: "Kan je mij morgen ziek melden?"
"Ziek melden?" vroeg ik. "Waarom? Je bent helemaal niet ziek!"
Hij verklaarde dat hij een wiskundetoets had, maar geen tijd had om te leren omdat hij moest repeteren met de band voor een optreden. Ik werd boos. Hoe lang wist hij al dat hij die wiskun-

detoets had? Waarom had hij er dan niet eerder voor geleerd? Zijn school ging voor, dus hij had pech, hij kon niet repeteren! Punt uit! Hij woedend, ik woedend. Hij stampte naar boven naar zijn kamer.

Ik zat een tijdje alleen op de bank en had de ruimte om mijn woede te kunnen laten zakken. Als hij echt zo graag drummer wilde worden, hoe belangrijk was die wiskundetoets dan? Moe van de conflicten besloot ik het over een andere boeg te gooien. Toen hij na een uurtje weer naar beneden kwam, zei ik tegen hem dat ik me bedacht had, dat hij inmiddels al vijftien was en daarmee oud genoeg om zelf een goede keus te kunnen maken tussen wiskunde of drummen. Dat ik wist hoe belangrijk het drummen voor hem was en dat ik graag wilde dat hij zijn droom om drummer te worden werkelijkheid kon maken. Ik legde de verantwoordelijkheid voor de keus bij hem neer en tot mijn stomme verbazing koos hij ervoor – mopperend weliswaar – die avond te studeren voor de toets. Ik weet niet of hij er een voldoende voor kreeg.

Het bleef uiteraard niet bij dit conflict over zijn schoolresultaten. In zijn eindexamenjaar besloot de school een nieuwe aanpak in te voeren: zelfstandig werken. Van het ene op het andere moment moesten ze zelf aan de slag, wat inhield dat de docent aanwezig was voor vragen, maar daar hield het dan ook mee op. Mijn zoon vond het heerlijk. Hij voerde weinig uit, had het reuzegezellig op school, maar zijn resultaten kelderden tot onder het NAP. De stress thuis liep echter verder op, tot het escaleerde en ik voor de zoveelste keer naar mijn hoofd geslingerd kreeg dat ik me er niet mee moest bemoeien.

Op dat moment vroeg ik me af hoe erg het zou zijn als hij zijn examen niet zou halen. Misschien wel niet zo erg. Ik ben weer met hem in gesprek gegaan en heb hem deze keer gezegd dat ik me dat schooljaar niet meer zou bemoeien met zijn resultaten als hij dat niet wilde. Maar dat dat wel zou betekenen dat de verantwoordelijkheid voor zakken of slagen volledig bij hem lag. Aan die afspraak hebben we ons de rest van het schooljaar gehouden:

ik heb me er niet meer mee bemoeid, hij zakte en baalde verschrikkelijk, want hij was de enige uit zijn klas.
Het eindexamenfeest was een dilemma voor hem. Al zijn vrienden waren geslaagd. Hij zou op het feest drummen in de schoolband, maar had daar helemaal geen zin meer in. Ook die keus heb ik aan hemzelf overgelaten. Hij is gegaan en heeft de hele avond de sterren van de hemel gedrumd, kreeg een staande ovatie en hij kwam helemaal gelukkig thuis. Hij voelde zich de held van de avond. Het volgende schooljaar werkte hij keihard om ervoor te zorgen dat hij niet nogmaals zou zakken. En dat lukte. Hij slaagde zonder problemen.
Ook na zijn middelbareschoolperiode is het qua opleidingen niet altijd van een leien dakje gegaan. Zijn eerste mbo-opleiding heeft hij halverwege het jaar afgebroken, daarna is hij eerst een jaar gaan werken en in dat jaar heeft hij ontdekt wat hij echt leuk vindt om te doen. Nu gaat hij naar het derde jaar van een opleiding waar hij zo gemotiveerd voor is dat hij zelfs in zijn zomervakantie nog werkt aan opdrachten en daar ontzettend veel lol in heeft ook.
Conclusie? Ik dacht altijd dat ik mijn zoon met strikt sturen op het juiste pad moest houden en dat leverde jarenlang aardig wat strijd op. Op het moment dat ik het durfde los te laten, bleek dat hij zijn eigen pad wel wist te vinden. Soms met een omweg, maar daar leerde hij alleen maar meer van. Nu ben ik ontzettend trots op mijn zoon, die mij destijds als puber al liet zien dat hij volwassen keuzes kon maken.'

Is dit een onaf verhaal? Ja, natuurlijk is dit een onaf verhaal. Het is onduidelijk hoe het verder met de jongen zal gaan, of hij drummer zal worden, een opleiding af zal maken, werk zal vinden, et cetera. Is de moeder 'geslaagd' als moeder? Is de jongen 'geslaagd' als zoon? Wat mij betreft zijn dat allemaal irrelevante vragen. In het leven gaat het niet om de happy endings, in het leven gaat het om het leven zelf, de *happy beings*.

Wat mij raakt in het verhaal van deze moeder is haar onvoorwaardelijke liefde voor haar zoon en haar trots als ze hem ziet opgroeien tot een zelfstandige en verantwoordelijke man en hoe zij hem volledig accepteert in de hoogte- maar ook de dieptepunten in zijn leven. Bij het grootbrengen van kinderen gaat het er niet om wat we hún hebben kunnen geven, wat de resultaten zijn van onze inspanningen. Kinderen grootbrengen gaat vooral over wat het óns kan geven. Naast stress, zorgen en gepieker is het een groot geschenk om kinderen aan je toevertrouwd te krijgen. De werkelijke vraag is dan ook niet hoe we hen kunnen helpen iemand te worden, de werkelijke vraag is hoe we hen kunnen helpen zichzelf te zijn. In dat proces zullen niet zij, maar wij veranderen. Uiteindelijk gaat het niet om wat wij hun geven, maar om wat zij ons geven. Het enige wat we daarvoor hoeven te doen is liefdevol aanwezig zijn en ontvangen.

1. Wat is het probleem?
2. Is het een echt probleem?
3. Ben jij het probleem?
4. Is het probleem de bedoeling?

www.omdenken.nl

DENKEN

OM

Strategieën

Kinderen vanuit één basishouding benaderen zou naïef zijn. De ene keer is optimisme of doorzettingsvermogen nodig, de andere keer juist sluwheid, creativiteit of geduld. De vijftien strategieën waarmee je lastig gedrag kan omdenken zijn dan ook samengevoegd tot vier basishoudingen waarmee je de werkelijkheid kunt benaderen. Achtereenvolgens zijn dat liefde, werk, strijd en spel.

Als je te maken hebt met lastig gedrag dat je wilt omdenken, ga dan altijd eerst bij jezelf te rade: vraagt de situatie om liefde en aandacht of is het realistischer om te erkennen dat ik de strijd aan moet gaan? Mogelijk zou een ontregelende, speelse aanpak juist heel goed kunnen werken.

Intuïtief weten we vaak welke grondhouding de beste is. We zeggen dan tegen onszelf: 'Gewoon even doorzetten', 'Nu maar even nietsdoen' of 'Het is tijd om knopen door te hakken'. Durf daarom op je gevoel te vertrouwen. Omdenken is een combinatie van logica en intuïtie.

Als je voor jezelf hebt vastgesteld welke grondhouding het beste past, kan je daar vervolgens een effectieve strategie bij kiezen.

Strategie 1 t/m 4

Liefde

Strategieën met liefde als vertrekpunt vertrouwen op het goede in de mens, de positieve mogelijkheden van de huidige situatie en de hoopvolle gedachte dat omstandigheden zich als vanzelf gunstig kunnen ontwikkelen. Kernbegrippen van deze strategie zijn acceptatie, verzoening en geduld.

Strategie 1: Wachten

Toelichting: wacht tot een nieuwe mogelijkheid zich voordoet.
Effect: na verloop van tijd keert het tij. Een nadeel transformeert vanzelf in een voordeel. Een ramp wordt een zegen.
Timing: in twee gevallen. Als de omstandigheden aan verandering onderhevig zijn. Of als je onderbewuste tijd nodig heeft om een idee uit te broeden.
Werkwijze: hou de 'ramp', 'het probleem' of de 'onmogelijkheid' sluimerend in gedachten, ga ondertussen wandelen, koffiedrinken of pootjebaden; de mogelijkheid zal als vanzelf zichtbaar worden, de vondst borrelt als vanzelf in je op.

Strategie 2: Accepteren

Toelichting: accepteer wat er is en doe er wat mee.
Effect: een patstelling verandert plotseling in een nieuwe kans.
Timing: als de werkelijkheid onveranderlijk en onvermijdelijk is. Als verzetten geen zin heeft. Als we de waarheid onder ogen moeten zien. Wanneer jezelf of elkaar voor de gek houden zijn langste tijd gehad heeft.
Werkwijze: kijk niet alleen naar wat meteen zichtbaar is, kijk ook naar onderliggende trends (waar wil de werkelijkheid als het ware naartoe) en beweeg actief mee die kant op. Soms is ook het *reframen* van dat-wat-is voldoende. Zo kan je ontslag definiëren als een dolksteek, je kan het ook benoemen als nieuwe kans.

Strategie 3: Bekrachtigen

Toelichting: kijk naar wat werkt, doe daar meer van.
Effect: situaties kantelen als een weegschaal, onderga een metamorfose, als een rups die in een vlinder verandert, explosief door het effect van een positieve vicieuze cirkel. Bekrachtiging heeft het effect van een hefboom.
Timing: in drie gevallen. Als een situatie licht uit evenwicht is, op het punt staat over te gaan in een nieuwe gedaante of als een systeeminterventie mogelijk is.
Werkwijze: onderdruk consequent alle neigingen om in te gaan op wat niet werkt, kijk naar de dingen die wél werken, kies daar datgene uit waar de grootste hefboomwerking te verkrijgen is, bekrachtig dat.

Strategie 4: Respecteren

Toelichting: de leukste strategie van allemaal. Mensen zijn niet gewend dat we ze echt serieus nemen. Je laat zien wat de consequenties zijn van hun gedrag, stellingname, meningen of wensen. Je geeft ze waar ze met zoveel woorden om vragen. Vreemd genoeg willen ze dat juist niet.
Effect: een ogenblikkelijke verandering van de situatie. Mensen nemen meteen gas terug. Zo bedoelen ze het ook weer niet.
Timing: als mensen tegenstrijdig gedrag vertonen. Als ze A zeggen, maar B doen. Of als ze klagen, maar zeggen dat het wel meevalt.
Werkwijze: als ze klagen, zeggen dat het inderdaad niet meevalt. Sterker nog, wat klagen ze eigenlijk nog weinig. Als jij het was zou je ook klagen, nog veel meer dan zij! Kortom, ze A geven als ze A zeggen.

Strategie 5 t/m 7

Werk

Strategieën met werk als vertrekpunt zijn gebaseerd op het inzicht dat het vaak een kwestie van doorzetten is voor een doel bereikt is. Omdenken gaat gepaard met experimenteren: leren met vallen en opstaan. Kernbegrippen van deze strategie zijn oefening, volharding en vastberadenheid.

Strategie 5: Doorzetten

Toelichting: het woord zegt het al: doorzetten. *What more do we need to say?*
Effect: na verloop van tijd wordt een nieuwe mogelijkheid zichtbaar.
Timing: zolang je het gevoel hebt dat er nog kansen liggen en je nog niet alles hebt geprobeerd.
Werkwijze: probeer op steeds nieuwere manieren je doel te bereiken. Experimenteer met de werkelijkheid. Hou je ogen open voor soms totaal onverwachte effecten en uitkomsten. Ga alsmaar door. Vertrouw op serendipiteit (een gelukkig toeval).

Strategie 6: Focussen

Toelichting: hou het doel in de gaten. Waar gaat het je precies om?
Effect: je ontwikkelt de kracht waarmee water door staal kan snijden.
Timing: zodra je iets wilt bereiken.
Werkwijze: laat los wat je niet wilt, vergeet tussenstappen, middelen en voorwaarden, begin bij het eind: wat wil je? Blijf dit voortdurend doen. Er is niets mis met tussentijds een doel bijstellen. Of laten vallen.

Strategie 7: Terugdenken

Toelichting: zie wat er is als mogelijkheid. Verzin er een probleem bij.
Effect: je gaat anders kijken naar de wereld om je heen. Er zijn voortdurend kansen en mogelijkheden.
Timing: deze strategie kan je bijna altijd gebruiken. Zonder twijfel. Er is al zo veel bedacht, ontdekt, geprobeerd, dat het naïef is te denken dat er niets van waarde is om met terugwerkende kracht te kunnen gebruiken.
Werkwijze: ga op zoek. Googel. Praat met mensen. Doe research. Stel actief vragen.

Strategie 8 t/m 11

Strijd

Strategieën met strijd als vertrekpunt zijn gebaseerd op het inzicht dat de werkelijkheid ons soms vijandig gezind is. Oneerlijkheid, manipulatie en hebzucht zijn reële menselijke eigenschappen waar we mee om moeten kunnen gaan. Kernbegrippen van deze strategie zijn manipulatie, verleiding en collaboratie.

Strategie 8: Elimineren

Toelichting: elimineer een deel van de werkelijkheid. Dit deel kan zowel een ding zijn als een gedachte.
Effect: dat wat niet meer werkt, maakt plaats, waardoor er ruimte ontstaat. In die ruimte ontstaan nieuwe mogelijkheden. Hoe groter het vacuüm, hoe meer aantrekkingskracht op nieuwe mogelijkheden.
Timing: als dingen niet meer werken. Als oude overtuigingen niet meer passen bij de huidige werkelijkheid. Als we ballast aan boord hebben, een vijfde wiel aan de wagen. Als we overloaded zijn.
Werkwijze: elimineer wat niet werkt, kijk wat je overhoudt, doe er wat mee.

Strategie 9: Importeren

Toelichting: de vijand binnenboord halen. Je benoemt een hacker tot hoofd ICT-beveiliging.
Effect: twee vliegen in één klap. Je bent een vijand kwijt en een zeer loyale bondgenoot rijker; hij is bij jou in dienst en van jou afhankelijk.
Timing: als er een vijand is die je niet met normale middelen kan verslaan of waarmee je niet kan collaboreren (zie strategie 10).
Werkwijze: koop, lease, huur de ander.

Strategie 10: Collaboreren

Toelichting: wat wil de vijand wat jij ook wilt.
Effect: een plotseling en onverwacht bondgenootschap.
Timing: als de ander wil wat jij ook wilt.
Werkwijze: zoek de overeenkomsten, benadruk het gemeenschappelijk belang, vergeet (tijdelijk) conflicten en tegenstellingen.

Strategie 11: Verleiden

Toelichting: je gebruikt het verlangen van de ander om je eigen mogelijkheden te creëren.
Effect: je krijgt een trouwe en consequente bondgenoot. Mensen die doen waar ze naar verlangen doen dat vanzelf, zonder straf of bedreiging.
Timing: overal waar mensen zijn die je kan gebruiken om je doel te bereiken.
Werkwijze: onderzoek waar de ander naar verlangt. Laat hem dat bereiken door met en voor jou te werken.

Strategie 12 t/m 15

Spel

Strategieën met spel als vertrekpunt zijn gebaseerd op het inzicht dat het spel meestal gewonnen wordt door degene die de regels bepaalt. Een probleem is soms het snelst omgedacht door de regels van het spel te veranderen. Kernbegrippen van deze strategie zijn creativiteit, intelligentie en humor.

Strategie 12: Etaleren

Toelichting: acteer wat je wilt verbergen. Laat zien waar je je voor schaamt. Toon wat er niet mag zijn.
Effect: angst verdwijnt. Het is als je hoofd in de bek van een draak steken. Er is geen draak.
Timing: als je iets verbergt, verstopt of onderdrukt. Als je jezelf mooier voordoet dan je bent.
Werkwijze: speel, acteer, vergroot, overdrijf, benadruk, benoem dat je overdrijft en overdrijf nog ietsje meer, maak er een amateurtoneelstuk van, gebruik slechte effecten en sentimentele muziek.

Strategie 13: Rolverwisselen

Toelichting: neem het gedrag van de ander over en versterk dat.
Effect: een ontregeling van een vastgeroest gedragspatroon. Mensen kunnen niet langer slachtoffer, kind, aanklager, het geweten of de baas spelen en jij hoeft niet langer de tegenovergestelde rol op je te nemen. Door hun rol over te nemen, stopt het spel en neem je elkaar waar zoals je bent.
Timing: als mensen vastgeroest gedrag vertonen en verwachten dat jij in dat drama meespeelt. Mooi niet dus.
Werkwijze: door de ander te spiegelen (op alle mogelijke denkbare manieren).

Strategie 14: Ontregelen

Toelichting: schop bestaande regels in de war.
Effect: een ontregeling van het bestaande spel. Een tijdelijke anarchie. Met nieuwe regels is een nieuw spel mogelijk.
Timing: als de regels van het spel je niet bevallen.
Werkwijze: onderzoek actief welke (ongeschreven) regels in acht genomen worden door jezelf of anderen. Overtreed ze.

Strategie 15: Omkeren

Toelichting: maak van een probleem een mogelijkheid. Zie het geluk bij een ongeluk.
Effect: waar je last van had, daar heb je opeens plezier van. Een 'ondanks' wordt een 'dankzij'. Een 'probleem' wordt 'de bedoeling'.
Timing: in een problematische, veranderbare werkelijkheid. Gebruik het niet als het gaat om dingen die per definitie niet te veranderen zijn.
Werkwijze: maak van het probleem een feit en van het feit een mogelijkheid.

Dankwoord

Bij het schrijven van dit boek heb ik oneindig veel hulp gehad van een grote groep meelezers. Hieronder, in alfabetische volgorde, hun namen. Ik ben hen zeer dankbaar voor de aandacht en precisie waarmee zij de verschillende versies van het script gelezen hebben, het uitgebreide commentaar dat zij leverden en de vele tips en suggesties die zij aandroegen.

'Zonder hen zou dit boek nooit geworden zijn wat het is', zegt de schrijver dan meestal dankbaar in het nawoord. En zo is het. Zonder hen zou dit boek nooit geworden zijn wat het is.

Annemargreet Dwarshuis
Ap van der Pijl
Arjen Scholten
Astrid Oosterhuis
Bart van der Schaaf
Dion Vincken
Frans Hummelman
Fred Korthage
Herberd Prinsen
Jan Gunster
Jacco Post
Jan Kok
Jan Ruigrok
Johannette van Zoelen
Joost van den Ossenblok
Joyce Senders
Jules van Dam
Katrien Laane
Kevin van Laar
Klaas Jan Terpstra
Laura Koppenberg
Maartje Kraanen
Matthijs Steeneveld
Mitzy van Dam
Nico Brinkhof
Patrick Smits
Pepijn Lagerwey
Sandra Ringeling
Sanne van der Loon
Sebastiaan Dorgelo
Steye van Dam
Ton Kasteleijn

Literatuur

Creativiteit

Abrahamsan, Eric & David Freedman, *De wet van de stimulerende wanorde*, Mouria, 2007
Arden, Paul, *Kunnen is zilver, willen is goud*, Spectrum, 2007
Arden, Paul, *Wat je ook denkt, keer het om*, Spectrum, 2007
Bakker, Han, *Creatief denken*, Nelissen, 1998
Black, Octavius & Sebastian Bally, *The Mind Gym*, A.W. Bruna, 2006
Bono, Edward de, *Creatief denken*, Business Contact, 2009
Bono, Edward de, *Denken over denken*, Lannoo Mimesis, 1995
Bono, Edward de, *Lateral Thinking*, Penguin, 1970
Bono, Edward de, *Simplicity*, Penguin, 1998
Bono, Edward de, *Beter denken*, Pearson, 2007
Bono, Edward de, *How to Have a Beautiful Mind*, Vermilion, 2004
Bono, Edward de, *De Bono's Thinking Course*, Facts on File, 1994
Boshouwers, Stan, *Handboek voor hemelbestormers*, Thema, 2005
Braak, Hans van de, *Ontsnappingskunst*, Amsterdam University Press, 2002
Byttebier, Igor & Raymon Vullings, *Creativity Today*, BIS Publishers, 2007
Claxton, Guy & Bill Lucas, *Ontdek je creativiteit*, Thema, 2004
Claxton, Guy, Hare Brain, *Tortoise Mind: How Intelligence Increases When You Think Less*, Fourth Estate, 1997
Eastaway, Rob, *Creatief denken*, Forte, 2008
Ferriss, Timothy, *The 4-Hour Workweek*, Crown, 2007
Fisher, Roger & William Ury, *Getting to Yes: Negotiating an Agreement Without Giving In*, Random House Business Books, 2007
Florida, Richard, *The Rise of the Creative Class*, Basic Books, 2002
Gaspersz, Jeff, *Grijp je kans! Vind en benut nieuwe mogelijkheden*, Spectrum, 2009
Gunster, Berthold, *Huh?! De techniek van het omdenken*, A.W. Bruna, 2008
Guntern, Gotlieb, *Het ongelijk van de patrijs: zeven gouden regels ter bevordering van de creativiteit*, Lannoo, 1996
Hafkamp, Koos, *Creatief denken*, Academic Service, 2005
Knoope, Marinus, *De creatiespiraal*, KIC Nijmegen, 1998
Lewin, Roger, *Complexiteit, het grensgebied van de chaos*, Contact, 1993
Maede, John, *The Laws of Simplicity*, MIT Press, 2006
Oech, Roger von, *Creative Whack Pack* (kaartspel), US Games Systems Inc., 1989
Parker, George, *Het grote boek van de creativiteit*, Archipel, 2004
Pink, Daniel, *A Whole New Mind*, Riverhead Books, 2005
Polet, Sybren, *De creatieve factor*, Wereldbibliotheek, 1995
Trompenaars, Frans, *Creativiteit en innovatie*, Nieuw Amsterdam, 2007

Filosofie, spiritualiteit

Adrienne, Carol, *Leven als bestemming*, Forum, 1998
Begg, Deike, *Toevallig wel!/?*, Synthese, 2002
Capra, Fritjof, *De tao van fysica*, Kosmos, 1976
Chopra, Deepak, *De zeven spirituele wetten van succes*, Becht, 1999

Chopra, Deepak, *Synchronisch leven*, Kosmos, 2003
Coelho, Paulo, *De alchemist*, Arbeiderspers, 1998
Cornelis, Arnold, *De vertraagde tijd*, Essence, 1999
Dewulf, David, *Mindfulness: een pad van vrijheid*, Adecco, 2007
Dreu, Jan de, *Leef*, Roozemond, 2003
Hagen, Steve, *Boeddhisme in alle eenvoud*, Gottmer, 1999
Haring, Bas, *De ijzeren wil*, Houtekiet, 2003
Haring, Bas, *Voor een echt succesvol leven*, Nijgh & Van Ditmar, 2007
Hartong, Leo, *Ontwaken in de droom*, Samsara, 2003
Hopcke, Robert H., *De zin van toeval*, A.W. Bruna,1998
Jaworski, Joseph, *Synchroniciteit*, Indigo, 2000
Jinpa, Geshe Thupten, *De Dalai Lama*, BZZTôH, 1996
Joseph, H. *Zinvol toeval*, Synthese, 2000
Jung, Carl Gustav, *Synchroniciteit*, Lemniscaat, 2000
Laszlo, Erwin, *Kosmische visie*, Ankh-Hermes, 2004
Maex, Edel, *Mindfulness*, Lannoo, 2006
Pert, Candace B., *Everything You Need to Know to Feel Go(o)d*, Hay House, 2006
Pert, Candace B., *Molecules of Emotion. Why You Feel the Way You Feel*, Pocket Books, 1997
Richard, Matthieu, *Gelukkig leven*, Asoka, 2005
Roth, Gabrielle, *Dans het leven*, Altamira-Becht, 2004
Ruiz, Miguel, *The Four Agreements*, Amber-Alien, 1997
Senge, Peter et al, *Presence*, Academic Service, 2006
Sheldrake, Rupert, *Chaos, Creativity and Cosmic Consciousness*, Trialog, 2001
Suzuki, Shunryu, *Zen-begin: Eindeloos met zen beginnen*, 1970
McTaggart, Lynne, *Het veld, de zoektocht naar de geheime kracht achter het universum*, Ankh-Hermes, 2007
Tierno, Bernabé, *Optimisme als levenselixer*, Thema, 2007
Tolle, Eckhart, *De kracht van het Nu*, Ankh-Hermes, 2001
Tolle, Eckhart, *De stilte spreekt*, Ankh-Hermes, 2003
Tolle, Eckhart, *Een nieuwe aarde*, Ankh-Hermes, 2005
Touber, Tijn, *Spoedcursus Verlichting*, A.W. Bruna, 2009
Walsch, Donald Neale, *Een ongewoon gesprek met God* (trilogie), Kosmos, 1997
Worley, Lee, *Coming From Nothing; The Sacred Art of Acting*, Turquoise Dragon Press, 2001

Gezondheid, geluk

Carter-Scott, Cherie, *Als de liefde een spel is, dan zijn dit de regels*, Forum, 2006
Carter-Scott, Cherie, *Als het leven een spel is, dan zijn dit de regels*, Forum, 2003
Clifton, Donald O. & Marcus Buckingham, *Discover Your Strengths*, Simon & Schuster, 2001
Ferriss, Timothy, *The 4-Hour Workweek*, Crown, 2007
Fritz, Robert, *Je leven als kunst*, Ankh-Hermes, 2005
Gladwell, Malcolm, *Uitblinkers*, Contact, 2008
Glouberman, Dina, *Burnout. Hoe het einde van de wereld een nieuw begin kan zijn*, Forum, 2003
Kalse, John, *De kracht van ja*, Ankh-Hermes, 2004
Katie, Byron, *Vier vragen die je leven veranderen*, Forum, 2007
Kaufman, Barry Neil, *Sonrise*, New World Library, 1994
Richo, David, *The Five Things We Cannot Change*, Shambala, 2006
Ridder, Willem de, *Handboek spiegelogie*, De Zaak, 1999
Schaper, Frank, *Geen tijd voor burnout*, Scriptum Psychologie, 2004

Intuïtie, neurologie

Berger, S.M. & S.W. Hadley, 'Some Effects of a Model's Performance on an Observer's Electromyographic Activity', uit: *American Journal of Psychology* 88, 1975
Brizendine, Louann, *The Female Brain*, Morgan Road Books, 2006
Carr, L. et al, 'Neural mechanisms of empathy in humans: a relay from neural systems for imitation to limbic areas', Washington University School of Medicine, 2003
Dijksterhuis, Ap, *Het slimme onbewuste. Denken met gevoel*, Bert Bakker, 2008
Gigerenzer, Gerd, *Die Weisheit der Gefühle*, Rowohlt, 2007
Iacoboni, Marco, *Het spiegelende brein; over inlevingsvermogen, imitatiegedrag en spiegelneuronen*, Nieuwezijds, 2008
Lee, T. W. et al, 'Imitating expressions: emotion-specific neural substrates in facial mimicry', Department of Imaging Neuroscience London, 2006
McTaggart, Lynne, Het intentie-experiment, Ankh-Hermes, 2007
Oberman, L.M. et al, 'EEG evidence for mirror neuron dysfunction in autism spectrum disorders', Elsevier, 2005
Ramachandran, V.S. & S. Blakeslee, *Het bizarre brein*, Kosmos, 1998
Ramachandran, V.S., 'Mirror neurons and imitation learning as the driving force behind, "the great leap forward"', Human Evolution, 2000
Rizzolatti, G. & Craighero, L., 'The Mirror Neuron System', Harvard University, 2004
Sitskoorn, Margriet, *Het maakbare brein*, Bert Bakker, 2007

Management

Becker, Hans Marcel, *Levenskunst op leeftijd*, Eburon, 2003
Caluwe, Leon de & Hans Vermaak, *Leren veranderen*, Samsom, 1999
Collins, Jim, *Good to Great*, Business Contact, 2004
Covey, Stephen R., *De achtste eigenschap, van effectiviteit naar inspiratie*, Business Contact, 2005
Covey, Stephen R., *De zeven eigenschappen van effectief leiderschap*, Business Contact, 2004
Covey, Stephen R., *Prioriteiten: effectieve keuzes in leven en werk*, Amstel, 2001
Deutschman, Alan, *Veranderen doe je zo*, Forum, 2007
Fritz, Robert & Bruce Bodaken, *The Managerial Moment of Truth*, Free Press, 2006
Godin, Seth, *De dip*, A.W. Bruna, 2007
Graaf, Anne de & Klaas Kunst, *Einstein en de kunst van het zeilen*, SWP, 2008
Green, Robert, *The 48 Laws of Power*, Penguin Books, 2000
Groen, Theo, e.a., *Innoveren, begrippen, praktijk, perspectieven*, Het Spectrum, 2006
Hammond, Sue Annis, *The Thin Book of Appreciative Inquiry*, Thin Book Publishing, 1998
Havenga, Elsemieke, *Zij maken het verschil*, Het Spectrum, 2005
Houtem, George van, *De dirty tricks van het onderhandelen*, Haystack, 2010
Jackson, Paul & Mark McKergow, *Oplossingsgericht denken*, Thema, 2002
Jacobs, Dany, *Strategie, leve de diversiteit*, Pearson Education, 2005
Kaplan, Sarah & Richard N. Foster, *Creative Destruction; Why Companies That Are Built to Last Underperform the Market*, Doubleday, 2001
Levitt, Steven D. & Stephen J. Dubner, *Freakonomics*, De Bezige Bij, 2006
Morgan, Gareth, *Images of Organization*, Sage, 1986
Peters, Tom & Robert Waterman, *Excellente ondernemingen*, Business Contact, 2005
Peters, Tom, *Re-imagine! Business Excellence in a Disruptive Age*, Dorling Kindersley, 2006
Semler, Ricardo, *Het weekend van zeven dagen*, Forum, 2003
Senge, Peter et al, *The Dance Of Change, The Challenges to Sustaining Momentum in Learning Organizations*, Doubleday, 1999
Senge, Peter, *The Fifth Discipline*, Random House Business Books, 2006
Visser, Coert, *Doen wat werkt: oplossingsgericht werken in organisaties*, Kluwer, 2005

Pedagogogiek, onderwijskunde

Ackoff, Russell L. & Daniel Greenberg, *Turning Learning Right Side Up*, Wharton School Publishing, 2008
Adriaenssens, Peter, *Opvoeden is een groeiproces*, Lannoo, 1995
Bakker, Nelleke e.a., *Vijf eeuwen opvoeden in Nederland*, Van Gorcum, 2010
Dweck, Carol, *Mindset, de weg naar een succesvol leven*, SWP, 2006
Ex, Carine, *Opvoeden, wat kun je?*, Wereldbibliotheek, 2007
Faber, Adele & Elaine Mazlish, *How2talk2kids*, Avon Books, 1999
Geurtz, Jan, *Het einde van de opvoeding*, Ambo, 2004
Gordon, Mary, *Roots of Empathy*, The Experiment Publishing, 2009
Gordon, Thomas, *Luisteren naar kinderen*, Kosmos, 2011
Gottman, John & Joan Declaire; *Hart voor je kind*, Kosmos-Z&K, 1997
Greenberg, Daniel, *Endlich frei! Leben und lernen an der Sudbury-Valley-Schule*, Arbor Verlag, 2004
Gunster, Berthold & Herberd Prinsen, *Ja-maar ik ben wel leraar*, Quirijn, 2007
Kabat-Zinn, Myla & Jon, *Everyday Blessings, The Inner Work of Mindful Parenting*, Hyperion, 1997
Kohn, Alfie, *Unconditional Parenting*, Atria Books, 2005
Koops, Willem e.a., *Darwin, geschiedenis en opvoe*ding, SWP, 2010
Korthagen, Fred & Bram Lagerwerf, *Leren van binnenuit*, Nelissen, 2008
Kuijer, Guus, *Het geminachte kind*, Synopsis, 1981
Lagerwerf, B. & F. Korthagen, *Een leraar van klasse*, Boom Lemma, 2006
Leman, Kevin, *Zo wordt opvoeden leuk!*, Gideon, 2010
Meijs, Jeanne, *Opvoeden in de 21e eeuw*, Christofoor, 2007
Palmer, Parker J., *Leraar met hart en ziel*, Wolters-Noordhoff, 2005
Pink, daniel H., *Drive*, Riverhead Books, 2009
Pont, Steven, *De do's en don'ts van de opvoeding*, MOM/Unieboek, 2003
Pont, Steven, *Mensenkinderen*, Bert Bakker, 2012
Ruigrok, Jan, *Provocatieve leerlingbegeleiding*, Quirijn, 2009
Spock, Benjamin, *Baby- en kinderverzorging & opvoeding*, Kosmos, 1998
Terpstra, Klaas Jan & Herberd Prinsen, *Mentor van nu*, Osmo Consult, 2011
Winter, Micha de, *Verbeter de wereld, begin bij de opvoeding*, SWP, 2011
Wolters, Corry, *Oplossingsgericht aan het werk met kinderen en jongeren*, Pica, 2011

Psychologie

Belitz, C. & Lundstrom, M., *The Power of Flow; Practical Ways to Transform Your Life with Meaningful Coincidence*, Crown, 1998
Belitz, Charlene & Meg Lundstrom, *The Power of Flow*, Three Rivers Press, 1998
Berg, Insoo Kim & Peter Szabó, *Oplossingsgericht coachen*, Thema, 2005
Berg, Insoo Kom & Yvonne Dolan, *De praktijk van oplossingen, gevalsbeschrijvingen uit de oplossingsgerichte gesprekstherapie*, Hartcourt, 2002
Berne, Eric, *Games People Play, The Basic Handbook of Transactional Analysis*, Ballantine, 1964
Black, O. & Bailey, S., *The mindgym; denk buiten de kaders*, A.W. Bruna, 2005
Bohm, David, *On Dialogue*, Routledge, 1996
Brinkman, Rick & Rick Kirschner, *Prettig samenwerken met de Betweter, de Sluipschutter, de Jaknikker & alle andere dwarsliggers*, Scriptum Psychologie, 1994
Cappella, J. N., 'Behavioral and Judged Coördination in Adult Informal Social Interactions; Vocal and Kinesic Indicators', uit: *Journal of Personality and Social Psychology* 72, 1997
Cauffman, Louis, *Oplossingsgericht management & coaching*, Boom, 2007
Cialdini, Robert B., *Invloed. De zes geheimen van overtuigen*, Academic Service, 2007
Cialdini, Robert B., Noah J. Goldstein & Steve J. Martin, *Overtuigingskracht*, Nieuwezijds, 2008

Collett, P., *De verborgen boodschap; het geheim van lichaamstaal ontmaskerd*, A.W. Bruna, 2003
Cooperrider, David et al, *Appreciative Inquiry Handbook*, Berrett Koehler, 2008
Csikszentmihalyi, Mihaly, *Creativiteit*, Boom, 1998
Csikszentmihalyi, Mihaly, *Flow, Psychologie van de optimale ervaring*, Boom, 1999
Darwin, C., *Het uitdrukken van emoties bij mens en dier*, Nieuwezijds, 1998
Diekstra, René F.W., *De kwestie van geluk*, Karakter, 2002
Does, Willem van der, *Zo ben ik nu eenmaal. Lastpakken, angsthazen en buitenbeentjes*, Scriptum Psychologie, 2009
Erickson, Milton H., *Mijn stem gaat met je mee*, Karnak, 1987
France, la M. & Ickes, W., 'Posture mirroring and interactional involvement: Sex and sex typing effects', uit: *Journal of Nonverbal Behaviour* 5, 1981
Frederickson, Barbara, *Positivity*, Het Spectrum, 2009
Friedman, H. S. et al, 'Understanding and Assessing Nonverbal Expressiveness: the Affective Communication Test', American Psychological Association, 1980
Fritz, Robert, *De weg van de minste weerstand*, Ankh-Hermes, 1999
Gilbert, Daniel, *Stumbling on Happiness*, HarperCollins, 2007
Gladwell, Malcolm, *Het beslissende moment*, Contact, 2006
Gladwell, Malcolm, *Intuïtie. De kracht van denken zonder erbij na te denken*, Contact, 2005
Goleman, D., *Emotionele intelligentie; emoties als sleutel tot succes*, Uitgeverij Contact, Amsterdam, 1996, 1997
Goleman, D., *Sociale intelligentie; nieuwe theorieën over menselijk gedrag*, Uitgeverij Contact, Amsterdam/Antwerpen, 2006, 2007
Goleman, Daniel, *Emotionele intelligentie in de praktijk*, Contact, 2000
Goleman, Daniel, *Sociale intelligentie*, Contact, 2007
Gore, J. S. et al, 'Let's be friends: Relational self-construal and the development of intimacy', uit: *Personal relationships* 13, 2006
Gottman, John & Nan Silver, *De zeven pijlers van een goede relatie. Tips uit de praktijk om er samen een succes van te maken*, Kosmos, 2005
Grammar, K. et al, 'The courtship dance: Patterns of nonverbal synchronization in opposite-sex encounters', uit: *Journal of Nonverbal Behavior* 22, 1998
Grammar, K., 'Strangers meet: Laughter and nonverbal signs of interest in opposite-sex encounters', uit: *Journal of Nonverbal Behaviour* 14, 1990
Greene, R., *The 48 Laws of Power*, Penguin, 2000
Gunster, Berthold, *Ja-maar ik ben wel leraar*, Quirijn, 2007
Gunster, Berthold, *Ja-maar wat als alles lukt* (herziene uitgave), A.W. Bruna, 2009
Hatfield, E. & Cacioppo, J. T. & Rapson, R. L., *Emotional Contagion*, Cambridge University Press, 1994
Hollander, Jaap & Jeffrey Wijnberg, *Provocatief coachen: de basis*, Scriptum, 2006
IJzermans, Theo en Coen Dirkx, *Beren op de weg, spinsels in je hoofd. Omgaan met emoties op het werk: de Rationele Effectiviteits Training*, Thema, 2006
Jansen, Job, *De spiegelende leider, een onderzoek naar de relatie tussen leiderschapskwaliteiten en spiegelvaardigheden*, Universiteit voor Humanistiek, 2009
Jansen, Job, 'Het Spiegelwonder, een onderzoek naar de effecten van spiegelend gedrag', Universiteit voor Humanistiek, 2008
Johnson, Sue, *Houd me vast*, Kosmos, 2009
Keltner, Dacher, *De mens is niet slecht*, Ten Have, 2009
Kimura, M. & I. Daibo, 'Interactional Synchrony in conversations about emotional episodes: A measurement by 'the between-participants pseudosynchrony experimental paradigm', uit: *Journal of Nonverbal Behaviour* 30, 2006
Kübler-Ross, Elisabeth, *Over rouw*, Ambo/Anthos, 2006
Lieberman, David J., *Get Anyone To Do Anyhting*, St. Martin's Griffin, 2000

Lieberman, David J., *Iedereen is een open boek*, The House of Books, 2008
McGraw, Dr. Phil, *Leer te leven*, Het Spectrum, 1999
Meijel, S. van, *Contact maken*, Servire, 1994
Niedenthal, P. M., M. Brauer, L. Robin & A.H. Innes-Ker, 'Adult attachment and the perception of facial expression of emotion', uit: *Journal of Personality and Social Psychology* 82, 2002
Nijssen, A. M., *Lichaamstaal; niet-verbaal communiceren*, Nelissen, 1998
Ofman, Daniel D., *Bezieling en kwaliteit in organisaties*, Servire, 1999
Oomkes, F. & Garner, A., *Communiceren; contact maken, houden en verdiepen*, Boom, 2003
Oomkes, F. R., *Communicatieleer*, Boom, 1986
Pease, A. & B. Pease, *Waarom mannen en vrouwen met hun lichaam zeggen wat ze eigenlijk niet willen vertellen*, Het Spectrum, 2004
Perper, T., *Sex Signals: The Biology of Love*, Isi Press, 1985
Plomp, Jolet, *Loslaten kun je leren*, Het Spectrum, 2008
Pont, Steven, *Alle liefde is economie*, Forum, 2006
Rassin, Eric, *Waarom ik altijd gelijk heb: over tunnelvisie*, Scriptum Psychologie, 2007
Robbins, Anthony, *Awaken the Giant Within*, Simon & Schuster,1991
Roovers, Titia & Petra de Bruijn, *Liefde & Lef*, Bert Bakker, 2009
Rosenberg, Marshall B., *Geweldloze communicatie: ontwapenend en doeltreffend*, Lemniscaat, 2007
Ruigrok, Jan, *Provocatieve leerlingbegeleiding*, Quirijn, 2009
Rutten-Saris, M., *Basisboek lichaamstaal*, Van Gorcum, 1990
Sacks, Oliver, *De man die zijn vrouw voor een hoed hield*, Meulenhoff, 1986
Satir, Virginia, *Menselijke contacten*, Nelissen, 1979
Schachner, D.A. et al, 'Patterns of nonverbal behavior and sensitivity in the context of attachment relationships', uit: *Journal of Nonverbal Behaviour* 29, 2005
Schwartz, Barry, *The Paradox of Choice: Why More is Less*, HarperCollins, 2004
Segerstrom, Suzanne, *Optimisme*, Nieuwezijds, 2007
Seligman, Martin, *Authentic Happiness. Using the New Positive Psychology to Realize Your Potential for Lasting Fulfillment*, Free Press, 2002
Senge, Peter, *De vijfde discipline. De kunst en praktijk van de lerende organisatie*, Scriptum, 1992
Sheldrake, R., *Zeven experimenten die de wereld kunnen veranderen*, Kosmos-Z&K, 1994
Simons, Daniel J. & Christopher F. Chabris; *Gorillas in Our Midst*, Perception 1999
Sitskoorn, Margriet; *Het maakbare brein*, Bert Bakker, 2007
Stewart, Ian & Vann Joines, *Transactionele Analyse, het handboek*, SWP, 1996
Surowiecki, James, *The Wisdom of Crowds: Why the Many Are Smarter Than the Few and How Collective Wisdom Shapes Business*, Random House, 2004
Ury, Wiliam, *Onderhandelen met lastige mensen*, Business Contact, 1992
Ury, William, *De kracht van Nee!*, Business Contact, 2007
Vissert, Coert & Gwenda Schlundt Bodien, *Paden naar oplossingen*, JustIn Time Books, 2008
Vonk, Roos, *Ego's en andere ongemakken*, Scriptum Psychologie, 2009
Waal, Frans de, *Een tijd voor empathie*, Contact, 2009
Watzlawick, Paul & Sashia Hulsman, *Geluk is ook niet alles: een handleiding voor ongelukzoekers*, Van Loghum Slaterus, 1983
Watzlawick, Paul e.a., *Het kan anders*, Bohn Stafleu Van Loghum, 1974
Wijnberg, Jeffrey, *De kunst van het kwetsen*, Scriptum Psychologie, 2006
Wijnberg, Jeffrey, *Gekker dan gek. Hoe provocatieve therapie werkt*, Scriptum Psychologie, 2004
Wijnberg, Jeffrey, *In het diepste van de ziel is niets te vinden*, Scriptum Psychologie, 2003
Wijnberg, Jeffrey, *Niemand is iemand zonder de ander*, Scriptum Psychologie, 2004
Wijnberg, Jeffrey, *Waarom zijn vrouwen zo gemeen*, Lifetime, 2003
Wiseman, Richard, *De geluksfactor*, Meulenhoff, 2003

Wiseman, Richard, *Quirkology. Onalledaags onderzoek naar ons dagelijks leven*, A.W. Bruna, 2008
Wiseman, Richard, *Zie jij de gorilla?*, A.W. Bruna, 2005

Systeemtheorie

Bryan, Bill; Michael Goodman & Jaap Schaveling, *Systeemdenken, ontdekken van onze organisatiepatronen*, Academic Service, 2006
Choy, Joep, *De vraag op het antwoord. Systemische interventies voor conflicten in organisaties*, Nisto Publicaties, 2005
Richardson, George, *Feedback Thought in Social Science and Systems Theory*, University of Pennsylvania Press, 1990
Richardson, George, *Feedback Thought*, Pegasus Communications, 1991
Satir, Virginia, *The New Peoplemaking*, Science and Behavior Books Inc., 1988

Theater

Brook, Peter, *De lege ruimte*, International Theatre & Film Books, 1993
Johnstone, Keith, *Impro*, International Theater & Film Books, 1990

Noten

1 Alfie Kohn, *Unconditional Parenting*, Atria Books, 2005.
2 *Algemeen Dagblad*, 16 mei 2012.
3 Micha de Winter, *Verbeter de wereld, begin bij de opvoeding*, SWP, 2011.
4 *Algemeen Dagblad*, 13 juli 2012.
5 Esther Jansen, *Childhood overweight: parents in control? On the Influence of parents in maintaining children's weight problems*, Universiteit Maastricht, 2011.
6 *Journal of Abnormal Child Psychology*, Kuczynski & Kochanska, 'Compulsive complaince', Washington, D.C.
7 Bron: *Over straffen, effectiviteit en erkenning; de wetenschappelijke onderbouwing van preventie en strafrechtelijke interventie*, P.H. van der Laan, 2005.
8 Daniel H. Pink, *Drive*, Riverhead Books, 2009.
9 Bron: *How To Talk So Kids Can Learn*, Adele Faber en Elaine Mazlish.
10 Denk bijvoorbeeld aan het Pygmalion Effect, dat Robert Rosenthal en Lenore Jacobson (1968) ontdekten: hoe intelligenter leerkrachten dáchten dat een leerling was, des te meer verwachtten ze van die leerling en des te meer progressie boekte hij of zij.
11 Bron: Dorien Kok, I-Carus; praktijk voor begeleiding en coaching bij leerproblemen en gedragsproblemen; de naam van het meisje in kwestie is uit privacyoverwegingen aangepast.
12 Kevin Leman, *Zo wordt opvoeden leuk!*, Gideon, 2009.
13 Het pseudoniem is van vijf pedagogen die verbonden zijn aan de universiteiten van Utrecht, Leuven, Nijmegen en Gent, te weten Bert Lambeir, Bas Levering, Dirk Willem Postma, Paul Smeyers en Bruno Vanobbergen.
14 E.A. Godot, *Hoezo pedagogisch?*, SWP, 2003.
15 De geciteerde uitspraken staan in *Het dilemma van de morele opvoeding*, Amons-Lievegoed, Christie e.a., Christofoor, 2008.
16 Steven Johnson is auteur van *Everything Bad is Good for You. How Popular Culture is Making Us Smarter*, Allen Lane, 2005.
17 Pouwels, Babette; *Work, family, and happiness: Essays on interdependencies within families, life events, and time allocation decisions*, Universiteit Utrecht, 2011.
18 Mitchel, Elizabeth; 'Are you happy? Are you sure?'; artikel uit *Babble*, 2006, waarin verschillende Amerikaanse onderzoeken met elkaar vergeleken worden.
19 *NRC Next*, 11 januari 2012
20 Micha de Winter, *Verbeter de wereld, begin bij de opvoeding*, SWP, 2011.
21 *NRC Next*, 11 januari 2012
22 Bron: Jan Geurtz, *Het einde van de opvoeding*, Ambo, 2004.

23 De distinctie tussen 'opvoeding' (later) en 'zorg' (hier en nu) wordt uitgebreid beschreven door Jan Geurtz, *Het einde van de opvoeding*, Ambo, 2004.
24 Leo Tolstoj, Essay 'Opleiding en Cultuur', 1862.
25 Bron: *Volkskrant Magazine*, 22 januari 2011.
26 Robert Fritz, *De weg van de minste weerstand*, Ankh-Hermes, 2001.
27 www.dailymail.co.uk
28 Thomas Vander Ven, *Why College Students Drink Too Much and Party So Hard*, New York University, 2011.
29 Carine Ex, *Opvoeden, wat kun je?*, Wereldbibliotheek, 2007.
30 'Ja-maar dat heb ik weer', tijdschrift, A.W. Bruna, 2011.
31 John Gottman en Nan Silver, *The Seven Principles for Making Marriage Work*, Orion Publishing, 2008.
32 *Psychologie Magazine*, juni 2012.
33 John Gottman & Joan Declaire, *Hart voor je kind*, Kosmos-Z&K, 1997.
34 Als je meer wilt weten over spiegelen: in *Ik ben oké, jij bent een sukkel* ga ik uitgebreid in op spiegelen als manier om contact te maken met andere mensen en problemen op relationeel vlak om te denken.
35 www.nieuwsblad.be.
36 *de Volkskrant*, 23 juni 2012.
37 Berthold Gunster, *Ja-maar ik ben wel leraar*, Quirijn, 2007.
38 Daniel H. Pink, *Drive*, Riverhead Books, 2009.
39 Berthold Gunster, *Ja-maar ik ben wel leraar*, Quirijn, 2007.